Os Vingativos Djinn

Desvendando os desígnios ocultos dos gênios

Rosemary Ellen Guiley
e Philip J. Imbrogno

Os Vingativos Djinn

Desvendando os desígnios ocultos dos gênios

Tradução:
Marcos Malvezzi

MADRAS®

Publicado originalmente em inglês sob o título *The Vengeful Djinn*, por Llewellyn Publications Woodsbury, MN55125 USA, www.llewellyn.com.
© 2011, Visionary Living Inc. Rosemary Ellen Guiley e Philip J. Imbrogno.
Direitos de edição e tradução para o Brasil.
Tradução autorizada do inglês.
© 2012, Madras Editora Ltda.

Editor:
Wagner Veneziani Costa

Produção e Capa:
Equipe Técnica Madras

Tradução:
Marcos Malvezzi

Revisão da tradução:
Carolina Caires Coelho

Revisão:
Silvia Massimini Felix
Neuza Rosa
Letícia Pieroni

Dados Internacionais de Catalogação na Publicação (CIP)
(Câmara Brasileira do Livro, SP, Brasil)

Guiley, Rosemary Ellen
Os vingativos Djinn: desvendando os desígnios ocultos dos gênios/Rosemary Ellen Guiley e Philip J. Imbrogno. – São Paulo: Madras, 2012.
Bibliografia.
ISBN 978-85-370-0729-7

1. Magia 2. Ocultismo I. Imbrogno, Philip J.. II. Título.

11-12122   CDD-133.43

Índices para catálogo sistemático:
1. Magia: Ocultismo 133.43

É proibida a reprodução total ou parcial desta obra, de qualquer forma ou por qualquer meio eletrônico, mecânico, inclusive por meio de processos xerográficos, incluindo ainda o uso da internet, sem a permissão expressa da Madras Editora, na pessoa de seu editor (Lei nº 9.610, de 19.2.98).

Todos os direitos desta edição, em língua portuguesa, reservados pela

MADRAS EDITORA LTDA.
Rua Paulo Gonçalves, 88 – Santana
CEP: 02403-020 – São Paulo/SP
Caixa Postal: 12183 – CEP: 02013-970
Tel.: (11) 2281-5555 – Fax: (11) 2959-3090
www.madras.com.br

*A John Keel, que estabeleceu um caminho
a uma terra desconhecida, para que
todos pudéssemos seguir, explorar e aprender.*

Índice

Considerações Iniciais 11
Prefácio 13
Introdução 17
1 – Teste de Realidade 21
    A terra natal dos djinn 23
    Então, onde estão os djinn? 27
    Pedras antigas 28
2 – A Origem dos Djinn 31
    Djinn e anjos caídos 32
        Iblis como anjo 34
    Salomão e os djinn 35
    Classificações dos djinn 41
3 – Descobrindo uma Raça Antiga 43
    A jornada incerta de Phil 43
        Um estranho jantar 45
    Uma visita a um homem santo 48
    O que faz Iblis? 49
        Majlis al Djinn 50
4 – Djinn no Alcorão, Sahih al-Bukhari e na Bíblia 57
    Os djinn afetaram a história humana? 58
        Uma lição a aprender 58
        Os djinn e o Alcorão 58
        Hadith 67
        Se os djinn existem, por que não são
        mencionados na Bíblia? 69
5 – A Ordem Djinn: os Bons, os Maus e os Muito Maus 71
    Organização 74

Famílias djinn 74
Clãs djinn 75
Reinos djinn 75
Classes dos djinn 76
Djinn verdes 77
Djinn azuis 81
Djinn vermelhos 82
Djinn pretos 83
Djinn amarelos 83
Djinn ascensionados 83

6 – A Natureza dos Djinn, suas Habilidades e Poderes 85
Os djinn como *tricksters* 85
Seus poderes são limitados 87
Eles são inconfiáveis e vingativos 88
Eles são os mestres da mentira e da ilusão 89
Eles possuem o dom da invisibilidade
e velocidade e força superiores 90
Eles influenciam pensamentos e sonhos 90
Eles jogam olho gordo 91
Eles são capazes de possessão 92
Eles concedem desejos por meio de magia 93
Eles podem se metamorfosear em qualquer coisa 94
Conclusão 101

7 – Anjos e Demônios: a Ligação com os Djinn 103
A criatura era um anjo ou um djinni? 106
Contrastes e semelhanças entre anjos, djinn e demônios 107
Anjos da guarda e o Alcorão 109
Conhecimento do passado, presente e futuro 111
Possessão 113
União sexual 113
Comer e beber 116
Conclusão 116

8 – Djinn, Fadas e Duendes 117
Origens da palavra *fada* 118
Os antigos habitantes da Terra que perderam seus domínios 120
Os proscritos de seus reinos 120
Eles têm ligações com demônios 122
Eles são ocultos 122
Eles se acham superiores aos humanos 123
Seu tempo de vida é longo, mas eles não são imortais 123

São organizados em sociedades e famílias 124
Fadas precisam pagar tributos ao Diabo 124
Poderes sobrenaturais 125
Mestres da transmutação 126
Vivem em um mundo subterrâneo 127
Eles defendem seu território 129
Truques e atos malévolos 130
Eles causam possessão 131
O ferro os enfraquece 132
Eles podem copular e se casar com humanos 133
Duendes 136
Conclusão 138

9 – Alienígenas, Djinn e os Óvnis 139
   A voz do engodo 140
      Terror noturno e lapso de tempo 141
      Um mestre *trickster* 144
   Orbes de luz, alienígenas e djinn 147
      Alienígenas ou djinn? 148
   A propriedade amaldiçoada: um portal djinn 150
      Uma visita noturna dos reptilianos 151
   Conclusão 152

10 – Djinn e o Povo das Sombras 153
   Experiências com o povo das sombras 153
   Qual é o propósito do povo das sombras 159
   Remédios contra o povo das sombras 159
      Interferência eletromagnética 160
   Mais conexões 161

11 – Eles Querem Nosso Mundo; e Querem Agora! 163
   Retorno dos djinn 164
      O rancho "Skinwalker" 165
      O Vale San Luis 167
   Mothman ou djinn? 168
   "A Fazenda" 170
   "Eu cheguei primeiro!" 171
   Casas gravemente assombradas 172
   Conclusão 173

12 – Contato entre Humanos e Djinn – É Possível? 175
   O contato do profeta Maomé com os djinn 175
   O controle que Salomão tinha dos djinn 176
   Invocando os djinn 178

Justificativa para invocar os djinn 181
Um jogo perigoso 182
Feitiçaria djinn 183
H. P. Lovecraft conheceu os djinn? 184
Djinn e a Golden Dawn 187
Aleister Crowley, "A Besta do Apocalipse" 188
EVP em tempo real dos djinn 191
Como funcionam os EVP em tempo real
por varredura de rádio 192
Comunicações djinn usando a MiniBox 194
Futuras experiências com EVP 195
Um experimento audacioso 198

13 – Lidando com os Djinn 199
Exorcizando os djinn 199
Refugiando-se no Alcorão 200
Surras para expulsar os djinn do corpo 203
O poder da respiração 204
Exorcismos populares 204
Proteção usando ciência 207
Intromissões eletromagnéticas 208
O nível de energia deles é esporádico 209
Considerações finais 209

Apêndice I – Estrutura Social dos Djinn 211
Reis 211
Clãs 211
Famílias 211
Proscritos 212
Rebeldes 212

Apêndice II – Ordem de Poder dos Djinn 213
Djinn pretos 213
Djinn azuis 213
Djinn amarelos 213
Djinn verdes 214
Djinn vermelhos 214

Bibliografia 215
Índice Remissivo 219

Considerações Iniciais

NOSSA PESQUISA E EXPLORAÇÃO DOS djinn exigiram um estudo aprofundado de muitas culturas, e também a leitura de vários livros de misticismo e magia. A grafia correta da palavra *djinn* traduzida diretamente do árabe é exatamente esta: *djinn*. Os leitores ocidentais talvez conheçam o termo mais fonético, *jinn*. Neste livro, damos preferência à palavra "djinn", respeitando, na medida do possível, as traduções do árabe.

No decorrer da pesquisa, passamos bastante tempo lendo várias versões em língua inglesa do Alcorão (Qur'an). Embora todas as traduções sejam semelhantes, não são exatamente iguais. De acordo com Abu Dhabi em seu livro *Basic Principles of Islam*, as muitas versões do Alcorão em inglês e outras línguas são o resultado de diferentes interpretações por parte dos tradutores.[1] É por isso que muitos estudiosos, como Muhammad Fahd Khaarum e Muhammad Kareem Ragheh, insistem que todas as leituras do Nobre Qur'an sejam feitas em sua forma árabe original. É surpreendente descobrir que nenhuma outra obra religiosa registrada na história se equipare ao Alcorão, no sentido de que ele tem sido recitado da mesma maneira e permanece imutável há 1.400 anos.

Quando Maomé (Muhammed ou Mohamed) morreu, não havia um códice único do Alcorão. Nenhuma coletânea de suas revelações existia em forma escrita, porque, embora ele ainda vivesse, novos ensinamentos foram acrescidos aos anteriores.[2] Companheiros que memorizavam seus ensinamentos passavam a informação oralmente aos estudantes. Os primeiros professores islâmicos no século IV do Islã decidiram escrever versões completas herdadas de sete "leitores" que eram

---
1. The Bin Sultan Al Nahayan Foundation.
2. *The Encyclopedia of Islam: International Journal of Islamic and Arabic Studies*, vol. V (1989).

autoridades no assunto; estas, por sua vez, criaram sete textos básicos em árabe. Todas as sete versões são essencialmente a mesma, mas com pequenas variações de expressão. Na pesquisa para este livro, usamos a versão Abu Bakr "Asim" do Alcorão. É a leitura predominante hoje em dia, nos diversos países islâmicos da África e do Oriente Médio.

Apesar de não conseguirmos ler a versão Asim original do Alcorão em árabe, seus ensinamentos e informações históricas na versão em inglês fazem perfeito sentido para nós. Ambos achamos o Alcorão um livro magnífico de informações e ensinamentos espirituais, e recomendamos sua leitura a todas as pessoas, independentemente de sua formação religiosa ou filosofia de vida. O Alcorão, assim como muitos grandes livros religiosos, é um guia de consciência espiritual e ascensão a um plano superior de existência.

Prefácio

OS DJINN – CHAMADOS DE "OS OCULTOS" no folclore do Oriente Médio – têm um nome apropriado. Essa misteriosa raça de seres se esconde nas trevas há séculos. Criados a partir do fogo sem fumaça, eles possuem poderes e tempo de vida muito superiores aos dos seres humanos. Sua capacidade de mudar de forma lhes permite se esconder em qualquer lugar do mundo, ficando invisíveis ou usando diversos disfarces paranormais. Interagimos com eles, mesmo sem saber. Nossa percepção de realidades extrassensoriais vem se expandindo rapidamente tanto pela experiência paranormal quanto pela ciência; e precisamos saber a respeito dos djinn, que têm papel importante nesse cenário.

Meu interesse sério pelos djinn começou há alguns anos, enquanto explorava o paranormal e o oculto. Claro que os conhecera na infância, quando li contos do Oriente Médio acerca de gênios que concediam desejos, como a famosa história de Aladim e sua lâmpada mágica no livro *As Mil e Uma Noites*. No contexto dos contos populares, os gênios eram intrigantes, mas pareciam relativamente inofensivos – eram brincalhões com os quais devíamos lidar com cuidado. Aladim usava-os a seu favor para obter riquezas; mas, em outros contos, as pessoas nem sempre se davam tão bem, fazendo pedidos que se realizavam de maneiras distorcidas, peculiares e até cruéis. O ditado "cuidado com o que você deseja" adquire grande peso e um significado inteiramente novo ao lidarmos com os djinn.

Anos mais tarde, já com minha carreira de pesquisa em paranormalidade avançada, os gênios reapareceram, dessa vez sob o nome verdadeiro de djinn. Apesar desse reconhecimento, a identidade deles era confusa nas interpretações ocidentais. Obras a respeito de anjos e demônios às vezes os colocam na mesma categoria dos demônios, seres com poderes sobrenaturais e uma natureza nefasta, maligna. Vi referências que os equiparavam totalmente aos demônios. Sem dúvida, os djinn eram outra coisa, mas sua natureza verdadeira permanecia oculta. Fiz breves descrições deles em alguns de meus livros, particularmente *The Encyclopedia of Angels*, *The Encyclopedia of Demons & Demonology* e *The Encyclopedia of Magic and Alchemy*.

O desejo de explorar e revelar o invisível orienta meu trabalho com a paranormalidade. Nunca me contentei em focar qualquer campo ou tema restrito. Meus interesses e curiosidade sempre tiveram grande amplitude. O trabalho que faço agora – em tempo integral desde 1983 – foi estimulado já na infância por meio da combinação de um apetite voraz por leitura; fascínio por mitologia, folclore, sobrenatural, ficção científica e fantasia; um gosto pelas experiências psíquicas; uma paixão por astronomia; e um desejo intenso de uma compreensão ampla e escrever a respeito dela. Todas essas coisas me pareciam naturalmente ligadas; e, já na idade adulta, dediquei-me a uma carreira de pesquisa do paranormal, cujas conexões se tornavam evidentes de várias maneiras. O "paranormal" se revelava com um campo vasto e fluido, um caleidoscópio de interconexões e padrões. Escolha qualquer linha de pesquisa da paranormalidade – anjos, demônios, fadas, extraterrestres, o povo das sombras, criaturas misteriosas, experiências psíquicas (mediúnicas), encontros visionários, e assim por diante – e ela o levará a todas as outras. Cedo ou tarde, o paranormal se transforma no místico, quando então nos deparamos com todas as grandes questões acerca do "significado de tudo" sobre as quais os seres humanos debatem há séculos.

Nossos encontros com fenômenos paranormais são subjetivos, filtrados por meio de um espelho de períodos da história, formações culturais, visões espirituais e religiosas e crenças pessoais. Entretanto, se nos remetermos às experiências sobrenaturais das pessoas no curso da história, veremos padrões consistentes sob a superfície, ocultos à vista. Sempre me pareceu, assim como a vários outros exploradores e pesquisadores, que por trás das experiências há algo mais – que talvez explique ou pelo menos nos dê uma visão mais clara dessas experiências.

Voltamos, assim, ao mistério dos djinn, os ocultos. Será que fazem parte do que se esconde por trás do paranormal? Podemos afirmar com certa convicção que sim.

Meu escrutínio das profundezas obscuras dos djinn começou vários anos atrás, após me reencontrar com Philip J. Imbrogno. Conheci Phil no início da década de 1990, em decorrência de meu interesse por ufologia, quando morei em Nova York e Connecticut. Mais ou menos uma década se passou e nos reencontramos em uma das excursões de

Phil nas câmaras de pedra em Nova York, que ele vinha explorando profundamente após estudar a onda de avistamentos de óvnis no Vale Hudson, a partir da década de 1980. Assim como eu, Phil seguia uma linha de interconexões. Sua excelente apresentação a esse respeito está descrita em seu livro *Interdimensional Universe*.

Comparando notas de nossos trabalhos individuais, percebemos logo que seguíamos caminhos iguais e paralelos, e que, nas palavras de Phil, nós dois possuíamos algumas peças que faltavam ao trabalho um do outro. Começamos nossa pesquisa conjunta a respeito das câmaras de pedra; de lugares onde ocorriam fenômenos paranormais; e da comunicação com espíritos por meio da tecnologia. Nossas conversas abrangentes abordaram, entre outros temas, os djinn – e daí nasceu este livro.

Acreditamos que os djinn são uma presença forte e ativa – embora escondida – no mundo. Eles não se limitam ao Oriente Médio, a terra natal dos contos de gênios. São conhecidos sob muitos nomes, muitas aparências e muitas formas. Escolha qualquer entidade sobrenatural – inclusive os espíritos dos mortos – e você verá os djinn por trás. Às vezes pensamos que lidamos com anjos, demônios, fadas, extraterrestres e outros, mas, na verdade, são os djinn disfarçados. Isso não exclui a existência ou a realidade das entidades supracitadas; entretanto, os djinn oportunistas podem assumir aparências que nos enganam, levando-nos a determinada forma de interação com eles.

Será que os djinn são a resposta aos fenômenos paranormais? Ainda não sabemos, mas as evidências os mostram como uma parte significativa das interseções com dimensões paralelas e realidades de outros planos que invadem nosso mundo. Os djinn são poderosos e impressionantes; e pelo menos alguns deles parecem ter certos propósitos que não visam exatamente ao bem-estar dos seres humanos.

Este livro analisa os djinn sob variadas perspectivas. Mergulhamos na cultura popular do Oriente Médio, que Paul vivenciou em primeira mão em suas viagens internacionais, bem como na ciência e na física. Abordamos a posição do Alcorão acerca dos djinn e os ensinamentos dos estudiosos islâmicos, mas também o folclore ocidental e as interpretações que temos deles. Explicamos o comportamento e as características dos djinn. Damos atenção especial à relação entre djinn, demônios, fadas, povo das sombras, seres encapuzados, elementais e extraterrestres, tipos de entidades com as quais encontramos as mais fortes evidências de ligações com djinn.

Como já disse, os djinn estão em toda parte; e, enquanto pesquisávamos para escrever este livro, descobrimos o que julgamos ser seus hábitats modernos, bem aqui na América. O que fazem eles nesses locais? Realizam operações secretas? Ou se retiraram para áreas remotas a fim de não ser perturbados? Será possível manter algum relacionamento significativo com eles? Apresentamos nossas ideias a respeito das intenções dos djinn.

Nosso desejo, ao escrever este livro, é trazer os "ocultos" à luz. Poucas pessoas no Ocidente sabem algo a respeito deles. Dizem que conhecimento é poder; conhecer os djinn, portanto, nos ajuda a compreender a verdade lá fora.

Rosemary Ellen Guiley

Introdução

O INTERESSE PELA PARANORMALIDADE cresceu nas últimas décadas. Fantasmas, poltergeist, luzes estranhas, demônios, anjos, povo das sombras, criaturas estranhas e óvnis tornaram-se a matéria-prima de filmes e programas de TV em horário nobre. Nossa atração pelo sobrenatural é mais que um fascínio passageiro – alegações de encontros com entidades paranormais, como as citadas anteriormente, não se restringem aos crédulos ou aos sonhadores de olhos esbugalhados. Relatos de experiências às vezes assustadoras são feitos por pessoas de todos os segmentos de vida – pessoas sérias – que falam de coisas aparentemente incríveis.

Investigo fenômenos paranormais, com ênfase em óvnis, há mais de 30 anos. Surpreendo-me, e às vezes até me confundo, diante da variedade de relatos que recebo. Costumo me perguntar: "De onde vêm esses fenômenos e para onde vão quando não são vistos?". A resposta a essa pergunta já pode ser dada por novas ideias na física teórica. Uma dessas ideias afirma que nosso Universo é composto não de uma, mas de múltiplas dimensões, algumas muito próximas da nossa e muitas delas muito distante no tempo e no espaço. Periodicamente, várias dessas dimensões mais próximas podem interagir com nosso mundo, resultando na fusão de várias realidades.

Minhas investigações ao longo dos anos me levaram a crer que aquilo que chamamos de "sobrenatural" se manifesta em uma variedade de formas, fazendo com que nós humanos pensemos estar diante de uma variedade de fenômenos. Na verdade, talvez não estejamos. Em uma dessas outras realidades ou dimensões próximas à nossa, há uma raça antiga, inteligente, que existia já antes de os humanos surgirem na Terra – seres com grande poder que sempre foram identificados nos registros históricos de todas as culturas. Os xamãs nativos norte-americanos chamam a esses seres de "os grandes travessos", e, para os hindus da Índia, eles são os "enganadores". No Ocidente, são conhecidos como "demônios" e "diabos". Os espiritualistas da Nova Era os conhecem como "os trapaceiros do Universo". Essa raça antiga pode ser a responsável pela maioria dos eventos paranormais testemunhados no decorrer dos séculos. Sabemos muito pouco a respeito deles, pois apenas uma parte do mundo possui documentos históricos dessas entidades e do efeito que exercem sobre os seres humanos. As antigas tradições culturais do Oriente Médio falam de uma raça de criaturas misteriosas e muito inteligentes chamada de djinn. No Alcorão, uma sura Al-djinn faz menções frequentes dos djinn, referindo-se a eles como o "outro povo de Deus". Acredita-se que a palavra "djinn" deriva da raiz árabe *janna*, que significa "escondido", que não deve ser confundida com a palavra árabe *jannah*, ou "paraíso".

No Ocidente, os djinn são conhecidos como os gênios dos contos de fadas, entidades que concedem desejos e são aprisionadas em garrafas, lâmpadas e anéis. A palavra *gênio* em geral dá a ideia de imagens exóticas, porém inofensivas, como na série da década de 1960, *Jeannie é um gênio*, na qual Barbara Eden interpretava uma gênia prestativa, bem-intencionada, embora atrapalhada, liberta de uma garrafa por um astronauta, interpretado por Larry Hagman. "Gênio" também tem associações cômicas, como no filme dos estúdios Disney *Aladdin*, baseado no conto árabe. Nessas narrativas, os gênios podem ser brincalhões, mas parecem benignos e até prestativos; e, no Ocidente, rimos com eles. Temos pouco conhecimento e não temenos a raça verdadeira, os djinn.

As culturas do Oriente Médio têm uma visão consideravelmente diversa dos djinn. Em muitos lares islâmicos, a mera menção do nome do gênio faz os mais corajosos fugirem, aterrorizados. Eles consideram os djinn muito reais e a maior ameaça à humanidade, causando infortúnios, doença, possessão e até morte. Os djinn se escondem nas sombras, aguardando-nos e observando-nos, à caça de oportunidades para atacar; eles só interagem conosco quando lhes é conveniente. São poderosos mutantes, capazes de viver milhares de anos. Cruzar o caminho com um gênio é um convite à destruição.

Meu conhecimento do mundo dos djinn começou em meados da década de 1990, quando eu viajava pelo Oriente Médio e pesquisava os cavaleiros templários e sua ligação com o Santo Graal. Após duas semanas de uma busca aparentemente infrutífera, comecei a ouvir histórias a respeito dos djinn. A princípio, não tinha ideia do que eram. Um velho amigo, que acabou se tornando meu guia em regiões muito perigosas lá, explicou que os djinn eram a origem do "gênio" do Ocidente. Assim como muitos indivíduos ocidentais, ri ao pensar naqueles divertidos seres que realizavam desejos. Bem, meu anfitrião levava muito a sério a existência dos djinn – para ele, eram muito reais. A verdadeira natureza e realidade dos djinn me pareceram evidentes, porém, quando apurei muita informação acerca deles e visitei alguns dos locais por onde, segundo se diz, eles entram em nosso mundo. Percebi que representam um aspecto do paranormal muito mal estudado por pesquisadores ocidentais. Compreendi, ademais, que os djinn poderiam ser a fonte oculta da diversidade dos eventos paranormais em todo lugar.

Mencionei sucintamente os djinn em dois de meus livros anteriores, *Interdimensional Universe: The New Science of UFOs, Paranormal Phenomena, and Otherdimensional Being* e *Files from the Edge: A Paranormal Investigator's Explorations into High Strangeness*. Apesar de não entrar em detalhes, descobri que os djinn atraíram muita curiosidade e atenção dos leitores.

Vários anos atrás, a renomada investigadora do paranormal Rosemary Ellen Guiley e eu começamos a investigar lugares de alta incidência de paranormalidade em Nova York, locais estes que geram grande número de relatos de óvnis e outros tipos de fenômenos. Exploramos a possibilidade de que em muitas dessas estranhas localidades existem portais que ligam nosso mundo a um mundo invisível. Quando mencionei minha pesquisa sobre os djinn a Rosemary, ela me disse que tinha muito interesse neles por causa de sua pesquisa a respeito de anjos, demônios, fadas e o povo das sombras. Após muitas e longas conversas, as coisas começaram a se encaixar; víamos ligações entre dimensões paralelas, o surgimento de fenômenos paranormais e a raça de antigos seres que existem em uma realidade muito próxima à nossa. No decorrer de nossa pesquisa, levantamos evidência dos djinn no Hemisfério Ocidental e as aplicamos aos fenômenos paranormais e ufológicos. O resultado é um cenário singular e impressionante, que traz muitas perguntas acerca do tipo de experiência que as pessoas estão de fato vivendo. Será que os djinn estão por trás de nossos encontros paranormais? Se estiverem, qual é o propósito deles? Segundo as antigas lendas, os djinn ocupavam este mundo e estariam, agora, tentando retomá-lo. Estariam usando meios paranormais para invadir nossa realidade? A realidade deles está se fundindo com a nossa? Devemos considerar todas as possibilidades. Ninguém tem a solução completa desse quebra-cabeça cósmico ainda, mas creio que oferecemos aqui numerosas peças importantes para solucionar o mistério.

Este livro levará o leitor em uma aventura ao mundo do invisível, oculto de nós nas sombras há inúmeros séculos. Apresentamos a você a verdade sobre a raça de seres que você acreditava existir apenas em sua imaginação – ou em seus pesadelos. Se quer ter medo de algo na vida, tema os djinn. Entre no mundo deles... se tiver coragem!

Philip J. Imbrogno

1

Teste de Realidade

SE VOCÊ CAMINHA em um dia ensolarado, várias são as coisas belas que atraem sua atenção: o céu azul, lindas flores, a folhagem verde das árvores ou o cheiro puro da Natureza que enche o ar de fragrâncias e oxigênio. Esse é o mundo que percebemos com nossos cinco sentidos; e nossa mente consciente identifica-o como a realidade na qual vivemos. À medida que crescemos, ficamos mais velhos, aquilo que vemos, cheiramos, ouvimos e provamos restringe um pouco mais o mundo real, pois aprendemos na escola que as coisas fora de nossa existência física e além do campo da ciência não existem. Quando tocamos o solo, jogamos uma pedra ou esbarramos o cotovelo nos móveis, tudo isso provoca uma sensação sólida. Quem, em seu juízo perfeito, afirmaria o contrário? A maioria das pessoas ficaria chocada se disséssemos que aquilo que interpretamos como nossa realidade física não é o que aparenta ser. Há, na verdade, muito espaço entre os átomos que compõem a matéria. Embora tudo o que toquemos nos pareça sólido, não é. As observações feitas por meio de um único de nossos sentidos físicos podem ser muito enganosas. Por exemplo: na Renascença, as maiores mentes teriam apostado sua reputação no fato de a Terra ser estacionária no espaço; o Sol, a Lua e as estrelas giravam ao redor de nosso planeta – era o que se dizia. Na verdade, quem poderia contestar essa afirmação? Quando as pessoas olhavam para o céu, viam objetos celestes nascendo a leste e se pondo a oeste; e não existia percepção de movimento (rotação) em terra firme. A teoria geocêntrica (ou "centrada na Terra") era a corrente lógica de pensamento que explicava esse movimento por ter o apoio de observações visuais feitas dia e noite.

Esses cientistas da Era Renascentista tiraram conclusões erradas acerca dos movimentos na abóbada celeste baseando-se apenas em seu sentido da visão, que não é uma boa ferramenta para julgar a realidade. Aqueles que defendiam a ideia geocêntrica (incluindo o astrônomo

Ptolomeu [90-160 a.C.]) eram considerados os maiores pensadores de sua época. Entretanto, inteligência e boa educação não garantem, por si sós, a ausência de erros. Por muito tempo na história, qualquer pessoa que contradissesse o modelo geocêntrico era motivo de chacota e chamada de herege, tola ou encrenqueira. Os pensadores revolucionários que se opunham a tal ideia eram ridicularizados, presos e às vezes condenados à morte por insistir que a Terra gira em torno do Sol, e não o contrário. Hoje, sabemos que esses "hereges" e "tolos" estavam certos.

Questionar a fisicalidade da matéria pode parecer insano, mas isso já foi comprovado cientificamente no começo do século XX pelo dr. Ernest Rutherford e dois assistentes. Atualmente é conhecido como o experimento Geiger-Marsden, ou às vezes o experimento da Chapa de Ouro. Foi realizado por Hans Geiger e Ernest Marsden em 1909, sob a direção de Ernest Rutherford nos laboratórios de Física da Universidade de Manchester, Inglaterra. A equipe de Rutherford mediu o desvio de partículas alfa – partículas com massa atômica 4, consistindo em dois prótons e nêutrons, carregando uma carga positiva de + 2.[3] Usando uma fonte radioativa controlada, os cientistas direcionaram as partículas para atingirem uma chapa, que era, na verdade, uma folha muito fina de ouro. Eles observaram que uma porcentagem muito pequena de partículas desviava da densa chapa de ouro e algumas se espalhavam, ricocheteando de volta à fonte. No entanto, a maioria das partículas passava pela folha sem atingir nenhuma matéria de ouro. A partir dessa observação, Rutherford concluiu que o espaço físico entre os átomos era muito maior que o imaginado. Embora o ouro metálico parecesse sólido, era, em sua maior parte, espaço vazio! Rutherford e seus colegas se surpreenderam ao descobrir que apenas uma em 9 mil partículas era refletida pela chapa de ouro e as demais a atravessavam como se não houvesse nada ali. Esse resultado foi completamente imprevisto, incitando Rutherford a um comentário posterior: "Era quase tão incrível quanto se você disparasse uma bala de 15 polegadas contra um pedaço de papel e ela ricocheteasse e atingisse você".

Em 1911, o dr. Rutherford publicou uma análise de sua experiência, já famosa, e seus resultados chocaram as comunidades da física e da química. As observações indicavam que um modelo do átomo com uma carga difusa era incorreto; na verdade, uma grande quantidade de carga atômica se concentrava em um pequeno ponto, dando-lhe um forte campo elétrico. Ele concluiu que um átomo é, acima de tudo, espaço

---

3. Uma partícula alfa geralmente é um núcleo do elemento hélio com dois prótons e dois nêutrons. Sua massa é quatro unidades de massa atômica, e ela tem uma carga de +2.

vazio, e que a maior parte da massa de um átomo e uma grande fração de uma de suas duas espécies de carga se condensam em um centro minúsculo.

Para dar ao leitor uma ideia mais clara dessa teoria, imagine o núcleo de um átomo expandindo-se ao tamanho de uma moeda de um centavo. Coloque a moeda no meio do Estádio Giants, em Nova York. O primeiro nível de elétrons estaria nas arquibancadas superiores, enquanto o átomo mais próximo estaria a 365,76 metros do centro da moeda! A aparente solidez de uma substância é o resultado de fortes elos elétricos entre os elétrons e seus núcleos. Apesar da distância do núcleo, os elétrons de carga negativa são mantidos em seu lugar pela atração aos prótons no centro do átomo. Essa atração cria grande integridade estrutural e uma força intensa que repele os elétrons de outros átomos. Para entender esse princípio, imagine um ventilador desligado da tomada – suas pás não giram. Se olhar para o ventilador, você verá três pás; e o espaço entre elas é grande o suficiente para colocar os dedos ou talvez a mão inteira, da frente até a parte de trás. Ligue o ventilador na tomada, acione-o e coloque-o na velocidade máxima. As pás agora parecem um objeto sólido. Se você puser um lápis entre elas, ele será desviado, como se batesse contra uma parede sólida.

Todos os dias nos beneficiamos dessa força repelente. Apesar do espaço vazio existente em todos os átomos, quando nos apoiamos sobre uma mesa, nossas mãos não atravessam a madeira ou o metal na superfície porque os campos elétricos das nuvens de elétrons na mesa e nas mãos se repelem mutuamente. Isso dá a impressão, a ilusão – ou o que você quiser chamar – de que a matéria é muito sólida... na realidade, não é.

Agora que expusemos o fato de que nossa percepção da vida em um mundo sólido de matéria nada mais é que a repulsão de campos elétricos, o conceito de outras dimensões nas quais existem seres inteligentes, não humanos, é mais fácil de aceitar. Para compreender os djinn e a localização deles no tempo e no espaço, você precisa perceber o multiverso além do alcance de seus sentidos físicos – deve explorá-lo com a mente.

A terra natal dos djinn

A palavra djinn é árabe e significa "invisível ou oculto". Não sabemos como eles chamam a si mesmos, mas esse é o nome na mitologia do Oriente Médio e no Alcorão. É um termo apropriado, pois eles se escondem de nós. A palavra djinn pode ser usada para identificar qualquer ser não físico que exista em outra realidade, mas acreditamos que no Oriente Médio o termo seja usado para descrever um tipo específico de entidade existente entre o multiverso de matéria e energia. Os djinn existem em uma dimensão próxima da nossa e parecem ter a habilidade para interagir com certas pessoas que vivem aqui, quando lhes convém. Para alguns, essa ideia de outras dimensões e universos paralelos parece metafísica ou baboseira da Nova Era, mas já é aceita pela física do século XXI. Uma nova teoria chamada "teoria das cordas" defende a estrutura de um universo multidimensional, afirmando simplesmente que as menores unidades de matéria não são partículas em formas de pontos, e sim cordas vibrantes bidimensionais. A vibração da corda determina se uma partícula se tornará um próton, nêutron ou elétron. Adicionando-se ou removendo-se energia de uma corda vibrante, uma partícula pode se transformar em outra. Portanto, um próton pode se tornar um elétron se sua "vibração" mudar. A energia usada para vibrar cada corda se originaria, assim, de um universo paralelo.

As cordas podem ser fechadas ou abertas, o que sustenta a noção de existirem pelo menos dez dimensões em nosso Universo. Um aspecto da teoria das cordas, conhecido como teoria das membranas (ou "M"), afirma que todas as cordas vibrantes são atreladas a uma membrana ou tecido que age como uma teia gigante, amarrando juntas todas as forças do Universo. Os cientistas conhecem essas membranas como "branas", a matéria que compõe o espaço e o tempo. A existência teórica de branas expandiu a teorias das cordas para 11 dimensões. Teoriza-se que universos inteiros estejam ligados a branas de maneira multidimensional. No multiverso, há um número infinito de branas, cada uma com partículas próprias e algumas com leis físicas diferentes.

As branas permitem uma nova gama de possibilidades na física do multiverso porque as partículas confinadas à brana teriam uma aparência mais ou menos parecida à que teriam no universo tridimensional e não passariam disso. Prótons, elétrons, nêutrons, quarks e todas as espécies de partículas fundamentais estariam coladas à brana, como gotas de água em uma cortina de plástico em volta do chuveiro. Entretanto, os mecanismos que fazem com que as partículas fundamentais se colem à brana de nosso Universo não se aplicam à gravidade. Segundo a teoria da relatividade geral, a gravidade deve existir em toda a geometria do espaço.

Considera-se que o gráviton – a partícula da gravidade – foi criado por uma corda vibrante fechada, também abrangendo, portanto, toda a geometria de todas as dimensões extras teóricas e universos paralelos. A teoria das cordas também pode explicar por que o gráviton não se cola em nenhuma brana. As cordas abertas são como ganchos presos a uma cortina de plástico. O gráviton está relacionado à corda fechada; e só as cordas abertas podem ser ancoradas a uma brana. A evidência dessas dimensões extras e outros universos se revela, aliás, na fraqueza da gravidade. A gravidade deveria ser uma força muito forte em nosso Universo, mas não é. As ondas de grávitons filtrados por outras dimensões e branas de universos paralelos enfraquecem os efeitos da gravidade em nossa realidade. O efeito é parecido com a sensação de calor de um aquecedor elétrico. Se você fica diretamente na frente do aquecedor, sente muito calor; mas, se houver alguma distância entre os dois, a quantidade total de radiação infravermelha que chega até você é bastante diminuída.

Quando levamos em conta as muitas variações da teoria das cordas, é fácil aceitar a ideia de que os djinn existem em outra dimensão, em vez da nossa, no multiverso. Isso explicaria sua natureza "oculta" – essa raça de seres seria invisível para nós, em nosso plano espacial de realidade. Além disso, muitos físicos teóricos de instituições de aprendizado avançado, muito respeitadas, tais como a Universidade Carnegie Mellon, a Universidade da Califórnia em San Diego e a Universidade do Texas em Austin são receptivos à possibilidade de que essas outras realidades sejam habitadas por seres inteligentes.

Até aqui, usamos termos como "universos paralelos" e "dimensões", mas muita gente no século XXI não consegue diferenciar entre os dois. Ademais, a grande quantidade de teses científicas publicadas a respeito do tema parece indicar que alguns autores não deixam claro se os termos têm significados diferentes ou não. Uma dimensão é uma coordenada espacial. Vivemos na terceira dimensão com um eixo X, Y e Z. A quarta dimensão é o tempo – geralmente considerado como passado, presente e futuro – existindo no mesmo lugar, mas em frequência distinta, por assim dizer. Isso torna nossa visão da realidade mais nebulosa do que ela realmente é. A quarta dimensão é a paridade espacial dentro de nosso universo físico; e não está em nenhuma outra brana no multiverso.

Em nosso universo físico, existem seis dimensões adicionais, cada qual existindo em ângulos que não podemos ver nem adentrar. Teoriza-se que essas dimensões extras se dobram em volta de nossa realidade e nada mais são do que pequenos bolsões, talvez não maiores do que o núcleo de um átomo. Se você fosse um djinni, esse seria um bom lugar para se esconder, mas não grande o suficiente para abrigar uma raça inteira de seres. Todavia, devemos levar em conta o fato de que, segundo as lendas, os djinn não são seres físicos, mas sim compostos de fogo sem fumaça. Tal fenômeno é como o plasma, o quarto estado da matéria. Embora muitas escolas ainda ensinem que só existem três estados da matéria, eles são, na verdade, quatro. Em termos simples, o plasma é um gás ionizado ao qual é proporcionada energia suficiente que libera elétrons dos átomos ou moléculas, permitindo a coexistência de átomos com carga e elétrons. Esse "estranho" quarto estado da matéria é o mais comum no Universo – nosso Sol é feito de plasma; os relâmpagos, também.

Uma criatura plasmática, portanto, necessitaria de muito pouco espaço para existir. Muitos físicos começam a crer que essas dimensões extras são, na verdade, muito grandes – uma ideia sustentada pela aparente fraqueza da força gravitacional. Como mencionado antes, os grávitons podem ser filtrados por outras dimensões e universos paralelos; se essas outras realidades fossem pequenas, a gravidade não teria efeito algum. A fraqueza da força gravitacional sustenta a teoria de que essas dimensões extras abrangem uma quantidade considerável de espaço físico.

A 11ª dimensão é considerada a brana na qual nós existimos. A brana de nosso Universo está em toda a parte, à nossa volta, e as partículas elementares que compõem nosso corpo são atreladas a ela. Então, por que não a vemos? Principalmente porque somos parte dela e ela se move quando nós nos movemos. Calcula-se que a brana de nosso Universo se encontra em algum lugar na ordem de várias centenas de trilhões, trilionésimos de um milímetro em nossa proximidade. Os cientistas às vezes identificam a brana em que nosso Universo existe e todas as outras branas no multiverso como universos paralelos. Pense na brana como a 11ª dimensão, não como um universo paralelo, pois ela é a intricada teia que mantém nosso Universo coeso. Todos os planetas, estrelas, galáxias e dimensões extras que vemos em nosso Universo, bem como toda a energia eletromagnética, pertencem a essa brana e dependem dela para existir.

Um universo paralelo é outra brana com galáxias, estrelas e talvez dez ou mais dimensões. Algumas dessas branas podem ser maiores do que a nossa, e outra menores. Algumas estão longe de nós no espaço-tempo, enquanto outras se encontram bem perto e podem interagir com nossa brana. Quando as branas têm um contato direto, duas coisas podem acontecer, em teoria:

Primeira possibilidade: se as branas passarem muito perto uma da outra e interagirem em um nível dimensional, buracos de minhoca (*wormholes*) ou túneis ligando os dois universos paralelos em múltiplos pontos podem se formar, por um período imprevisível. Essa formação pode permitir que a matéria de um universo flua até o outro. Se existirem seres inteligentes que já desenvolveram uma tecnologia em pelo menos um dos universos paralelos, eles podem enviar naves ou equipamentos pelos buracos de minhoca para explorar o outro universo.

Segunda possibilidade: as branas podem colidir, fazendo com que os dois universos se abalem, convertendo toda a matéria em nada mais que cordas vibrantes de energia. Uma teoria polêmica afirma que toda a matéria, quando decomposta em seus elementos constituintes, retém sua informação.[4] Isso significa que, após certo tempo, ambas as branas e todo o material contido nelas poderiam formar um novo universo gigante, ou vários universos pequenos. Partículas elementares acabarão se formando, seguidas de galáxias, estrelas e talvez seres vivos novamente.

Então, onde estão os djinn?

De acordo com muitos contos árabes e textos islâmicos, os djinn vivem em um lugar muito próximo dos seres humanos, porém invisível a nós. Levando em conta essa informação, eles podem existir em outra dimensão, talvez em algum lugar entre as dimensões cinco e dez. Se as dimensões são numeradas de acordo com a proximidade, então a candidata mais lógica seria a décima. Os antigos povos do Oriente Médio sabiam que os djinn coexistiam com nosso mundo, mas em um lugar que nenhum homem ou mulher pudesse visitar. Esse é um dos motivos pelos quais se diz que os djinn habitam cavernas isoladas, desertos, florestas, picos de montanhas, cemitérios e até as profundezas do mar. Essas áreas eram consideradas os esconderijos dos djinn, onde os seres humanos raramente se aventuravam. As culturas que propunham esses possíveis esconderijos o faziam mais de mil anos atrás, quando não se conhecia o conceito de outras dimensões. A maioria delas tremeria só de pensar que os "ocultos" estavam bem ao seu lado, talvez na própria cama, enquanto elas dormiam. Alguns lares islâmicos aceitavam o fato de que os djinn podiam existir na propriedade de uma pessoa, em sua casa, e permanecer invisíveis. Pensava-se que, quando esses djinn resolviam se mostrar, apareciam na forma de uma cobra, ou em sua forma favorita, um cão ou um gato preto.

---
4. Stephen Hawking, *The Hawking Paradox*, Discovery Channel, 2005.

Segundo o estudioso Iman Ibn Taymeeyah, do século XIII, os djinn podem assumir a forma de qualquer ser humano ou animal que quiserem.[5] Quando um djinni toma forma humana, fica muito mais vulnerável; ainda assim, é muito difícil matá-lo. Por isso, os djinn não se mantêm na forma humana por muito tempo, mas transformam-se em animais de aspecto monstruoso para assustar as pessoas ou mantê-las afastadas dos lugares que eles consideram sua propriedade.

Pedras antigas

No centro do vale do Rio Hudson, em Nova York, há uma série de misteriosas câmaras de pedra e megálitos esculpidos que intrigam os pesquisadores da paranormalidade e arqueólogos há décadas.[6] Estudamos as câmaras por mais de 20 anos e acreditamos que elas evidenciam o fato de que a costa leste da América do Norte foi explorada por povos da Europa séculos antes de Colombo. Os povos antigos que construíram essas câmaras podem ter sido druidas que partiram para o novo mundo em busca de um portal para o universo dos deuses. Os atuais fenômenos paranormais e ufológicos relacionados a essas câmaras de pedra sugerem que talvez elas fossem usadas como marcadores para o mundo dos djinn. Em recente exploração de campo de uma câmara circular localizada no parque estadual de Fahnestock, um cachorro preto se juntou a nós enquanto percorríamos os bosques. Ele apareceu do nada e nos seguiu o tempo todo. Embora parecesse manso, a maioria das pessoas na excursão comentava a respeito do comportamento estranho do cão. Ele nos seguia bem de perto, como se nos vigiasse. Brincamos entre nós a respeito da ligação com os djinn. Na época, não levávamos o assunto muito a sério, mas hoje, pensando naquele dia, quem pode saber?

Se os djinn existem em uma dimensão próxima, seria lógico pensar que as duas realidades devem interagir de vez em quando, dando-nos um vislumbre de seu mundo e a eles do nosso. Entretanto, como os humanos são seres físicos, tridimensionais, só podemos ter uma visão parcial do mundo dos djinn. Em vez de enxergarmos detalhes, vemos apenas sombras, linhas bidimensionais ou vagos orbes de luzes. Como os djinn vivem em uma dimensão superior, mais alta – talvez a quinta –,

---

5. Iman Ibn Taymeeyah (1263-1328) foi um famoso estudioso muçulmano, que nasceu na região onde é hoje a Turquia, perto da fronteira com a Síria. Os textos que escreveu nos últimos anos de sua vida alertavam as pessoas acerca dos djinn e de como lidar com eles.
6. Documentado no livro *Celtic Mysteries in New England: Windows to Another Dimension in America's Northeast*, de Philip J. Imbrogno e Marianne Horrigan (Cosimo Publishing, 2005).

eles talvez distingam todas as dimensões abaixo deles, assim como nós, humanos, podemos interagir com as três dimensões em nosso espaço.

Uma crença anterior ao Islã dita que os djinn podem nos ver, mas nós não os vemos. Só temos alguns vislumbres deles quando eles assim o permitem. Muitas pessoas acham tal ideia perturbadora, e talvez seja mesmo. Você já esteve fora de casa, ou em algum porão escuro, ou até mesmo em seu quarto à noite, e teve a sensação de não estar sozinho – de alguém ou alguma coisa o observar? A maioria das pessoas ignora tal sensação e prossegue com suas atividades, ou volta a dormir; mas sua voz interior e suas sensações talvez lhe estejam dizendo que um djinni está olhando para você. Talvez esteja no mesmo espaço, bem ao seu lado, mas em uma dimensão superior. Quando um djinni se comprime contra a membrana que divide as dimensões, ele aparece como uma imagem em sombra ou uma aparição fantasmagórica. Segundo a crença islâmica, aparições de fantasmas e relatos de assombrações são frutos da interação dos djinn com nossa realidade.

Embora a ideia de sermos observados de perto pelos djinn pareça ridícula aos pesquisadores dos fenômenos paranormais que estão estudando lugares assombrados, ela deve ser considerada. Devemos levar em conta também que talvez só alguns djinn possuam a habilidade para espiar em nosso mundo quando estão perto de locais geográficos em que a realidade deles se cruze com a nossa. Acreditamos que existem pontos de entrada restritos que explicam o número de localidades no mundo que são consideradas de alta incidência paranormal. Alguns desses locais são Sedona, Arizona; o Triângulo das Bermudas; o Vale Hudson de Nova York; e o Triângulo Bridgewater, em Massachusetts, entre muitos outros.

O mundo dos djinn é muito complexo e talvez seja o lar de outras criaturas, também. De acordo com a mitologia turca, os djinn (conhecidos como *cinn*) têm uma variedade de animais de estimação. Esses animais seriam muito diferentes de nossos cães e gatos, sendo descritos como monstros horríveis que você não gostaria de encontrar em um beco escuro. Talvez o aparecimento de estranhas criaturas no passar das eras nada mais seja que um animal de estimação dos djinn perdido.

Como o lar dos djinn está além da quarta dimensão, o tempo nessa realidade deles provavelmente é diferente do nosso. Mil anos em nosso mundo podem ser apenas um ano, lá. Também não se sabe se os djinn conseguem entrar na quarta dimensão e viajar para o passado e para o futuro, mas diz-se que são capazes de prever o futuro. Por outro lado, segundo alguns relatos, eles não conseguem prever coisa alguma – apenas aparentam ter essa capacidade. Alguns dos djinn mais poderosos recebem seu "dom" da profecia quando viajam até os planos mais altos e bisbilhotam os anjos, ouvindo furtivamente suas ocasionais assembleias, nas quais discutem planos para o futuro da humanidade no planeta Terra.

O conceito dos djinn e todas essas dimensões extras, bem como de universos paralelos, abre uma vasta gama de possibilidades para os investigadores dos fenômenos paranormais. Para compreender os segredos do multiverso e o mundo dos djinn, devemos mudar nossa visão da realidade e abrir a mente para novas possibilidades. Nosso pensamento não pode mais ser rígido e bidimensional. Devemos, enfim, impulsionar nosso consciente para além dos limites do corpo físico e usar nossa inteligência interior mais profunda para perceber e compreender aquilo que escapa aos cinco sentidos. Quando conseguirmos tal proeza, aprenderemos mais a respeito não só de nossa realidade, como também da realidade dos djinn.

2

A Origem dos Djinn

Os djinn são chamados de "o outro povo de Deus" e o Alcorão deixa bem claro que eles existiam neste planeta muito antes dos humanos; mas exatamente quanto tempo antes, ninguém sabe. Segundo a maioria das histórias islâmicas, os djinn foram criados por Alá entre mil e 2 mil anos antes do aparecimento dos primeiros seres humanos na Terra. É difícil aceitar a noção de que os djinn foram os únicos donos deste planeta por 20 séculos; e que nesse período foram capazes de criar reinos e sociedades com uma tecnologia quase sobrenatural. Os antigos povos islâmicos acreditavam que, a cada milênio, grandes mudanças ocorriam na Terra e afetavam todos os seres vivos. Muitas culturas humanas, no decorrer das épocas, usavam a passagem de mil anos para assinalar o começo de uma nova era. Por exemplo, no livro do Apocalipse na Bíblia, o profeta João fala de uma nova era dos homens que durará mil anos, após a qual o Diabo será libertado e mais uma vez tentará corromper a raça humana. Devemos nos lembrar de que, antes do século XV, mil anos parecia muito tempo; ninguém pensava no tempo em termos de milhões. A ideia de milhões de anos era algo que aqueles povos da Antiguidade mal podiam conceber, uma vez que a crença comum era de que Deus criara a Terra apenas 6 mil anos antes.

Apesar da crença de que os djinn estiveram aqui por um longo tempo antes de ser exilados do universo físico, é possível que tenham aparecido neste planeta milhões de anos antes da humanidade. Aliás, muito deles talvez ainda estejam entre nós. Viajando pelo Oriente Médio, Phil ouviu muitos contos dos djinn. Muitas dessas histórias não foram escritas, mas passadas oralmente de geração em geração. Após ouvir vários relatos, ele fazia uma pergunta que qualquer cidadão ocidental cético faria: "Se você nunca viu um djinni, como sabe que eles existem?". A resposta era sempre a mesma: "Eles são mencionados no Alcorão, a palavra de Alá, que nunca mente".

A origem dos djinn é, de fato, mencionada no Alcorão em mais de 30 versículos, tais como: *"Ele (Alá) criou o homem da argila sonorosa. Criou os anjos da luz e os djinn do fogo vivo* (Ar-Rahman 55.15)". A origem dos djinn também aparece em Al-Hijr 15.26-42, porém, um pouco diferente: *"E Alá de fato criou o homem da argila e do barro modelável. Os djinn Alá criou do fogo puríssimo e os anjos, da luz"*. Ninguém sabe quanto tempo antes os djinn foram criados, ou qual era o número de sua população passada ou atual. No entanto, há muitas informações acerca dessa antiga raça de seres nas mitologias do folclore do Oriente Médio e Extremo Oriente – mas não no hemisfério ocidental.

Os arqueólogos concordam que, quando lidamos com lendas antigas de uma cultura do Oriente Médio, qualquer espírito abaixo de um anjo e não humano pode ser chamado de "gênio" ou djinn. A ideia dos djinn é anterior ao Islã. Os antigos persas acreditavam em *jainni* ou *jaini*, espíritos malignos de ambos os sexos que viviam em um mundo invisível e interagiam com os humanos de diversas maneiras. Proporcionavam-lhes prazeres tais como comida e ouro, mas também traziam doença e morte. Inscrições no norte da Arábia de mil anos atrás indicam um culto a seres que se parecem os djinn, chamados *ginnaye*, os "deuses recompensadores", também conhecidos como os "deuses do prazer e da dor". Na maioria dessas lendas antigas, esses deuses podiam ser benevolentes, mas, de uma hora para outra, sem aviso prévio ou causa, se tornavam malévolos. Esses seres eram semelhantes aos antigos conceitos europeus ocidentais de demônios, invocados para ensinar as ciências e a medicina e localizar tesouros enterrados. Se o invocador não realizasse o ritual apropriado nem agisse com extrema cautela, o demônio podia se transformar instantaneamente em um horrível monstro assassino.

Djinn e anjos caídos

A doutrina cristã prega que determinado anjo, antes o mais amado por Deus, ficou cansado de servir e resolveu fazer as coisas a seu modo. Esse anjo rebelde, conhecido como Lúcifer, conspirou com outros anjos poderosos para depor Deus e se tornarem os novos mestres do Universo. O resultado foi uma rebelião entre os anjos. No fim, Lúcifer e um terço da hoste celestial foram atirados ao inferno. Em outra versão da história, Lúcifer e os anjos do céu foram obrigados por Deus a se curvar em reverência ao homem, Sua mais perfeita criação. Lúcifer convenceu um grande número de anjos de que *eles* eram os verdadeiros primogênitos, e que o homem é que deveria se curvar diante *deles*. Deus percebeu o orgulho excessivo e a desobediência de Lúcifer; ele e seus vassalos foram expulsos do paraíso. Segundo a Igreja Católica Romana, após a Queda, Deus fez um acordo com Lúcifer, permitindo que sua horda demoníaca testasse a raça humana incitando-a com pensamentos tentadores, encorajando ações que desviariam a humanidade da graça do Criador.

De acordo com a doutrina islâmica, não existem anjos caídos. Os muçulmanos acreditam que os anjos foram criados de pura luz e não têm vontade própria. Portanto, eles se encontram acima do pecado e só são capazes de fazer a vontade de Alá (Deus). No entanto, há uma história semelhante no Alcorão de um ser poderoso que caiu em desgraça com Deus e foi rechaçado por Ele para sempre. Esse ser, cujo poder era quase igual ao de um anjo, era um djinni chamado Iblis.[7] Segundo a história, Deus ordena a todos os anjos que se curvem diante de Adão, o primeiro humano. Todos os anjos obedeceram ao comando de Deus, exceto Iblis, o líder dos djinn, que tinha acesso ao céu. Esse djinni solitário era orgulhoso e arrogante, e sentia que ele e os demais djinn eram superiores à nova criação:

> Criamo-vos e vos demos configuração, então dissemos aos anjos: Prostrais-vos ante Adão! E todos se prostraram, menos Iblis, que se recusou a ser dos prostrados.
> Perguntou-lhe (Deus): Que foi que te impediu de prostrar-te, embora to tivéssemos ordenado? Respondeu (Iblis): Sou superior a ele; a mim criaste do fogo, e a ele do barro.
> Disse-lhe (Deus): Desce daqui (do paraíso), porque aqui não é permitido te ensoberbeceres. Vai-te daqui, porque és um dos abjetos!
> Disse (Iblis): Juro que, por me teres extraviado, desviá-los-ei da Tua senda reta. E, então, atacá-los-ei pela frente e por trás, pela direita e pela esquerda e não acharás, entre eles, muitos agradecidos!
> Deus lhe disse: Sai daqui! Vituperado! Rejeitado! Juro que encherei o inferno contigo e com aqueles que te seguirem.[8]

Por esse ato, Deus amaldiçoou Iblis e todos os djinn que o seguiam, banindo-os no inferno por toda a eternidade. Já não tinham mais permissão para visitar o céu nem se misturar com os anjos. Iblis implorou

---

7. A palavra Iblis é árabe e pode ser traduzida como "aquele que se desespera". O nome foi dado a esse djinni após ele ter perdido o amor de Deus. Seu nome original é desconhecido. Entretanto, muitos estudiosos muçulmanos e homens pios creem que o nome original era Iblis e que, depois da ruptura com Deus, foi mudado para "Shaitan" ou "o enganador". Em algumas histórias, ele também é identificado como o anjo caído Azazel.
8. Al-A'Raf, 11-18.

por perdão. Deus lhes deu, então, o prazo até o Dia do Juízo Final para corrigir seus erros. Iblis obteve permissão de Deus para "provar" que a humanidade era indigna do amor d'Ele, e recebeu o poder de tentar desviar todos os homens e mulheres. De acordo com uma história árabe, depois que Iblis foi expulso do paraíso, seu nome foi mudado para *Shaitan* (que significa "adversário"), semelhante a Satã, como é conhecido no Ocidente.

Assim como na história cristã de Lúcifer, Iblis recebeu de Deus a permissão de testar a raça humana com os prazeres e pensamentos que desviam as pessoas do amor de Deus. Séculos mais tarde, Iblis convenceu muitos outros djinn de que Deus, na verdade, fora injusto com eles. Iblis montou um exército cujo único propósito é a queda da raça humana. Ele e sua horda de djinn renegados recrutaram muitos humanos para sua causa, prometendo-lhes poder, riqueza e prazeres, os tais desejos que um gênio é capaz de conceder. O preço a ser pago, porém, por aqueles que fazem pedidos aos djinn não é a mera lealdade a Iblis, e sim a própria alma.

Iblis como anjo

Em alguns antigos relatos islâmicos, Iblis fora, certa vez, um poderoso anjo chamado Azazel. O nome "Azazel" significa "Deus fortalece"; esse anjo pode ter sido originalmente o deus semítico dos rebanhos de pastores, que depois foi demonizado com a proliferação das religiões abraâmicas. Azazel é associado ao ritual do bode expiatório, como purgação dos pecados, conforme descrito em Levítico 16. No versículo 9, Deus diz a Moisés que seu irmão Aarão deve levar dois bodes e sacrificá-los: um ao Senhor, pelos pecados, e outro a Azazel, para ser entregue vivo e obter redenção, sendo em seguida solto no deserto, supostamente para o Demônio. Essa referência ao deserto gerou a crença de que Azazel era um demônio do deserto. Coincidentemente, o deserto também é considerado o lar de Iblis, quando Alá lhe permite entrar em nosso mundo.

Na história apócrifa *O apocalipse de Abraão*, Azazel é mencionado como o anjo da desgraça, do mal, da ira e das provações. É o senhor do inferno, confinado à Terra por Deus porque se apegou a ela. No folclore judaico, Azazel se destaca em contos populares, junto a outro anjo caído, Samyaza (às vezes escrito Shemihaza ou Shemhazai). Azazel se recusa a reverenciar Adão, quando apresentado a Deus e às hierarquias celestiais. O folclore islâmico também fala de Azazel se recusar a reverenciar Adão; Deus, então, o expulsou do céu e o transformou em Iblis, logo em seguida. Embora a origem angélica de Iblis contradiga as crenças islâmicas, alguns estudiosos ainda a consideram a possível origem desse espírito rebelde.

Segundo a doutrina islâmica, o mal existente em toda parte hoje se deve aos humanos corruptos e djinn que deram as costas a Alá. Acreditam que os demônios, fadas, fantasmas, possessões demoníacas e até aparições de seres extraterrestres são obras dos djinn, ou, em alguns casos, de humanos espiritualmente corrompidos que se aliaram a Iblis. Se levarmos em conta a realidade da existência dos djinn, entenderemos a grande diversidade dos fenômenos paranormais. Raramente os djinn nos revelam sua verdadeira identidade. Gostam, isso sim, de assumir muitos disfarces. Muitos djinn se limitam a brincar inocentemente conosco, só para se divertirem; mas alguns têm desígnios mais mortais.

Os contos dos djinn revelam uma longa história de injustiças e indignidades por eles sofridas, que teriam criado motivos válidos (no entender deles) para tramarem contra a humanidade. Acreditando-se injustiçados por Deus, em favor dos seres humanos, alguns djinn guardam um profundo ressentimento há milênios – sem falar dos abusos que acham que sofreram nas mãos de um dentre os poucos humanos que já tiveram controle ditatorial sobre eles: o rei Salomão. Para compreendermos os djinn e seus sentimentos em relação aos humanos, precisamos estudar tanto as interações passadas quanto atuais da raça deles com a nossa.

Salomão e os djinn

O lendário Salomão, famoso como um dos mais sábios e poderosos governantes da Antiguidade, tinha poder absoluto para comandar e exorcizar os djinn. Salomão os forçou impiedosamente a trabalhar como escravos na construção do primeiro Templo de Jerusalém e de toda a própria cidade de Jerusalém. Mandou-os para a guerra, a fim de lutar contra homens e djinn controlados por outros homens, e os usou para impressionar a rainha de Sabá – que, segundo se contava, era meio djinn. Os djinn se ressentiram de ser reduzidos à condição de escravos, mas nada podiam fazer contra o poder de Salomão, enquanto ele desejasse controlá-los. O próprio Iblis era impotente diante do rei e nada podia fazer senão oferecer uma pequena dose de conforto à sua espécie.

A habilidade de Salomão para controlar os djinn era um dom divino. Ele era filho de Davi, o segundo governante do reino unido de Israel. Segundo o livro de Samuel, do Antigo Testamento, o reinado de Davi deve ter correspondido ao período de 1000-970 a.C. Após a morte de Davi, Salomão subiu ao trono e governou até morrer, por volta de 922 a.C. Detalhes históricos acerca de Salomão são difíceis de encontrar, mas ele figura como um dos indivíduos mais importantes nos relatos bíblicos da história dos judeus. Na cultura islâmica, Salomão (Sulayman) é considerado um dos maiores governantes do mundo, um verdadeiro apóstolo e mensageiro de Alá, o protótipo de Maomé.

Os grandes poderes de Salomão lhe foram conferidos por Deus, que apareceu a ele em um sonho e disse: "Pede o que queres que eu te dê[9]". Muitos homens teriam pedido riqueza e poder, mas Salomão disse que queria uma mente sábia para governar seu povo e para ter a capacidade de distinguir entre o bem e o mal. Feliz com a resposta de Salomão, Deus replicou: "Eis que fiz segundo as tuas palavras; eis que te dei um coração tão sábio e entendido que antes de ti igual não houve, e depois de ti igual não se levantará".[10]

A construção do primeiro Templo de Jerusalém pôs Salomão em contato direto com os djinn; o próprio local escolhido tem uma história longa e sagrada. Foi o lugar onde Caim e Abel discutiram a respeito da divisão da terra e sobre a parte de qual seria erguido um templo. Era o mesmo lugar em que Abraão se preparara para sacrificar seu filho Isaac. Durante o reinado de Davi, foi o local em que o Anjo da Morte, enviado por Deus para punir os israelitas pelos pecados de Davi, deteve sua mão executora.

Em gratidão, Davi ordenou que um grande templo fosse construído naquele solo sagrado. Embora tivesse recebido revelação divina a respeito da construção, foi proibido de se encarregar do projeto pessoalmente porque derramara sangue. Davi passou as instruções a Salomão. No quarto ano de seu reinado, Salomão iniciou a construção e recrutou mão de obra para o trabalho. Segundo fontes diversas, tanto seres humanos quanto djinn foram recrutados, a maioria dos quais escrava. Vários governantes enviaram escravos humanos; e Salomão escravizou os próprios djinn graças ao poder e à autoridade que Deus lhe conferira.

De acordo com algumas histórias, as pedras para o templo foram trazidas das pedreiras por djinn fêmeas. Algumas interpretações rabínicas da Bíblia afirmam que as pedras gritavam e se transportaram sozinhas até o local do templo.[11] Os djinn escavavam em busca de

---

9. 1 Reis, 3:5.
10. Ib., 3:12.
11. John D. Seymour, *Tales of King Solomon* (Oxford: Oxford University Press, 1924), p. 124.

diamantes, mergulhavam à cata de pérolas e traziam o mais fino mármore de todas as partes do mundo.

A participação dos djinn não é citada em todos os relatos da construção do templo: versões bíblicas da construção aparecem em 1 Reis 6-8 e 2 Crônicas 2-4; estas omitem tanto os djinn quanto os demônios. O historiador judeu romano Flavius Josephus (37-c.100 a.C.) também não mencionou os djinn em sua obra *Antiguidade dos Judeus*, embora citasse a habilidade de Salomão para exorcizar demônios (djinn) com o auxílio de um anel mágico.

Outras fontes oferecem um cenário diferente de como a construção do templo foi realizada. O grande poeta e santo persa Jalal al-Din Muhammad Rumi (1207-73) escreveu em seu épico *Masnavi*:

> Quando Salomão ergueu as fundações do Templo
> Homens e djinn vieram e prestaram seus serviços à obra,
> Alguns de boa vontade, outros por compulsão
> Mesmo como adoradores seguem o caminho da devoção.[12]

Os detalhes mais minuciosos estão em *The Testament of Solomon*, um texto pseudoepigráfico escrito entre os séculos I e III da Era Cristã, o mais antigo texto de magia já atribuído a um rei. Sua tradução do grego para o inglês descreve os djinn como demônios. Salomão os controlava, pois "dominava e controlava todos os espíritos do ar, da terra, e debaixo da terra".[13]

Salomão adquiriu seu poder sobre os djinn por meio de um djinni vampírico chamado Ornias. Durante a construção do templo, Ornias apareceu um dia na forma de um fogo ardente e atacou o filho do capataz, uma criança que Salomão amava. Ornias furtou metade do ordenado e da comida do garoto e lhe sugou a força vital usando seu polegar direito. O menino foi emagrecendo cada vez mais. Preocupado, Salomão mandou chamar o jovem e soube, então, dos ataques do djinni.

O rei rezou intensamente, dia e noite, para que Ornias caísse em suas mãos. Em resposta, Deus enviou a Salomão o arcanjo Miguel com um anel feito de cobre e ferro contendo a inscrição de um pentagrama, uma estrela de cinco pontas. Miguel instruiu Salomão a usar o anel e, com ele, trancafiar todos os djinn, machos e fêmeas, forçando-os a ajudar na construção do templo.

---

12. F. C. Conybeare, The Testament of Solomon. Revised English and partial translation by Jeremy Kapp. http://www.scribd.com/doc/2228881/The-Testament-of-Solomon-Revised-English, versículo 7. Acesso em novembro de 2010.

13. Ib., versículo 1.

Na manhã seguinte, Salomão deu o anel ao menino e mandou-o jogar no peito de Ornias e dizer, "O rei Salomão o convoca". O menino seguiu suas instruções. Ornias tentou evitar a ordem, oferecendo ao garoto todas as riquezas do mundo. O jovem recusou; e Ornias, embora relutante, apareceu diante de Salomão, o qual exigiu que ele revelasse sua identidade e seus propósitos. Ornias, obrigado a obedecer por causa da magia do anel, não teve escolha. Confessou que era filho do arcanjo Uriel e tinha o dom de se transformar na forma de uma linda mulher e também de um leão. Como mulher, ele exercia poder sexual sobre os homens.

Salomão ordenou a Ornias que fosse cortar pedras para o templo, mas o djinni tinha pavor do poder de encolhimento das ferramentas de ferro.[14] Naquela época, o ferro era muito puro, uma forma chamada de magnetita. Se os djinn são compostos de plasma, que pode ser afetado por campos magnéticos, então a energia magnética emitida pelo minério poderia lhes fazer mal.

Ornias fez um acordo com Salomão: ele entregaria o príncipe dos djinn em troca de sua liberdade. Pegou o anel de Salomão e o jogou em Belzebu.[15] O príncipe urrou fogo, mas foi obrigado a aparecer diante de Salomão. Belzebu disse que fora o primeiro anjo no primeiro céu; e era o único anjo que ainda restava dos que caíram do céu. Governava todas as almas em Tartarus (o submundo).[16] Tinha um filho que assombrava o Mar Vermelho e que um dia retornaria triunfante. Belzebu disse que incitava os homens a praticar assassinatos, guerras, sodomia, ilegalidade, heresia e toda espécie de ato impuro. "E destruirei o mundo", ele prometeu.[17]

Salomão condenou Belzebu a serrar blocos de mármore de Tebas. Os outros djinn uivaram em protesto pelo tratamento degradante que seu príncipe sofreu, o que sem dúvida deve ter fortalecido a decisão de se vingarem da humanidade. Belzebu não tinha escapatória e acabou concordando em convocar todos os djinn para o rei.

O testamento de Salomão traz um catálogo de alguns dos djinn que foram convocados. Salomão os obrigou a dizer seus nomes, explicar como prejudicavam as pessoas e como podiam ser impedidos, ou ter seus atos anulados, pelos anjos. Alguns compareceram em formas

---

14. O ferro tem o poder de enfraquecer ou repelir entidades sobrenaturais, principalmente as malévolas, incluindo fadas, demônios e djinn.
15. Corrupção do nome da divindade de Canaã, *Baal-zeboul*, "senhor da morada divina". Belzebu também é chamado de *Beelzebub*, senhor das moscas.
16. Os gregos descreviam Tartarus como a mais baixa região da terra, um abismo ou cova sombria onde as almas perturbadas eram aprisionadas e torturadas.
17. Conybeare, *op. cit.*, versículo 27.

monstruosas, meio humanas, meio animais; outros apareceram como fogo ou vento.

O primeiro foi Onoskelis, que apareceu meio mulher, meio mula. Disse que nasceu de "uma voz do eco de um céu negro, emitido em matéria".[18] Ela vivia em cavernas, ravinas e precipícios – algumas das moradas favoritas dos djinn. Estrangulava e pervertia os homens. Salomão a condenou a tecer cordas de linho para a construção do templo.

O nascimento de Onoskelis é uma declaração interessante; hoje, sabemos que boa parte do multiverso é composta pelo que os cientistas chamam de "matéria escura" e energia escura. É chamada de "escura" porque não a vemos; os cientistas só conseguem observar seu efeito na matéria visível em nosso Universo. Uma referência a um céu ou universo escuro pode ser interpretada como originária de outra dimensão.

O segundo djinni convocado foi o poderoso Asmodeus (Asmodai), que se encolerizou por ser submetido àquela humilhação. Ele disse que nasceu de um anjo e uma mulher mortal, e que sua estrela ainda brilhava no firmamento.[19] Irado, Asmodeus informou ao rei que não deveria fazer tantas perguntas, porque seu reino e glória logo chegariam ao fim. O djinni fez, então, uma previsão macabra do grito de batalha que, hoje se acredita, seria emitido por muitos djinn, ressentidos com a humanidade. "E sua tirania sobre nós será curta; e novamente dominaremos a humanidade, de modo que nos considerarão deuses, sem saber, por serem homens, os nomes dos anjos acima de nós". [20]

Irritado, Salomão mandou amarrar Asmodeus com mais força e o chicoteou com correias feitas de couro de boi. O djinni foi forçado a descrever como arruinava os casamentos e os relacionamentos amorosos, como deixava as pessoas loucas e as levava a cometer atos homicidas. Asmodeus confessou que o arcanjo Rafael ensinara os homens a exorcizá-lo com a fumaça de bílis e fígado de peixe queimados.[21] Também revelou o segredo de seu conhecimento do futuro: ele conseguia voar até o céu e bisbilhotar a conversa dos anjos.

Salomão condenou Asmodeus a ser enfraquecido pelo ferro, carregar dez jarros com água e fazer argila pisando nela com os próprios

---

18. Ib., versículo 18.
19. Gênesis, 6:1-4 e o Livro de Enoque tratam dos Observadores ou Filhos de Deus, anjos que quebraram as regras descendo do céu para copular com mulheres humanas e gerar filhos monstruosos chamados de Gigantes, ou Nefilins. Aqui, Asmodeus não afirma ter tal origem, apesar de sua natureza híbrida.
20. Conybeare, *op. cit.*, versículo 21.
21. Contado em detalhes no livro apócrifo de Tobias, provavelmente escrito por volta do século II a.C.

pés. Essa era uma grande humilhação, pois, como vimos na página 33, Iblis disse a Deus que, sendo ele um ser de fogo, não se curvaria perante Adão, uma criatura inferior, de argila. Asmodeus gemeu amargamente ao saber de sua escravidão, mas se viu forçado a obedecer.

Salomão convocou outros djinn. Alguns deram nomes que descreviam suas funções, tais como Poder, Contenda, Engano, Ciúme, Erro e Batalha. Além de criar caos e desordem, eles confessaram que causavam doenças e moléstias específicas.

Dizem as lendas que os orgulhosos djinn ficaram zangados e amargurados com o tratamento cruel de Salomão. O único djinni que não se sujeitou ao trabalho escravo foi Iblis. Segundo uma história, certo dia, Iblis visitou o local do templo para consolar seus djinn.

"Como vão?", ele perguntou.
"Não temos descanso, nesta condição", eles responderam.
"Vocês trazem pedras da pedreira, e voltam de mãos vazias?"
"Sim!", disseram.
"Então, algum descanso vocês têm!", Iblis comentou.

Salomão ouviu os djinn falando ao vento e os puniu, ordenando que carregassem pesos tanto na ida quanto na volta da pedreira.

Quando Iblis voltou para consolar os djinn, eles se queixaram do aumento de seus fardos. Ele disse: "Vocês dormem à noite?". Quando responderam que sim, ele tornou: "Então, algum descanso vocês têm!". Salomão retaliou, ordenando que os djinn trabalhassem dia e noite.

Mais uma vez, Iblis voltou para consolar os djinn; e mais uma vez eles se queixaram. Iblis explicou que, quando as situações parecem o pior possível, as condições melhoram. De acordo com uma versão desse conto, Salomão morreu antes que o templo fosse completado.[22]

De acordo com *O testamento*, porém, Salomão completou o templo, instalou a Arca da Aliança em seu interior e descansou em glória. Houve outro encontro significativo com os djinn quando Adares, rei da Arábia, apelou a Salomão para que usasse seu poder para banir um espírito maligno, um poderoso djinni do vento que andava matando seu povo e seus animais. Salomão entregou a um servo um pote de vinho e seu anel mágico, instruindo-o a capturar o djinni no pote e aprisioná-lo. O servo assim o fez. Apresentado a Salomão, o djinni ficou em pé dentro do pote e o fez andar. Salomão ludibriou esse djinni, Ephippas, e outro, do Mar Vermelho, Abezithibod (Abbadon), fazendo-os erguer um pilar grande e pesado no ar. Ele os congelou no ar, enquanto seguravam o pilar.

---

22. Seymour, *op. cit.*, p. 133-134.

Salomão teria vivido até o fim da vida em paz e grandeza, segundo *O testamento*, se não tivesse se apaixonado perdidamente por uma mulher jebuseia. Os sacerdotes de Moloch lhe prometeram a mulher se ele reverenciasse os deuses Moloch e Remphan. Ele concordou; e, com isso, perdeu a bênção de Deus pelo restante de seus dias.

De acordo com *Masnavi*, de Rumi, Deus testou Salomão quando o templo ficou pronto. O anel mágico de Salomão foi furtado por um djinni chamado Sakhar, que assumiu a forma do rei e o representou por 40 dias. Salomão foi forçado a vagar pela região e implorar por pão. Após 40 dias, Deus recolocou Salomão em seu devido lugar, e o rei começou sua adoração dentro do templo.

As histórias a respeito de Salomão reforçam temas centrais no histórico dos djinn: proscritos, abusados e humilhados, incapazes de exercer seus plenos poderes no mundo que cobiçavam, um ressentimento reprimido e cada vez maior. Alguns djinn ignoraram as indignidades sofridas e prosseguiram com a vida e suas atividades, evitando contato com os humanos. Outros juraram vingança, aguardando, no passar dos séculos, a oportunidade de contra-atacar.

É claro que em determinada época os humanos tinham um contato mais direto com os djinn, que viviam infelizes com sua situação. Sabendo disso, Salomão aprisionou um número desconhecido de djinn em garrafas de bronze forradas com ferro, lacrando-as com chumbo e um talismã mágico. Alguns dos djinn também ficaram presos em anéis mágicos feitos de rubis e opalas de fogo. Muitos djinn poderosos, porém inocentes, também foram aprisionados naquela época, porque Salomão temia que no futuro eles pudessem causar problemas à humanidade.

Classificações dos djinn

Antes de continuarmos com a apresentação de nossa pesquisa dos djinn, é importante esclarecermos algumas coisas. Os djinn que resolvem viver perto dos seres humanos ou com eles interagir são conhecidos como *aamar*. Djinn jovens são chamados de *arwaah*. Djinn com intenções malévolas são *shayteen*; e os líderes djinn mais poderosos são conhecidos como *afrit*. Essa identificação dos djinn é imprecisa, assim como se descrevêssemos uma pessoa escutando um único tipo de música ou apreciando só uma espécie de alimento e excluindo todos os outros. Veremos, nos capítulos a seguir, que a estrutura social dos djinn é muito complexa.

3

Descobrindo uma Raça Antiga

O relato a seguir apresenta as experiências de Phil em sua viagem à Arábia Saudita em dezembro de 1995. Em jornada pelo Oriente Médio, ele fez muitos contatos importantes. O propósito original da viagem nada tinha a ver com os djinn; mas, enquanto percorria um país após outro, Phil ouviu cada vez mais histórias dessa antiga raça de seres e resolveu que sua prioridade, então, seria aprender sobre ela.

A jornada incerta de Phil

Enquanto estive nas Forças Armadas dos Estados Unidos, servi com um número de indivíduos que hoje ocupam posições influentes não só no governo norte-americano, mas também em dois outros países, um dos quais a Arábia Saudita. Em uma viagem pelo Oriente Médio na década de 1990, descobri que um soldado que eu conhecera na Guerra do Vietnã era agora membro de alta patente da força de segurança da família real saudita. Na época, encontrava-me em Israel. Enviei-lhe um telegrama explicando que gostaria de visitá-lo e lhe perguntando se poderia facilitar minha passagem pela alfândega. Dali a 24 horas, recebi um convite para visitá-lo em sua casa, não muito longe do palácio real e um dos únicos lugares luxuosos no país. Devo referir-me a esse indivíduo como "Jack" apenas, porque ele é um americano em serviço para uma potência estrangeira e sua posição exige sério anonimato. Não tenho notícias dele há mais de dez anos; enquanto escrevo este livro, não sei de sua atual situação.

Cheguei ao aeroporto internacional King Khalid, em Riad, e passei pela alfândega. O oficial lá examinou meu passaporte, fez uma longa pausa, olhou-me novamente e acessou seu computador. Fiquei um pouco preocupado e as pessoas atrás, na fila, começaram a se afastar como se soubessem que havia alguma coisa errada. O oficial da alfândega pegou o telefone e falou em árabe, uma língua que não entendo. Chamou dois soldados que estavam por perto e ordenou que me escoltassem a uma sala de segurança. Fiquei mais preocupado ainda. O rei Fahd bin Abdul Aziz Al Sal, monarca em exercício na época, sofrera recentemente um derrame, ficando incapacitado de exercer seus deveres de rei. Muitos temiam que dissidentes se aproveitassem da oportunidade para tomar o governo. Talvez meu amigo já tivesse saído do país ou estivesse preso por ordem das novas autoridades na nação. O leitor pode imaginar minha crescente preocupação, achando que também seria preso por causa de minha ligação militar com Jack.

Meia hora depois, um soldado entrou na pequena sala. Com um inglês quase perfeito, ele se identificou como capitão Yarramish e me disse que havia um carro me esperando para me levar ao meu destino.[23] Tentei lhe perguntar aonde, mas ele insistiu para que não fizesse perguntas. Saímos da sala de segurança do prédio da alfândega. Veio-me à mente um *flash* de um incidente que Jack e eu tivemos em Bancoc em 1970. Disse a mim mesmo: "Com certeza, ele já se esqueceu daquilo".

Uma limusine branca nos esperava. O capitão entrou comigo e começamos nossa jornada. Pensei: "Bem, com certeza não vão me levar a uma prisão em uma limusine; Jack, porém, sempre teve um senso de humor estranho". Enquanto percorríamos a cidade, fiquei chocado com as condições de moradia: pessoas vivendo como se estivessem no século XVIII. Acho que passamos por quatro postos de combustíveis na viagem, e o preço não era mais que dez centavos por litro!

Logo nos encontramos na parte da classe alta da cidade. Lá, as casas eram incrivelmente grandes, com carros muito caros nas garagens. A diferença entre essa área e a parte pobre da periferia era como o dia e a noite. O povo saudita rico vivia melhor que os americanos; e a região que atravessávamos agora deixaria Beverly Hills com vergonha. Era evidente que havia duas classes financeiras naquele país: os extremamente ricos e os pobres.

Paramos diante de um portão com dois guardas que acenaram para entrarmos. O carro estacionou em uma longa entrada circular. Quando saí da limusine, Jack apareceu e me cumprimentou com um sorriso e um abraço. Entramos em uma pequena vila preparada para mim e nos sentamos para tomar um drinque. Jack me disse que era coronel na força de segurança saudita, posto que ocupara nos últimos cinco anos. Perguntou-me sobre minha vida desde que nos vimos pela última vez. Disse-lhe que, nos últimos 13 anos, vinha lecionando ciência e escrevera

---

23. Expressão usada por ele.

vários livros sobre temas diversos. Ele me olhou, riu e disse: "Tudo bem, mas essa é a história de capa. O que você está fazendo *de verdade*?". Não consegui fazer Jack acreditar que eu nada mais era que um professor de ciência – ele tinha certeza de que eu estava no Oriente Médio fazendo algum tipo de reconhecimento para alguma agência de inteligência. Ele disse que tínhamos um convite para um jantar formal àquela noite, com um membro de sua família real. Em seguida, desculpou-se porque tinha de cuidar de algumas coisas e recomendou que eu descansasse.

Um estranho jantar

Assim que Jack saiu, caí em sono profundo. Não muito depois, acordei com alguém batendo à porta; era um secretário da família real perguntando-me se eu estava pronto para o jantar. O que me parecera um período de poucos minutos, na verdade, tinha sido de várias horas! Devia estar muito cansado, pois não é normal eu dormir tão profundamente, ainda mais em um lugar estranho. Deixei o mensageiro entrar e desculpei-me por não estar pronto ainda. Ele pareceu aborrecido e insistiu para que eu me apressasse, porque o príncipe Khalid bin Fahd estaria presente ao jantar e era costume e demonstração de respeito que os convidados chegassem antes e esperassem a entrada da realeza.

Enquanto eu me aprontava depressa, vestindo o smoking já limpo e passado para mim, o homem se identificou como meu "conselheiro" e me deu algumas instruções sucintas a respeito de comportamento e protocolo social no mundo árabe, principalmente na presença da realeza. As instruções para o comportamento adequado me faziam sentir de volta aos tempos medievais. Com a voz séria, ele disse: "Devemos chegar antes de Sua Alteza. Quando ele entrar na sala, se você estiver sentado, levante-se. Se estiver conversando, pare. Se tiver um drinque na mão, coloque-o na mesa. Se estiver fumando, apague o cigarro imediatamente. E o mais importante: não vá até ele para se apresentar. Espere que Sua Alteza venha até você".

Aquelas eram as instruções para o coquetel – havia mais, para o jantar. "Não se dirija à mesa enquanto o criado não chamar todos os comensais que vão. Fique em pé ao lado da cadeira e espere até Sua Alteza se sentar primeiro. Não olhe para Sua Alteza, a menos que ele se dirija a você; e sob nenhuma circunstância fale com o príncipe. Sua Alteza fará um brinde; por isso, levante-se e segure a taça de vinho com a mão direita e olhe para Sua Alteza enquanto ele propõe o brinde. Depois, você pode dizer 'obrigado', 'muito bom', ou 'viva'. Tome um gole longo e espere até o príncipe Khalid baixar o copo antes de você".

Quando terminou, perguntei, em brincadeira, "É só isso?". Meu conselheiro pareceu confuso quando perguntei: "Você acha que depois do drinque eu posso fazer a saudação vulcana e dizer 'Vida longa e paz'?". Claro que era uma piada, mas meu conselheiro não entendeu o toque de humor na conversa. Enquanto íamos de carro até o palácio, ele me lembrou de que não estávamos na América – o menor sinal de desrespeito seria considerado um insulto.

No palácio, entrei no saguão e me misturei com as pessoas. Devia estar muito elegante no smoking preto – muitos dignitários estrangeiros cujos nomes não me lembro pensaram que eu era embaixador de algum país ocidental.

Um dos criados nos chamou para a sala de jantar. Todos os convidados, inclusive eu, se colocaram de pé, em volta de uma mesa grande. Minha posição era a segunda a partir da ponta da mesa; fiquei entusiasmado ao perceber que me sentaria perto do príncipe. Naquele momento, outro criado entrou e disse que o príncipe Khalid tivera de se ausentar por questões urgentes e pedia desculpas a todos os convidados. Seu primo, no entanto, ocuparia seu lugar e acertaria todas as questões em nome de Sua Alteza, após o jantar. O primo entrou na sala com dois enormes guarda-costas, e todos se curvaram em reverência. Ele se sentou em sua cadeira e todos fizeram o mesmo. Achei ótimo que nenhum brinde foi oferecido e o jantar, servido imediatamente.

O primo real parecia ter uns 35 anos de idade. Os outros convidados o chamavam de "Excelência"; assim, presumi que fosse um ministro no governo da Arábia Saudita. Meu amigo Jack, sentado à minha esquerda, sussurrou-me que não haveria problema em fazer uma pergunta. Antes que eu abrisse a boca, Sua Excelência olhou-me e perguntou se eu era americano; e por que estava em visita ao seu país. Respondi que tinha interesse em aprender mais acerca dos *djinn*. Quando Sua Excelência ouvia a palavra *djinn*, sua expressão mudou de neutra para agitada e preocupada. Pareceu surpreso por ouvir a palavra dita por um ocidental, e demonstrou interesse! "Os djinn!" Falou tão alto que todos os presentes se silenciaram, olhando para ele.

"Vou lhe falar deles! São muito reais e vivos em meu país." Não pude checar a veracidade da história que me contou a seguir, mas Sua Excelência parecia falar a sério. Creio que seja verdadeira. Relatarei o episódio conforme me lembro.

Como pegar um djinni

Sua Excelência disse que havia já muitos anos que uma unidade especial entre os militares norte-americanos tentava capturar um djinni. Seu governo permitia missões militares e científicas em certas partes do deserto onde se sabe que os djinn entram em nosso mundo. Ele explicou que os Estados Unidos estavam atrás de um dispositivo tecnológico que permitia aos djinn atravessar paredes sólidas e janelas dimensionais. Quando lhe perguntei se haviam capturado algum, ele disse que não tinha certeza porque esse tipo de informação seria classificada como superconfidencial. Achei esse comentário interessante e relacionei-o com um incidente semelhante ocorrido alguns anos antes em Pine Bush, Nova York, no qual vários moradores afirmaram ter visto uma presença considerável de militares na área. A explicação oficial era a de que eles estavam fazendo "exercícios de treinamento"; mas um conhecido meu, hoje membro da Inteligência, me informou de um propósito diferente. Segundo ele, os militares participavam de uma operação encabeçada por uma unidade especial para capturar um "alienígena interdimensional", usando um portal naquela área do país para entrar e sair de nosso mundo. O objetivo principal dessa operação era capturar sua tecnologia.[24]

Pedi à Sua Excelência que me recomendasse uma fonte de leitura a respeito dos djinn e ele me sugeriu o Alcorão. Voltou-se para Jack, disse algo em árabe, e depois se virou novamente para mim, dizendo: "Esta conversa acabou". Sua Excelência, em seguida, conversou com vários outros convidados. Jack sabia que eu queria perguntar mais, mas, antes que abrisse a boca, ele me cutucou com o cotovelo nas costelas, com bastante força. Compreendi que era um forte sinal de que devia ficar calado – meu tempo de conversa com Sua Excelência se esgotara.

Após o jantar, perguntei a Jack o que o primo do príncipe lhe dissera. Jack me disse que ele lhe recomendara levar-me a uma mesquita nos limites da cidade, onde conheceria um homem santo que sabia tudo acerca dos djinn. Fiquei empolgado e perguntei quando iríamos. Jack disse que a viagem poderia ser feita na manhã seguinte, mas, como não podia ir, mandaria seu assistente, o capitão que me pegou no aeroporto. Em seguida, um carro veio me buscar e levou-me de volta à vila.

---

24. Anos depois, Rosemary ouviu de determinada fonte de um contato com duas criaturas reptilianas no Novo México usando cintos que, quando eram tocados, lhes permitiam atravessar paredes. Estariam esses cintos relacionados com a tecnologia que os militares procuravam na Arábia Saudita?

Uma visita a um homem santo

Amanheceu e mais uma vez fui acordado por uma batida na porta. Era o capitão. Ele disse que tínhamos de sair imediatamente e pediu-me que vestisse as roupas mais tradicionais do povo saudita, para não atrair muita atenção. Disse-me que a área da cidade que visitaríamos não era segura para pessoas ocidentais. Vesti os trajes apropriados, muito confortáveis, feitos do mais fino algodão egípcio. Parecia um personagem recém-saído de *Lawrence da Arábia*.

Levamos meia hora até chegar ao nosso destino: um setor decadente da cidade, habitado por pessoas muito pobres. Estacionamos na frente de um edifício que, segundo o capitão, tinha mais de 300 anos de idade e fora um centro de alguma espécie de culto. Fomos recebidos à porta e levados a uma sala na qual se sentava um velho fumando cachimbo de água. O capitão se curvou em reverência e começou a falar em árabe. Virou-se para mim e disse: "Por favor, sente-se. Vou traduzir. Você pode fazer qualquer pergunta a respeito dos djinn, mas nada mais que isso. Obterá uma resposta a cada pergunta. Não entre em debate com ele". Fiquei perplexo. Lamentei não ter feito uma lista de perguntas, pois meu conhecimento dos djinn na época era limitado ao que a maioria dos ocidentais sabe. Não tinha gravador; mas não importava, porque não seria permitido mesmo. Fiz anotações. Embora esse encontro tenha ocorrido há mais de 15 anos, ainda me lembro de tudo o que o homem disse, palavra por palavra.

UMA HISTÓRIA SOMBRIA

De acordo com o homem santo, Alá criou três raças inteligentes no multiverso: anjos, djinn e os seres físicos entre os quais estão os humanos, além de todas as outras raças "alienígenas" no Universo. Os anjos foram criados primeiro, e colocados na Terra como tutores e mestres. Eram os mais amados por Deus. Os djinn são feitos de fogo, vivem longos períodos e têm grande poder. São capazes de manipular a matéria e mudar de forma. À medida que um djinni envelhece, adquire mais conhecimento e poder. Ninguém sabe quanto tempo eles vivem, mas, como todas as coisas, também morrem e devem prestar contas a Alá no Dia do Juízo Final.

No tempo em que viveram no universo físico, os djinn construíram grandes cidades governadas por reis poderosos. A quantidade de djinn existente naquela época é desconhecida, mas talvez fossem bilhões. Cada grupo de djinn pertencia a clãs, em vez de Estados ou países, instituições que eles não tinham. Segundo o homem, os clãs brigavam constantemente, entrando em guerra por motivos banais. As guerras duravam milhares de anos e poluíam o ambiente. Antes das guerras dos djinn, a Terra era um paraíso, mas seus conflitos a transformaram em um lugar devastado.

Os djinn ficaram cada vez mais poderosos, usando armas fantásticas e terríveis, chegando a ponto de causar danos irreversíveis ao universo físico. Alá sabia que, se as guerras dos djinn não acabassem, eles se autodestruiriam. Alá ordenou a um exército de anjos que os detivessem, mas os djinn reuniram seus exércitos e entraram em uma guerra com os anjos que durou mil anos. Quando acabou, os djinn mais velhos e mais poderosos sofreram, por fim, uma queda. Os djinn foram lançados em um mundo paralelo, próximo ao nosso. Conta-se que a maioria aceitou sem questionar, mas alguns, não. Até hoje eles permanecem nessa dimensão paralela.

Alguns dos djinn tiveram a permissão de ficar no universo físico para ajudar a reparar os danos que sua raça causara, de modo que a nova criação de Alá, Adão, pudesse povoar a Terra. Esses djinn remanescentes receberam ordens de ajudar os humanos nos primeiros anos, ensinando-lhes a língua, as ciências e a vontade de Alá. Esses grupos de djinn que puderam ficar aqui eram conhecidos pela raça humana como *amir* e interagiam com os homens e mulheres frequentemente. Com o passar do tempo, muitos dos djinn remanescentes no mundo físico começaram a se isolar dos humanos, tornando-se ressentidos. Muitos séculos depois, o ressentimento converteu-se em ódio; e, em vez de ajudar a humanidade, resolveram destruí-la. O homem santo disse que esses djinn eram influenciados por Iblis, um djinni maligno cuja missão autoimposta é destruir todos os seres no universo físico que não sejam djinn. Os *amir* foram, então, postos em quarentena (pelos anjos) em determinadas localidades geográficas, onde se encontram até hoje. Essas áreas se tornaram seus lares; e é por isso que muitos lugares no planeta são considerados mal-assombrados. São locais habitados pelos djinn, que conseguem se metamorfosear em qualquer coisa que desejem. O principal propósito dos djinn *amir* é afastar os humanos, assustando-os e aproveitando-se de nossa natureza impressionável.

O que faz Iblis?

Perguntei ao homem como Iblis se encaixava nessa história. Ele respondeu: "Iblis era o mais poderoso dos djinn; era ascensionado e se relacionava com os anjos. Depois das guerras do djinn, Iblis ficou do lado de sua raça e se recusou a ajudar na preparação do mundo para a humanidade. Por isso, foi expulso do céu e não pôde mais se relacionar com os anjos ou outros seres ascensionados".

O homem santo disse que a maioria dos djinn nunca viu Iblis e debate entre si se ele realmente existe ou não. Alguns dos djinn veneram Iblis e o veem como um salvador que os ajudará a recuperar o mundo do qual foram expulsos. Para os humanos, Iblis é a maior ameaça que a humanidade enfrentará; mas, para os djinn, é considerado um herói, uma figura do tipo de Cristo.

O velho explicou que Iblis, ainda temendo a fúria dos anjos, costuma assumir forma humana para se esconder e conduzir exércitos de homens uns contra os outros, na tentativa de levá-los à autodestruição, acreditando, assim, que ele e os demais djinn não levariam a culpa. Em um exemplo, antes de uma grande batalha, Alá viu que o líder do exército do mal era, na verdade, Iblis. Enviou então o anjo Jibril contra Iblis.[25] Quando Iblis viu o poderoso anjo descendo do céu, gritou: "Nada tenho a ver com isso! Não faço parte deste exército e esta guerra não é culpa minha!". Louvou a Alá e fugiu. A grande batalha não ocorreu e milhares de vidas humanas foram poupadas.

A habilidade de Iblis para assumir forma humana e se tornar um grande líder se equipara à profecia cristã da vinda do Anticristo, um ser poderoso que é o Diabo encarnado, o qual levará a raça humana a uma guerra gigantesca conhecida como Armagedom. O homem santo continuou falando dos djinn por várias horas, quando, por fim, se cansou e nos pediu que fôssemos embora. Mencionou uma caverna perto de Omã, usada pelos djinn para entrar em nosso mundo.

O homem também explicou que havia várias cidades e aldeias em Omã, no Iraque e na Síria, nas quais os djinn estabeleceram suas cabeças de praia. Penso que isso parece indicar que eles almejam uma invasão contra a raça humana. Quando ouvi a respeito de um lugar em Omã por onde esses seres entram em nosso mundo, tive de ver pessoalmente. Já estava na região mesmo e sabia que, se não aproveitasse a proximidade para visitar a caverna, talvez nunca tivesse outra chance de explorá-la.

Majlis al Djinn

Os djinn entram em nosso mundo por alguma espécie de portal interdimensional. Temos muitos casos em nossos arquivos em que aberturas

---
25. Jibril é Gabriel na cultura judaico-cristã.

do tipo "buraco de minhoca" apareceram, e deles saíram estranhas criaturas ou seres. Esses viajantes dimensionais seriam considerados djinn no Oriente Médio, mas aqui no Hemisfério Ocidental são chamados de "alienígenas" ou "extraterrestres". Alguns muçulmanos creem que há locais no planeta habitados por um djinni ou uma família de djinn, compartilhando nosso mundo. Um desses lugares fica em Omã, principalmente, ou no platô Selma, em uma área muito remota conhecida como Majlis al Djinn – "o ponto de encontro dos djinn". Embora muitos cidadãos de Omã, particularmente em aldeias próximas, acreditem que a caverna é o lar dos djinn, o nome foi dado por exploradores do século XX, que se fascinaram com as crenças dos moradores. O nome original da caverna, na língua de Omã, era Khoshilat Maquandeli, que significa "o lugar para abrigar cabras".

Majlis al Djinn é a oitava maior caverna do mundo e tem a 15ª maior câmara. A câmara principal da caverna é tão grande que nela caberia a Grande Pirâmide de Gizé, ainda sobrando espaço. A caverna foi formada pela ação da água lentamente corroendo o calcário no Período Terciário.[26] Só foi plenamente explorada em 1983, mas os moradores das redondezas sabiam de sua existência há séculos, mantendo-se afastados dela porque acreditavam que era habitada por um djinni.

Não há nenhuma saída mais baixa visível nem passagem da câmara para o solo acima – apenas várias aberturas no chão que dão diretamente na câmara principal. A água que entra na caverna se acumula ao longo da parte mais baixa do solo, para depois se infiltrar lentamente no sedimento de grânulos finos, partido em lama. As entradas recebem os resíduos superficiais de uma pequena área de drenagem, de modo que a água nunca alcança a maior parte da caverna. Enquanto a temperatura na superfície às vezes excede os 32º C, a temperatura do ar dentro da câmara paira perto de 15,5º C. O acesso à caverna só é possível por meio de uma descida livre a partir de uma das três entradas verticais no teto, uma queda de 97,54 metros.

Viagem a Omã

Ainda na Arábia Saudita, perguntei ao meu amigo Jack se podia providenciar-me passagem para Omã, pois gostaria de ver a caverna em primeira mão. Felizmente, o clima ainda estava fresco e a viagem não

---
26. O Período Terciário começou cerca de 65 milhões de anos atrás e terminou há mais ou menos 1,8 milhão de anos.

seria tão cansativa para uma pessoa como eu, mais acostumada à temperatura da Nova Inglaterra. Jack pediu ao homem que era seu braço direito, o capitão Yarramish, que fosse comigo. Achei ótimo, pois passara a confiar e conhecer aquele homem e sua família muito bem. Ele nem se importava com o fato de eu pronunciar erradamente seu sobrenome. O primeiro nome era tão longo que ele concordou em ser chamado de "Yarr". Achava até engraçado e me disse: "Só um americano mesmo, para fazer isso e ainda se safar".

A Arábia Saudita faz fronteira com Omã; nossa viagem aquele dia foi curta, graças ao pequeno jato de passageiros que Jack nos providenciou. Após cerca de uma hora de voo, pousamos no aeroporto internacional Seeb (hoje chamado Muscat). Yarr me disse que haveria um veículo à nossa espera, pronto para nos levar à cidadezinha de Fins, perto do Golfo de Omã, em uma região chamada Montanhas Hajar do Leste. Em Fins, conheceríamos uma pessoa que nos mostraria a caverna.

A viagem no veículo de tração nas quatro rodas foi magnífica. Nosso destino era o sul por uma estrada principal. A vista do vívido golfo azul à nossa esquerda era de tirar o fôlego, assim como as montanhas à direita. O que mais me impressionou foi o aspecto de limpeza total – não havia um único pedaço de lixo ou sinal de irresponsabilidade humana. Omã era realmente um país lindo; e compreendi por que tantos estadistas no mundo árabe lutavam tanto para preservar sua cultura e sua casa.

Yarr e eu chegamos a Fins no começo da tarde. Como planejávamos viajar na manhã seguinte, passamos o restante do dia desfrutando refeições, drinques e passeio; tive até a permissão de visitar uma mesquita – permissão rara no mundo árabe. Depois, com Yarr como tradutor, perguntei aos moradores locais a respeito dos djinn. Para minha surpresa, estavam perfeitamente dispostos a conversar comigo e pude, assim, ouvir muitas lendas. Disseram-me repetidas vezes que eu não deveria estudar os djinn, pois minha curiosidade atrairia a atenção deles; e com certeza eles viriam investigar minhas intenções. Os aldeões pareciam convictos de que os djinn estavam voltando ao nosso mundo e que, um dia, se ninguém tomasse as devidas providências, eles governariam os seres humanos. Entretanto, todos esperavam que os djinn voltassem e coexistissem em paz conosco, como faziam muito tempo atrás.

Conversei com uma pessoa, um professor, que me disse que sempre achara que as histórias dos djinn não passavam de lendas – até encontrar um nas montanhas, perto de uma cidade chamada Al Jaylah. Embora o professor se recusasse a colaborar, disse que os governos de

Omã e dos Estados Unidos sabem a respeito dos djinn e estão tentando negociar com eles. Quando lhe perguntei como tinha essa informação, ele respondeu que, após seu encontro com um djinni, viu "soldados" americanos, sauditas e omani que afirmaram estar seguindo um djinni havia dois dias. O professor foi com eles a uma base nas montanhas, onde foi "interrogado" por várias horas. Segundo nos disse, os "soldados" lhe mandaram não fornecer detalhes do que viu. Ele parecia temer mais os soldados que os djinn. Apesar de meus esforços, não consegui que me falasse mais do episódio.

Fiquei ansioso para chegar à área onde os djinn são vistos e mal podia esperar pela manhã seguinte. Hospedamo-nos em uma pequena estalagem, mas não consegui dormir aquela noite – estava agitado demais, pensando na viagem às montanhas.

O PONTO DE ENCONTRO DOS DJINN

Na manhã seguinte, levantamos cedo, tomamos um café da manhã rápido e nos encontramos com nosso guia no veículo de tração dupla. Olhei para trás e vi não só equipamento de alpinismo, mas também duas pistolas nove milímetros. Perguntei a respeito, e soube que para entrar na caverna era preciso descer mais ou menos uns cem metros. Para mim, não seria problema – já tinha certa experiência em escalar montanhas e explorar cavernas e minas. Yarr disse que trouxera pistolas porque a área é isolada é poderíamos deparar com bandidos. Ele e o guia não achavam que haveria problemas, mas queriam estar preparados. "Melhor ter armas e não precisar do que precisar e não ter", ele explicou. Nosso guia disse que a caverna ficava a uns 16 quilômetros ao sul e chegaríamos em cerca de 40 minutos. Só havia uma trilha até a entrada; e teríamos de ir devagar por causa do terreno rochoso.

Meia hora mais tarde, paramos e descemos do carro. O guia disse que precisaríamos caminhar cerca de um quilômetro até a entrada. Era um dia ensolarado e a temperatura era mais ou menos 21° C, perfeita para uma caminhada nas montanhas do deserto. Chegamos ao topo de uma colina e vi o que me pareceu um grande buraco com um diâmetro de cerca de três metros. Curvei-me, olhei para o "buraco" e me surpreendi – sabia que a câmara principal da caverna era grande, mas a vista era inacreditável. Descobri, mais tarde, que aquela era uma das três entradas da caverna. Acendi uma lanterna na abertura e o facho não chegava ao piso. Só quando o sol estava mais alto pudemos ver uma névoa verde que, presumi, vinha da água da caverna. O ar que de lá saía era muito frio. Graças às minhas experiências anteriores, reconheci aquilo como um sinal de que a caverna era muito profunda.

Nosso guia, então, pronunciou suas primeiras palavras em inglês a mim: "Está pronto, meu amigo? Vai entrar sozinho. Nós (referindo-se a si mesmo e a Yarr) não desceremos". Eu sabia que Yarr não iria, mas não esperava que o guia também não. Pensando bem agora, provavelmente aquele era outro sinal: alguma coisa sinistra devia existir naquela caverna.

Fixamos várias braçadeiras na rocha e passamos a corda pelos orifícios. Comecei minha lenta descida à caverna. A única claridade vinha do sol, projetando-se quase em linha reta por todo o buraco, descendo. Quando cheguei à metade do caminho, uma neblina começou a subir. Achei que ouvia ecos vindos da escuridão da caverna. Parecia uma voz humana falando em árabe. Interrompi a descida e a neblina me pareceu assumir uma forma grande, bem abaixo de mim. Achei estranho porque aquela parte da neblina não estava iluminada pelo sol; porém, brilhava com um tom esverdeado. Ouvi a voz de novo, mas dessa vez em inglês. Apesar do eco, tive certeza de que ela disse: "*Leave. My place*" ou "*Saia. Meu lugar*".

Meus companheiros devem ter testemunhado a mesma coisa, porque conversaram rapidamente e pareciam muito agitados. Embora não entendesse o que diziam, uma palavra era clara: djinn. Eles correram para longe da abertura, deixando-me dependurado uns 23 metros, no ar. Temendo que me deixassem lá, subi e os vi correndo em direção ao veículo. Larguei o equipamento de alpinismo e gritei para que não fossem embora. Yarr gritou de volta: "Depressa, meu amigo! São os djinn!". Corri para me encontrar com eles no carro. Sem fôlego, perguntei aos dois: "Que diabo está acontecendo?". Yarr respondeu: "Você não viu?! Era um djinni tomando forma e nos mandando sair dali imediatamente!". Apesar de ouvir a voz e ver uma vaga neblina em forma cilíndrica, os dois homens afirmavam ter visto a forma de um djinni e ouvido claramente uma voz ordenando que fôssemos embora.

Yarr e o guia se recusaram a retornar à caverna, insistindo que deixássemos a área imediatamente. Como não queria ficar sozinho nas montanhas, não tive escolha senão entrar no carro. No caminho de volta à aldeia, meus dois companheiros rezavam a Alá em árabe. Nosso guia se recusou a falar do incidente, mas Yarr não parava de repetir: "Ouvi falar que eles existiam, mas nunca pensei muito nisso. Eles *existem*!".

No dia seguinte, quando tentei obter mais informações, Yarr me disse que um comissário da cidade queria que fôssemos embora. Seria bom, acrescentou Yarr, seguirmos o conselho dele e sair o quanto antes. Era decepcionante estar tão perto e, ao mesmo tempo, saber tão pouco a respeito dos djinn. Parecia que os moradores da região pensavam que eu tinha despertado algum velho djinni maldoso e estavam com medo de represálias. Yarr e eu voltamos à estrada e ao aeroporto; de lá, retornamos à Arábia Saudita. Logo em seguida, passei algum tempo na Síria para obter mais informações; pouco tempo depois, voltei aos Estados Unidos.

Não muito tempo após minha visita a Majlis al Djinn, o governo de Omã abriu a caverna ao público; e, em 2007, ela já tinha recebido mais de 100 mil visitantes. Ficou tão famosa que até mesmo vários comerciais americanos e europeus foram filmados lá. Por alguma razão desconhecida, o Ministério do Turismo de Omã fechou a caverna de novo em 2008; e hoje ninguém mais pode entrar nela. O motivo alegado é "questão de segurança", mas talvez os djinn tenham se mostrado obstinados e indispostos a abandonar seu "ponto de encontro". Ouvi boatos de pessoas em Omã, na Síria e no Iraque de que os djinn já se infiltraram em nosso mundo e exercem grande influência em numerosas aldeias e cidades daqueles países. Nunca me esquecerei da última advertência de nosso guia quando saí de Fins: "Fique atento, meu amigo – os djinn já retornaram ao nosso mundo!".

4

Djinn no Alcorão, Sahih al-Bukhari e na Bíblia

A RAÇA HUMANA FOI INCUMBIDA de cuidar, manter e preservar o equilíbrio de nosso planeta. Essa tutela é uma relação delicada; até os menores erros pode ter resultados devastadores no ambiente. O Alcorão deixa claro que os djinn falharam nessa responsabilidade e foram substituídos pelos seres humanos. Se a raça humana se der ao trabalho de estudar os erros cometidos pelos djinn quando eram os tutores do planeta, talvez possamos evitar as grandes catástrofes ambientais que podem ocorrer no futuro próximo.

Os djinn são uma bela criação de Deus, feitos de fogo ou de uma chama especial sem fumaça. Em terminologia moderna, podemos dizer que são seres de plasma em seu estado mais energético. Assim como os humanos, eles têm vontade própria e a capacidade de escolher entre o bem e o mal. O exercício dessa vontade significa que os djinn possuem (ou possuíam) a habilidade para agir e melhorar o estado de seu ambiente ou perturbar o equilíbrio por motivos egoístas e deturpados. Iblis, o djinni ascensionado que conquistou o direito de viver entre os anjos, exerceu sua livre vontade quando Deus ordenou que ele e os outros djinn se curvassem em reverência ao homem. Desafiando a ordem, ele berrou: "Não! Sou superior ao homem!". Como resultado, Iblis foi expulso da companhia dos anjos, tornando-se o adversário da raça humana para sempre.

O Alcorão esclarece que nem todos os djinn são malignos. Alguns seguem o caminho de Deus e observam os ensinamentos não só do profeta Maomé (Mohamed), mas também de Jesus Cristo, cujas mensagens eram dirigidas a todos os seres sencientes, possibilitando-nos aprender e compreender mais acerca de nossos predecessores, aprendendo, se possível, com os erros e as realizações deles.

Os djinn afetaram a história humana?

Os djinn foram criados antes da humanidade e a eles foram confiados muito conhecimento e poder. Esse conhecimento deu aos djinn a habilidade para manipular o mundo físico à sua volta. Muitas civilizações da Antiguidade atribuem seu crescimento e desenvolvimento a um dos grupos dos misteriosos benfeitores que desceram do céu, brilhando ou ardendo como fogo. Seriam djinn?

Quando Moisés recebeu os Dez Mandamentos, viu Deus como uma sarça ardente. A chama que envolvia a sarça não a consumia nem emitia fumaça. Quando os israelitas saíram do Egito, os soldados do faraó foram detidos por uma "coluna de fogo". Tanto a sarça ardente quanto a coluna de fogo se assemelham com a descrição que o Alcorão faz dos djinn. Se eles fossem vistos como deuses descidos do céu, devem ter influenciado a humanidade em várias direções. É possível que tenham moldado as antigas crenças religiosas da humanidade, sendo responsáveis pelos múltiplos deuses e deusas venerados em culturas antigas do mundo todo.

Uma lição a aprender

Os djinn traíram a confiança de Deus; e, como resultado, perderam o domínio da Terra. A responsabilidade passou para a raça humana, que hoje recebe o mesmo conhecimento e controle. Entretanto, Deus afirma no Alcorão que, se a humanidade não cumprir o que lhe foi confiado, Deus criará outra no lugar dela, assim como fomos criados para assumir o lugar dos djinn. Será que logo veremos mudanças drásticas em nosso planeta?

Os djinn e o Alcorão

Al-Djinn ("Os djinn") é a sura (capítulo ou livro do Alcorão) dedicada a eles, sendo particularmente interessante o fato de que os djinn parecem falar em primeira pessoa. Como as traduções do Alcorão para o inglês diferem um pouco de um estudioso para outro, consultamos três versões diferentes em nossa pesquisa, mas a principal foi o *Asim*. Incluímos nossos comentários no fim de vários capítulos. Observe que as referências do Alcorão a "ele" ou "dele" geralmente são a Alá (Deus).

Os djinn também são mencionados em vários escritos islâmicos; é preciso ler com muita atenção alguns trechos para compreender realmente seu significado. Incluímos passagens do Alcorão e algumas do *hadith* (sendo uma das mais conhecidas *Sahih al-Bukhari*), que são textos a respeito das palavras e das ações do Profeta, consideradas tão importantes para a vida islâmica quanto o próprio Alcorão.

O ALCORÃO – AL-DJINN (OS DJINN) 72.1-28

Dize: Foi-me revelado que um grupo de djinn escutou (a recitação do Alcorão). Disseram: Em verdade, ouvimos um Alcorão admirável!

Que guia à verdade, pelo que nele cremos, e jamais atribuiremos parceiro alguém ao nosso Senhor;

Cremos em que – exaltada seja a Majestade do nosso Senhor – Ele jamais teve cônjuge ou prole.

E o insensato, entre nós, proferiu extravagâncias a respeito de Alá.

E jamais imaginamos que os humanos e os djinn iriam urdir mentiras a respeito de Alá.

E, em verdade, algumas pessoas, dentre os humanos, invocaram a proteção de pessoas, dentre os djinn. Porém, estes só lhes aumentaram os desatinos.

E eles pensaram como pensastes: que Alá jamais ressuscitará alguém.

(Disseram os djinn): Quisemos inteirar-nos acerca do céu e o achamos pleno de severos guardiões e flamígeros meteoros.

E usávamos nos sentar lá, em locais (ocultos), para ouvir; e, quem se dispusesse a ouvir agora, defrontar-se-ia com um flamígero meteoro, de guarda.

E nós não compreendemos se o mal era destinado àqueles que estão na Terra ou se o Senhor tencionava encaminhá-los para a boa conduta.

E, entre nós (os djinn), há virtuosos e há também os que não o são, porque seguimos diferentes caminhos.

E achamos que jamais poderemos safar-nos de Alá na Terra nem tampouco iludi-Lo, fugindo (para outras paragens).

E, quando escutamos a orientação, cremos nela; e, quem quer que creia em seu Senhor, não há de temer fraude nem desatino.

E, entre nós, há submissos, como há também os desencaminhados. Quanto àqueles que se submetem (à vontade de Alá), buscam a verdadeira conduta.

Quanto aos desencaminhados, esses serão combustíveis do inferno.

Mas, se tivessem sido firmes no (verdadeiro) caminho, tê-los-íamos agraciado com água abundante,

Para prová-los, com ela. Em verdade, a quem se afastar da Mensagem do seu Senhor, Ele lhe infligirá um severo castigo.

Sabei que as mesquitas são (casas) de Alá; não invoqueis, pois, ninguém, juntamente com Alá.

E, quando o servo de Alá se levantou para invocá-Lo (em oração), aglomeraram-se em torno dele.

Dize-lhes: Invoco tão somente meu Senhor, a Quem não atribuo parceiro algum.

Dize-lhes (mais): Em verdade, não posso livrar-vos do mal nem trazer-vos para a conduta verdadeira.

Dize-lhes (ainda): Em verdade, ninguém poderá livrar-me de Alá, nem tampouco acharei amparo algum fora d'Ele;

Somente proclamo o que de Alá recebi, bem como Sua mensagem. E aqueles que desobedecem a Alá e ao Seu Mensageiro, certamente terão o fogo infernal, onde morarão eternamente.

(Eles duvidarão) até que, quando se depararem com o que lhes foi prometido, saberão quem tem menos acolhedores e quem tem menor número (de aliados).

Dize-lhes: Ignoro se o que vos tem sido prometido é iminente, ou se meu Senhor fixou-lhe um término remoto.

Ele é Conhecedor do incognoscível e não revela Seus mistérios a quem quer que seja,

Salvo a um mensageiro que tenha escolhido, e faz um grupo de guardas marcharem, na frente e por trás dele,

Para certificar-se de que transmitiu as mensagens do seu Senhor, o Qual abrange tudo quanto os humanos possuem, e que toma conta de tudo.

Comentários: Esse é um capítulo notável, pois os djinn parecem ser os narradores. Deixam claro que só os seguidores de Iblis são malévolos e que há muitos djinn islâmicos, cristãos e devotos de outras religiões. Indicam também que possuem a habilidade para o voo; e, no passado, costumavam ir ao céu para bisbilhotar os anjos, até ser bloqueados por "fogo" ou algum tipo de barreira energética. Na Bíblia e outras literaturas judaico-cristãs, os anjos são descritos como colunas de fogo ou como seres cercados por colunas de fogo. Os querubins, uma alta ordem de anjos, portam espadas de fogo para proteger o acesso às Árvores da Vida e do Conhecimento e os portões do Éden – em outras palavras, os segredos do céu.

O Alcorão – Al-Hijr (Terra de pedra, Cidade de rocha) 15.26-40

Criamos o homem de argila, de barro modelável.
Antes dele, havíamos criado os djinn de fogo puríssimo.
Recorda-te de quando teu Senhor disse aos anjos: Criarei um ser humano de argila, de barro modelável.
E, ao tê-lo terminado e alentado com Meu Espírito, prostrai-vos diante dele.
Todos os anjos se prostraram unanimemente,
Menos Iblis, que se negou a ser um dos prostrados.
Então, (Alá) disse: Ó Iblis, que foi que te impediu de seres um dos prostrados?
Respondeu: É inadmissível que me prostre diante de um ser que criaste de argila, de barro modelável.
Disse-lhe Alá: Vai-te daqui (do Paraíso), porque és maldito!
E a maldição pesará sobre ti até o Dia do Juízo.
Disse: Ó Senhor meu, tolera-me até ao dia em que forem ressuscitados!
Disse-lhe: Serás, pois, dos tolerados,
Até ao dia do término prefixado.
Disse: Ó Senhor meu, por me teres colocado no erro, juro que os alucinarei na Terra e os colocarei, a todos, no erro;
Salvo, dentre eles, os Teus servos sinceros.
Disse-lhes: Eis aqui a senda rela, que conduzirá a Mim!
Tu não terá autoridade alguma sobre Meus servos, a não ser sobre aqueles que te seguirem, dentre os seduzíveis (*ghawin*).[27]

Referências adicionais aos Djinn no Alcorão
O Alcorão – Al-Anaam (Gado e animais de fazenda) 6.100, 112, 128, 130.
Pela mesma razão, temos apontado a cada profeta adversários sedutores (*shaitans*),[28] tanto entre os humanos como entre os djinn, que influenciam uns aos outros com a eloquência de suas palavras; porém, se teu Senhor tivesse querido, não o teriam feito. Deixa-os, pois, com tudo quanto forjam!
No dia em que Ele congregar todos (e disser): Ó assembleia de djinn, já seduziste bastante o homem!, seus asseclas humanos dirão: Ó Senhor nosso, utilizamo-nos mutuamente; porém, agora, alcan-

---
27. Ghawin: criminosos ou pessoas que cometem atos vis.
28. Shaitans: diabos ou djinn e homens malignos.

çamos o término que nos fixaste. Então, ser-lhes-á dito: O fogo será vossa morada, onde permanecereis eternamente, salvo para quem Alá quiser livrar disso. Teu Senhor é Prudente, Sapientíssimo.

Ó assembleia de djinn e humanos, acaso não se vos apresentaram mensageiros, dentre vós, que vos ditaram Meus versículos e vos admoestaram com o comparecimento neste vosso dia? Dirão: Testemunhamos contra nós mesmos! A vida terrena os iludiu, e confessarão que tinham sido incrédulos.

Mesmo assim atribuem como parceiros a Alá os djinn, embora fosse Ele Quem os criasse; e, nesciamente, inventaram-Lhe filhos e filhas. Glorificado e exaltado seja, por tudo quanto Lhe atribuem. É Ele o criador do céu e da Terra. Como teria progênie se esposa não tem? Ele criou todas as coisas e todas as coisas conhece. Alá, vosso Senhor! Só a Ele adorareis, Ele é o *wakil*[29] de todas as coisas.

Comentários: Este capítulo tem como foco a queda de Iblis das graças de Deus. Ele recebe a permissão de influenciar os homens que se desviaram do caminho certo, mas não de tocar aqueles que são escolhidos. Vemos aqui que alguns djinn não ensinavam o culto a Deus a seus filhos, enquanto outros corrompiam os seres humanos. Os djinn malévolos recrutavam diabos, homens maus ou djinn para atacar os profetas.

O Alcorão – Al-Araf (Os Cimos) 7.38, 179

Alá lhes dirá: Entrai no inferno, onde estão as gerações de djinn e humanos que vos precederam! Cada vez que aí ingressar uma geração, abominará a geração congênere, até que todas estejam ali recolhidas; então, a última dirá, acerca da primeira: Ó Senhor nosso, eis aqui aqueles que nos desviaram; duplica-lhes o castigo infernal! Ele lhes dirá: o dobro será para todos; porém, vós o ignorais.

Temos criado para o inferno numerosos djinn e humanos com corações com os quais não compreendem, olhos com os quais não veem e ouvidos com os quais não ouvem. São como as bestas, quiçá pior, porque são displicentes. Alguns houve que perguntaram ao Apóstolo de Alá acerca dos videntes. Nada são, respondeu. Ao que arguiram: Ó Alá, disseram-nos coisas que vieram a se suceder. O Apóstolo de Alá então disse: A palavra verdadeira é roubada por um djinn e lançada ao ouvido de seu parceiro, o vidente,

---

29. Wakil: Encarregado de tudo.

como se guardada em frasco. A essa palavra mistura o vidente mil mentiras. E, se palavras sussurradas no mal vos chegam ao ouvido de um sedutor, procurai refúgio em Alá. Em verdade, Ele é o que tudo ouve, tudo vê; e os djinn bem o sabem. No Dia do Juízo, quando Ele os chamará, e dirá: Ó assembleia de djinn! Muitos são os entre vós que desviam os homens do caminho. Ó assembleia de djinn e de homens! Não houve dentre vós mensageiros que vos recitaram meus versículos e vos alertaram deste encontro neste dia? Eles dirão: Testemunhamos contra nós mesmos. A vida deste mundo os ludibriou. E eles mesmos testemunharão que foram incrédulos.

Comentários: O Alcorão é contra a prática de vidência, bem como a paranormalidade ou mediunidades comuns em nossos dias atuais. O Cristianismo tem uma posição semelhante quanto a esse assunto.

O Alcorão Hud (O Santo Profeta) 11.119, 117

Salvo aqueles de quem teu Senhor Se apiede. Para isso os criou. Assim, cumprir-se-á a palavra do teu Senhor: Encherei o inferno, tanto de djinn como de humanos, todos juntos. É inconcebível que teu Senhor exterminasse as cidades injustamente, caso seus habitantes fossem conciliadores!

O Alcorão Ibrahim (Abraão) 14.22

E, quando a questão for decidida, Shaitan (Iblis/Satanás) lhes dirá: Alá vos fez uma verdadeira promessa; assim, eu também vos prometi; porém, faltei à minha, pois não tive autoridade alguma sobre vós, a não ser convocar-vos, e vós me atendestes. Não me reproveis, mas reprovai a vós mesmos. Não sou vosso salvador, nem vós sois os meus. Renego (o fato de) que me tenhais associado a Alá, e os iníquos sofrerão um doloroso castigo!

O Alcorão Al-Isra (Isra, A Viagem Noturna, Filhos de Israel) 17.61-64, 88

E quando dissemos aos anjos: Prostrai-vos ante Adão!, prostraram-se todos, menos Lúcifer, que disse: Terei de prostrar-me diante de quem criaste do barro?

E continuou: Atenta para este, que preferiste a mim! Juro que se me tolerares até o Dia da Ressurreição, salvo uns poucos, apossar-me-ei da sua descendência!

Disse-lhe (Alá): Vai-te, (Iblis)! E para aqueles que te seguirem, o inferno será o castigo bem merecido!

Seduze com tua voz aqueles que puderes, dentre eles; aturde-os com tua cavalaria e tua infantaria; associa-te a eles nos bens e nos filhos, e faze-lhes promessas! Qual! Iblis nada lhes promete, além de quimeras.

Dize-lhes: Mesmo que os humanos e os djinn se tivessem reunido para produzir coisa similar a este Alcorão, jamais teriam feito algo semelhante, ainda que se ajudassem mutuamente.

O Alcorão Al-Kahf (A caverna) 18.50

E (lembra-te) de quando dissemos aos anjos: Prostrai-vos diante de Adão! Prostraram-se todos, menos Iblis, que era um dos djinn, e que se rebelou contra a ordem do seu Senhor. Tomá-los-íeis, pois, juntamente com sua prole, por protetores, em vez de Mim, apesar de serem vossos inimigos? Que péssima troca a dos iníquos!

O Alcorão An-Naml (A formiga) 27.17, 39

E foram consagrados, com seus exércitos de djinn, de homens e de aves, em formação e hierarquia.

Um intrépido, dentre os djinn, lhe disse: Eu to trarei antes que te tenhas levantado do teu assento.

Comentário: As passagens anteriores indicam que os djinn se formavam em grupos ou clãs.

O Alcorão As-Sajda (A prostração) 32.13

E, se quiséssemos, teríamos iluminado todo o ser, porém Minha sentença foi pronunciada; sabei que encherei o inferno com djinn e humanos, todos juntos.

Comentário: Essa é outra referência ao fato de que o inferno não foi feito apenas para humanos maus, mas também para os djinn.

O Alcorão Saba (Sabá) 34.12, 14, 41

E fizemos o vento (obediente) a Sulayman (Salomão), cujo trajeto matinal equivale a um mês (de viagem) e o vespertino a um mês (de viagem). E fizemos brotar, para ele, uma fonte do cobre, e proporcionamos djinn, para trabalharem sob suas ordens, com a anuência do seu Senhor; e a quem, dentre eles, desacatar Nossas ordens, infligiremos o castigo do tártaro.

E quando dispusemos sobre sua morte (de Salomão), só se aperceberam dela em virtude dos cupins que lhe roíam o cajado; e quando tombou, os djinn souberam que, se estivessem de posse do incognoscível, não permaneceriam no afrontoso castigo.

Responderão: Glorificado sejas! Tu és nosso Protetor, em vez deles! Qual! Adoravam os djinn! A maioria acreditava neles.

Comentários: As passagens citadas apontam para a capacidade dos djinn de transformar uma substância em outra. Na época do rei Salomão, o cobre era muito usado para o feitio do bronze. O trecho anterior também nos fala da servidão dos djinn a Salomão como castigo; e que outros djinn poderosos forçaram essa ação.

O Alcorão Fatir (Os anjos/O criador) 35.6

Posto que Shaitan (Satanás) é vosso inimigo, tratai-o, pois, como inimigo, porque ele incita seus prosélitos a que sejam condenados ao tártaro.

O Alcorão – As-Saaffat (Os enfileirados) 37.158

E inventaram um parentesco entre Ele e os djinn, sendo que estes bem sabem que comparecerão (entre os réprobos)!

O Alcorão Fussilat (Os detalhados) 41.25, 29

E lhes destinamos companheiros (da mesma espécie), os quais os alucinam no presente, e o farão no futuro, e merecem a sentença do castigo das gerações de djinn humanos precedentes, porque (estes) eram desventurados.

Os incrédulos dirão: Ó Senhor nosso, mostra-nos os djinn e humanos que vos extraviaram; colocá-los-emos sob nossos pés, para que se contem entre os mais vis!

O Alcorão Az-Zukhruf (Os ornamentos de ouro, luxúria) 43.62

É Shaitan (Satanás) que vos sugere o medo dos seguidores e amigos (de Alá); mas não deveis temê-los. E que Shaitan não vos desencaminhe; sabei que é vosso inimigo declarado.

O Alcorão Al-Ahquaf (As dunas) 46.18, 29

Tais são aqueles que mereceram a sentença, juntamente com seus antepassados, gerações de djinn e humanos, porque foram desventurados.

Recorda-te de quando te enviamos um grupo de djinn, para escutar o Alcorão. E quando assistiam à recitação disseram: Escutai em silêncio! E, quando terminaste a recitação, volveram ao seu povo, para admoestá-lo.

O Alcorão Az-Dhariyat (Os ventos disseminadores) 51.56

Não criei (diz Alá) os djinn e os humanos, senão para Me adorarem.

O Alcorão Ar-Rahman (O clemente) 55.15, 33, 39, 56, 74

E criou os djinn do fogo vivo.

Ó assembleia de djinn e humanos, se sois capazes de atravessar os limites dos céus e da Terra, fazei-o! Porém, não podereis fazê-lo sem autoridade.

Nesse dia, nenhum homem ou djinn será inquirido por seu pecado.

Ali haverá, também, aquelas de olhares recatados que, antes deles, jamais foram tocadas por homem ou djinn.

Que jamais, antes deles, foram tocadas por homem ou djinn.

O Alcorão An-Nas (Os humanos) 114.4-6

Contra o mal do sussurro do malfeitor, que sussurra aos corações dos humanos, Entre djinn e humanos?

Comentários: Mais uma vez vemos que djinn malévolos e poderosos sussurram nos ouvidos dos humanos e os influenciam. Essa característica é atribuída a muitos outros tipos de espíritos na história humana. Por exemplo, os antigos gregos acreditavam em daimones ("seres divinos"), um tipo de inteligência ou espírito prestativo. Os daimones podiam ser bons, neutros ou maus, e tentavam persuadir as pessoas a cometer várias ações boas e más. Eles aparecem nas obras de numerosos filósofos gregos. Sócrates dizia que tinha um bom daimon (um agathodaimon) que lhe sussurrava em um ouvido e um daimon mau (um kakodaimon) em outro. Plutarco descrevia os daimones como seres que viviam por séculos a fio e possuíam pensamentos tão intensos em vibração que podiam ser ouvidos por outros seres espirituais e humanos sensíveis. Sussurro de espírito no ouvido é um dos fenômenos paranormais mais relatados hoje em dia.

Hadith

Como mencionamos antes, o *Sahih al-Bukhari* é uma das seis coletâneas canônicas *hadith* do Islã sunita, compiladas pelo estudioso muçulmano Muhammad Ibn Ismail al-Bukhari (810-870). A maioria dos muçulmanos sunitas considera o Sahih al-Bukhari o livro mais autêntico depois do Alcorão. Os djinn são mencionados nesses escritos, e os djinn malévolos são chamados de "diabos". Outros *hadith* são citados também, incluindo Al-Muwatta, Sahih Muslim e o Sunan Abu-Dawnd.

HADITH – SAHIH BUKHARI 4.533

O profeta disse: "Cobri vossos utensílios e amarrai vossos cantis; fechai as portas e mantende vossas crianças por perto à noite, pois é a hora que os djinn saem e furtam. Quando irdes dormir, apagai os candeeiros, pois o maligno pode se apoderar da chama e atear fogo nos moradores da casa".

HADITH – AL-MUWATTA 51.10

Yahya assim me falou de Malik, segundo ouviu de Yahay Ibn Said, "Quando o Mensageiro de Alá saiu em sua viagem noturna, viu um djinni maligno seguindo-o com uma tocha de chamas. Aonde fosse o Mensageiro de Alá, via o mesmo djinni. Jibril (arcanjo Gabriel) então lhe disse: "Queres que lhe ensine que palavras pronunciar? Quando os vires, sua tocha se apagará e da mão do djinni cairá". O Mensageiro de Alá respondeu: "Sim, ensina-me". Jibril instruiu: "Dirás: Refugio-me na Face de Alá, com todas as palavras de Alá, as quais nem os bons nem os ímpios podem vencer, do mal que venham do céu e do mal que aos céus sobe, e do mal criado na terra e que dela vem, das provações da noite e do dia, e das intrusões da noite e do dia, exceto daquele que me procura no bem, Ó Misericordioso!".

HADITH – AL-MUWATTA 54.33

A serpente agonizou na ponta de lança e o jovem caiu, sem vida. Ninguém soube quem feneceu primeiro: a serpente ou o jovem. Foi, então, relatado ao Mensageiro de Alá, que disse: Há djinn em Medina que se tornaram muçulmanos. Quando os virdes, chamai-os durante três dias. Se, após três dias, aparecer o djinni, matai-o, pois é um shaitan.

Comentário: Essa é uma passagem interessante, pois afirma que há bons djinn, os quais devem ser deixados em paz; mas cuidado com os djinn maus! O trecho dá instruções de como distinguir uns dos outros.

HADITH – AL-TIRMIDHI 350

O Mensageiro de Alá disse: Não vos impregneis de imundície nem de ossos, pois é o alimento de vossos irmãos dentre os djinn.

Comentário: Mais uma vez, os djinn são chamados de "irmãos" da humanidade.

HADITH – AL-TIRMIDISH 358

O Mensageiro de Alá disse: O engodo entre os olhos dos djinn e a privacidade dos filhos de Adão, quando um deles lhes entra na intimidade, é que os djinn dizem: Em nome de Alá.

HADITH – SAHIH MUSLIM 39.6757

O Apóstolo de Alá disse: Não há um entre vós que não possa ser manipulado pelos djinn. Eles disseram: Inclusive tu, Apóstolo de Alá? O Apóstolo respondeu: Sim, mas Alá me ajuda contra eles; por isso, estou seguro de seus toques, e a mim só comandam para o bem.

Hadith – Sunan Abu-Dawud 36.5236

Muhammad Ibn AbuYahaya disse que seu pai lhe contara que ele e um companheiro foram visitar AbuSa'id al-Khudri, que estava doente. Disse: Quando saímos de sua casa, encontramos outro companheiro que também queria visitá-lo. Prosseguimos em nosso caminho e nos sentamos na mesquita. O outro voltou e nos disse que ouvira AbuSa'id al-Khudri dizer: O Apóstolo de Alá disse que há cobras que são djinn; assim, quando alguém vê uma cobra em sua casa, deve alertá-la três vezes. Se retornar após as três vezes, deve ser morta, pois é um diabo.

Se os djinn existem, por que não são mencionados na Bíblia?

Essa pergunta é frequente. Há outros tipos de seres citados na Bíblia cristã que não são humanos nem anjos. Em vários versículos traduzidos da antiga Bíblia persa, as palavras jinn, jaann e Iblis são mencionadas como nomes do Diabo e dos demônios. Na tradução árabe da Bíblia, feita por Cornelius van Allen van Dych, esses termos específicos são citados em Levítico, 19:31 e 20:6; Mateus, 4:1 e 12:12; Lucas, 4:5 e 8:12; e João, 8:44.

Traduções mais modernas – há muitas em uso hoje em dia – usam uma terminologia diferente. Referimo-nos, a seguir, às versões predominantes.*

Levítico, 19:31

Não vos voltareis para os necromantes nem para os adivinhos; não os procureis para serdes contaminados por eles. Eu sou o SENHOR, vosso Deus.

Levítico, 20:6

Quando alguém se virar para os necromantes e feiticeiros, para se prostituir com eles, eu me voltarei contra ele e o eliminarei do meio do seu povo.

---

* N.T.: A referência usada para a tradução foi a Bíblia Sagrada – Almeida Revista e Atualizada – Sociedade Bíblica do Brasil (2000).

Mateus, 4:1

A seguir, foi Jesus levado pelo Espírito ao deserto, para ser tentado pelo Diabo.

Mateus, 12:22

Então lhe trouxeram um endemoninhado, cego e mudo; e ele o curou, passando o mudo a falar e a ver.

Lucas, 4:5

E, elevando-o, mostrou-lhe (o Diabo), em um momento, todos os reinos do mundo.

Lucas, 8:12

A que caiu à beira do caminho são os que a ouviram; vem, a seguir, o Diabo e arrebata-lhes do coração a palavra, para não suceder que, crendo, sejam salvos.

João, 8:44

Vós sois do Diabo, que é vosso pai, e quereis satisfazer-lhe os desejos. Ele foi homicida desde o princípio e jamais se firmou na verdade, porque nele não há verdade. Quando ele profere mentira, fala do que lhe é próprio, porque é mentiroso e pai da mentira.

Portanto, parece que o termo djinn aparece indiretamente na Bíblia cristã, mas, em virtude das muitas interpretações e traduções com o passar dos anos, as palavras *djinn*, *jinn* e *Iblis* foram substituídas por Diabo, demônios e espíritos. Talvez os diabos e demônios do Cristianismo sejam, na verdade, membros malévolos da antiga raça dos djinn.

5

A Ordem Djinn: os Bons, os Maus e os Muito Maus

É UMA TAREFA DIFÍCIL PESQUISAR e obter informações acerca de uma raça de seres que prefere se manter oculta de nós. De modo geral, só o que temos são histórias e lendas transmitidas de geração para geração. A maior parte das informações neste capítulo vem de dados obtidos por Phil em suas viagens por países do Oriente Médio. As informações coletadas por ele vinham em forma de lendas escritas, passagens do Alcorão e histórias contadas por homens devotos e famílias que Phil conheceu. Posteriormente, encontramos dados adicionais em vários livros e textos escritos por estudiosos muçulmanos. Todas essas referências são citadas na bibliografia.

Os djinn são muito mais velhos que a raça humana, mas sua idade exata é desconhecida. Entretanto, se já existiam antes de Adão, o período desde sua criação até os dias atuais seria de milhões de anos. Um ser com a capacidade de existir por centenas de séculos pode acumular muito conhecimento a respeito do Universo e se tornar poderosíssimo. Como seria de se esperar, nessa vida longa, eles desenvolveram uma sociedade complexa e evoluíram com grande diversidade.

Em comparação a um ser humano, o tempo de vida de um djinni é muito longo. Uma pessoa com boa saúde pode viver até uns 80 anos. Consideramos tal idade um tanto avançada, mas um djinni dessa idade ainda é um bebê aprendendo a andar. Em seu tempo de vida, uma pessoa aprende em um ritmo próprio, que é determinado não apenas pelo nível de interesse individual, mas também por seus objetivos, desenvolvimento espiritual e inteligência.

Assim como seus colegas humanos, os djinn nascem com o dom do livre-arbítrio e com pouco conhecimento e poder. Os humanos vão à escola para aprender mais acerca de seu mundo, como agir nele e contribuir para a sociedade. Os djinn fazem a mesma coisa. A grande diferença é que uma criança humana pode ter cerca de 16 anos de educação formal direta, enquanto os djinn juvenis estudam milhares de anos antes de se formarem em um nível mais alto.

As pessoas erroneamente colocam todos os djinn em uma única categoria, presumindo que todos agem com um único propósito, controlados pela mesma mentalidade. Isso não é verdade; cada djinni é um indivíduo, assim como o é cada ser humano. Embora os djinn se submetam às mesmas leis e à mesma moralidade que os humanos dentro de um construto social, há renegados que não seguem as regras. As informações que a raça humana tem acerca dos djinn vêm não apenas de escritos históricos e histórias contadas, mas também de djinn que gostam de falar compulsivamente – outro modo pelo qual a informação vaza pelas dimensões.

Djinn individuais reagem de modo diferente à presença humana. Há djinn que são inofensivos e indiferentes conosco; e outros interagem com os humanos de uma maneira benigna. Muitos dos djinn mais jovens são tão curiosos a nosso respeito quanto nós deles e é nesse tipo de encontro que um djinni juvenil assume uma forma diferente, como animal, fada ou outro tipo de entidade que com certeza nos chama a atenção e, ao mesmo tempo, esconde sua verdadeira natureza. A metamorfose parece ser a única maneira pela qual esses "jovens" conseguem se aproximar o suficiente para nos estudar. Além disso, os djinn mais jovens parecem se sentir mais atraídos por crianças do que por adultos e costumam aparecer para elas em uma das formas mencionadas. Também podem ficar invisíveis e se comunicar por meio de uma voz sem corpo. Usamos o termo "mais jovens", mas lembre-se de que, embora uma criança humana possa ter 6 anos de idade, a criança djinni provavelmente tem milhares de anos.

Alguns dos djinn mais velhos e poderosos interagiram de fato com humanos no passado, mas de um modo geral têm seus desígnios que não revelam. Alguns deles foram aprisionados por anjos e, em alguns casos, pelo próprio rei Salomão. Embora esses djinn não sejam necessariamente malévolos, eles acumularam um perigoso cabedal de conhecimentos e são imprevisíveis. Têm livre-arbítrio para agir e podem, algum dia, se tornar uma ameaça à humanidade. Nos antigos contos árabes, esse é o tipo de djinni liberto do confinamento. Segundo os contos, o djinni se torna tão grato (geralmente é do sexo masculino) que concede ao libertador humano três desejos. Após a realização dos três desejos, o djinni segue seu caminho, completamente livre. No entanto, a história nem sempre termina bem para as pessoas envolvidas. Confinado por muitos séculos, o djinni geralmente fica ressentido, zangado e até psicótico. Quando se vê livre, às vezes desconta a raiva no humano que o libertou e depois continua extravasando sua ira em todas as criaturas que considera culpadas por seu longo cativeiro – sendo a raça humana sua maior inimiga.

O ladrão de Bagdá foi um filme bastante popular, produzido em 1940, que apresentava um djinni amargurado e zangado.[30] O herói do filme é um menino chamado Abu, que encontra uma estranha garrafa em uma praia. A garrafa é velha, feita de bronze e vidro e está lacrada.[31] Abu quebra o lacre, e do gargalo da garrafa sai uma fumaça preta e densa, que toma a forma de um djinni gigante, poderoso, aprisionado mais de 2 mil anos atrás. Reconhecendo a figura como um djinni, o menino lhe ordena que cumpra suas ordens. O djinni responde com um estrondoso "NÃO!". Abu lembra o djinni que foi ele quem o libertou e, de acordo com a vontade do rei que lá o encarcerou (Salomão), o djinni deve lhe conceder três desejos. O djinni responde: "Por 2 mil anos vivo nessa garrafa, aprisionado pelo grande Salomão, mestre de todos os djinn. Nos primeiros mil anos, prometi que serviria, por gratidão, a qualquer homem que me libertasse, concedendo-lhe três desejos; mas, nos últimos mil anos, fiquei irado com todos os homens e jurei destruir aquele que me libertasse, só para aplacar minha fúria; portanto, prepare-se para morrer!".

O djinni tenta esmagar Abu com seu pé gigante, e, pouco antes de espremê-lo, o menino grita, chamando-o de mentiroso. O djinni para e pergunta: "O que quer dizer com isso? Cuidado com o que fala!". Abu diz não acreditar que o djinni veio da garrafa porque ela é muito pequena e ele é muito grande. Os dois discutem e o djinni prova que estava na garrafa, transformando-se em fumaça e entrando nela novamente, insistindo que, após provar o que diz, matará Abu. Com o djinni dentro da garrafa, Abu rapidamente a lacra novamente e ergue o braço para arremessá-la ao mar. O djinni lhe implora que o liberte de novo. De dentro da garrafa, ele promete não matá-lo e lhe conceder três desejos.

---

30. *O ladrão de Bagdá* (1940) é um filme britânico do gênero fantasia, produzido por Alexander Korda e dirigido por Michael Powell, Ludwig Berger e Tim Whelan. Foi estrelado pelo ator ainda criança Sabu, além de Conrad Veidt, John Justin, June Duprez e Rex Ingram na brilhante interpretação do djinni.
31. Esse método de aprisionamento não era uma lâmpada, como em *As Mil e Uma Noites*, mas uma garrafa de bronze com uma tampa de chumbo, coberta com uma malha de ferro magnético e o selo do rei Salomão ou de um de seus sacerdotes.

O djinni dá sua palavra em nome do todo-poderoso (Alá). Abu, então, ainda receoso, abre a garrafa. O djinni reassume sua forma gigante e se curva diante do garoto.

O restante da história gira em torno dos três desejos, dois dos quais Abu erra. Após conceder o terceiro desejo, o djinni grita estrondosamente de felicidade, "FINALMENTE LIVRE!", e voa até o céu para se juntar ao seu clã no mundo dos djinn.

Embora o filme tenha sido feito para entretenimento, o folclore do Oriente Médio tem muitos contos de pescadores que encontram misteriosas garrafas lacradas em suas redes. Rapidamente as jogam de volta à água sem abri-las, pois temem que sejam prisões de djinn malignos.

Organização

Agora que já fizemos uma introdução básica da psique dos djinn, exploremos a sociedade deles.

Famílias djinn

Os djinn têm famílias, assim como os seres humanos; sua unidade familiar imediata, porém, é pequena – geralmente um filho para cada casal de djinn. Segundo o que descobrimos, os djinn só procriam uma vez na vida; e um djinn macho e um djinn fêmea só produzem uma criança. O resultado é que a população tem diminuído lentamente; a quantidade de djinn, portanto, vem caindo. Embora isso pareça injusto, os professores islâmicos dizem que é a vontade de Alá e que nem humanos nem djinn compreenderam o plano grandioso, mas é assim que deve ser.

Fica claro no Alcorão e em alguns escritos de origem persa que a humanidade é a segunda raça no universo, a sucessora dos djinn. Falamos aqui do tempo de vida dos djinn; podemos relacioná-lo à progênie: como a vida humana é relativamente curta e propensa a doenças, precisamos de múltiplos nascimentos para sobreviver como espécie.

De acordo com a doutrina budista, uma única vida humana é curta demais para alcançar a iluminação. Uma pessoa deve retornar em forma física durante muitas gerações até aprender o suficiente acerca do Universo e da verdadeira natureza da realidade se quiser ascender a uma consciência superior e se livrar do corpo físico. Apesar de, pelo que tudo indica, os djinn não reencarnarem, eles têm uma meta semelhante: alcançar a iluminação. E, assim como nós, alguns se perdem e seguem um caminho diferente.

É preciso tomar certos cuidados quando lidamos com famílias de djinn. Os pais djinn são superprotetores com seus filhos; e, se você ferir ou irritar algum membro da família – principalmente uma criança –, seus pais e parentes podem se vingar. Os antigos ensinamentos persas instruíam como lidar com os djinn e lhes dar o espaço de que necessitam. Os leitores desses escritos também aprendiam a não fazer certas coisas que pudessem ferir djinn juvenis, como acender fogo no fogo; jogar restos de comida e dejetos humanos em lagos, cavernas e desertos; e, mais importante, não construir casas em lugares em que uma família de djinn ou um djinn individual dividem o espaço com nosso mundo. Como as emoções de um djinni são muito mais intensas que a de um ser humano, eles são voláteis e imprevisíveis em suas reações a afrontas e danos.

Clãs djinn

As famílias djinn pertencem a unidades maiores chamadas clãs. Os membros dos clãs incluem aqueles que têm relação parcial ou total com a família. Cada clã tem um líder, um djinn mais velho e poderoso, obedecido pelos outros. Embora esses clãs sejam o equivalente a uma certa forma de estrutura social, o líder do clã é responsável pelas ações de seus membros. Na maioria dos casos, os djinn do sexo masculino são os encrenqueiros e quebram as regras. Os djinn de sexo feminino, conhecidos como *djinniyeh*, são responsáveis por manter a estrutura familiar intacta e levam essa responsabilidade muito a sério; a maioria dessas djinniyeh é superprotetora das crianças e dos membros da família imediata. A maioria delas não interage com a raça humana, a menos que sejam provocadas; acredita-se, no entanto, que são elas as responsáveis pela maior parte dos casos de possessão em seres humanos. No Irã e no Iraque, as pessoas costumam evitar cavernas isoladas porque temem o encontro com uma djinniyeh e sua prole. Os habitantes desses países creem que um djinniyeh é capaz de atacar primeiro – sem provocação – para proteger a criança. Sem dúvida, as pessoas têm medo dos djinn, que por sua vez também não confiam em nós, pois conhecem nossa natureza violenta e imprevisível.

Reinos djinn

Os clãs são governados pelos reis djinn, que chegam ao poder graças às suas habilidades. Na maioria dos casos, esses governantes djinn são os mais velhos, mais sábios e mais poderosos dessa raça antiga. Segundo o homem santo, o devoto que Phil conheceu na Arábia Saudita, os reis djinn governam até milhares de outros djinn.[32] Os súditos devem dar ao rei um tributo uma vez a cada século. Em que consiste esse tributo não se sabe ao certo, mas, de acordo com algumas lendas, envolve um tipo de energia; e, em alguns contos árabes, uma alma humana. Essa crença se reflete no Cristianismo, na crença de que servos do Diabo coletam almas humanas em troca de favores, como dinheiro, poder e sexo. O demônio inferior tem permissão de guardar para si uma pequena parte da alma coletada, mas a maior parte dela deve ser dada ao mestre. Essa semelhança é interessante, uma vez que as doutrinas cristã e muçulmana têm as mesmas raízes. A questão é: se você vendeu sua alma, ela foi dada a um anjo caído ou a um djinni?

Os reis djinn só podem ser depostos por meio de assassinato, razão pela qual os místicos muçulmanos e homens santos creem que eles governam com mão de ferro. O maior rei de todos os djinn seria Al-Masjid al-Aswad, membro da ordem dos djinn negros.[33] Na mitologia persa, a cor dos djinn era considerada o tom ou a cor de sua pele. Entretanto, como eles não possuem uma forma física definida, a cor da pele é tecnicamente irrelevante para identificar um tipo específico de djinn. Pelo que Phil descobriu em sua viagem ao Oriente Médio, as cores da pele dos djinn eram tentativas dos antigos persas de classificar o poder dos djinn, não de descrever uma aparência física. Na Turquia, antigos desenhos com mais de 2 mil anos de idade mostram djinn em formas meio humanas e meio reptilianas, com chifres, pele escamosa, olhos de lagarto e garras no lugar das mãos. Essa representação é semelhante à descrição cristã do Diabo e de demônios. É interessante notar também que a arte islâmica de apenas 800 anos atrás mostra os djinn com um aspecto mais humano. Não se sabe por que as imagens mudaram com o passar do tempo, mas talvez os antigos artistas islâmicos tentassem apresentar os djinn de uma forma que induzisse mais medo nas pessoas.

Classes dos djinn

Há muitos nomes para as classes de djinn, descrevendo como são ou como não são; e também onde vivem. O Alcorão menciona apenas três classes: djinn, ifrit e marid. Outros nomes são jann, ghoul, shaitain, hinn, nasnas, shiqq, si'lat e uma série de outros, dependendo do dialeto

---

32. Ver capítulo 2, que trata da viagem de Phil Imbrogno à Arábia Saudita.
33. O rei negro dos djinn, Al-Masjid al-Aswad, é mencionado em um manuscrito árabe do século XV, conhecido como *Kitab al-Bulhan* (O livro dos milagres).

local. No folclore ocidental, o *ghoul** é conhecido como uma criatura que ronda os cemitérios, que come carne humana e bebe sangue. Os hinn são djinn fracos, associados aos animais, e preferem aparecer na forma de cães. A classe dos ifrit é citada apenas uma vez no Alcorão, em referência a um djinni que trouxe o trono da rainha de Sabá sob as ordens de Salomão. Por isso, os estudiosos não têm certeza se o termo "ifrit" se refere de fato a uma classe de djinn. Os marid são arruaceiros e rebeldes. Os nasnas são outra forma fraca dos djinn, híbridos de formas humanas e animais, talvez as fontes de relatos de aparições de criaturas misteriosas no decorrer da história. Os shiqq são djinn inferiores, que aparecem como meio criaturas, literalmente só meio formados, tendo, portanto, uma aparência monstruosa. Os shaitans são djinn rebeldes relacionados com forças demoníacas.

Por questão de simplicidade, classificamos os djinn de acordo com seu poder e comportamento. A classificação é por meio de cor, um modo mais fácil de entender essa raça antiga e complexa.

A única maneira de um djinn avançar em hierarquia e ganhar mais poder é adquirindo mais conhecimento. Por exemplo, os djinn podem manipular a matéria no Universo mudando a vibração das cordas. Tal ação se assemelha a tocar um violão: quanto mais acordes uma pessoa souber, mais vasto será seu repertório. Vibrações de cordas individuais determinam o tipo de partículas e de matéria formadas; e os djinn são capazes de mudar as "notas" das cordas, transmudando uma forma de matéria em outra. Esse talento de mudar as propriedades da matéria não vem naturalmente – assim como os humanos precisam aprender uma profissão, trata-se de uma habilidade desenvolvida em um longo período, geralmente ensinada. Algumas pessoas passam a vida aprendendo muito pouco, ficando quase no mesmo nível intelectual; a mesma coisa acontece com os djinn. A progressão de um djinn de verde para azul não ocorre naturalmente; é conquistada com muita prática, estudo e trabalho árduo. Alguns djinn são tentados a abusar do poder, assim como alguns humanos. No entanto, a maioria que chega a altas posições usa o poder com sabedoria, pois eles acreditam que são responsáveis por seus atos diante de Deus e terão de prestar contas a Ele no Dia do Juízo Final.

Djinn verdes

Os djinn verdes são os que têm menos poder. A maioria deles é jovem e gosta de fazer brincadeiras, às vezes maldosas, com outros djinn e com

---

* N.T.: Pronuncia-se "gul".

humanos. Alguns djinn mais velhos ainda se encontram no nível verde, mas geralmente são reservados e não se aproximam dos humanos. É interessante notar que na série de TV dos anos 1960 *Jeannie é um gênio*, a gênia era dessa variedade verde, muito jovem e com poder limitado. No decorrer da série, Jeannie se torna mais apta a realizar atos cada vez mais surpreendentes de "magia" djinn, e os episódios ficam mais interessantes.

Os djinn verdes podem se transformar em animais e humanos, e possuem o dom de voar. Também conseguem mudar uma forma de matéria em outra, mas seu poder nessa área é limitado por causa da falta de conhecimento acerca da relação entre matéria e energia no universo físico. Um exemplo semelhante seria uma criança tentando construir um computador a partir de um kit. Ela não tem a experiência e o conhecimento para completar a tarefa, mas um adulto que estudou eletrônica, engenharia e ciência da computação é capaz de rapidamente juntar as partes do kit e montar um computador que funcione, pois possui conhecimento e experiência, além de compreender como o aparelho opera. Embora os djinn verdes sejam, na maioria, crianças e jovens adultos, às vezes alguns têm milhares de anos e seu conhecimento da história humana e do multiverso é muito maior que o de qualquer ser humano. Os djinn verdes se caracterizam por ser brincalhões, vingativos, cruéis e às vezes gentis – são, de fato, muito temperamentais. Entre os membros da raça humana, algumas crianças são mais agressivas, mais espertas e/ou mais fortes que outras. Os djinn verdes também possuem diferentes níveis de poder, conhecimento e talento; mas, assim como nós, são todos diferentes. Algumas crianças humanas são cruéis, enquanto outras são bondosas. Todos nós já ouvimos relatos de crianças que usam lentes de aumento para queimar formigas, ou que arrancam as asas de uma mosca só para vê-las sofrer. Esperemos que você nunca encontre um djinn verde com a mesma atitude – para eles, *você* é a mosca!

Os djinn verdes tentam entrar em nosso mundo para explorar ou se divertir; quando entram, é possível que interajam com pessoas de qualquer idade. A crença islâmica, nesse campo, é de que os djinn verdes vivem em buracos no chão. Por isso, você não deve jogar lixo em um buraco nem urinar ou pular dentro de um buraco, pois ali pode viver um djinn verde temperamental que não hesitará em puni-lo como bem entender.

Alguns buracos no chão conduzem a um mundo subterrâneo, e é possível que sejam, na verdade, portais que ligam o mundo dos djinn ao nosso. Se forem portais para outra realidade, caso você passe por um, talvez não consiga encontrar a saída sem saber onde ela fica. Esses portais não se restringem a buracos no solo – há relatos de aberturas semelhantes em rochas, na parte lateral de montanhas e, às vezes, simplesmente no ar.

Muitos místicos do Oriente Médio creem que, se você entrar em um buraco dos djinn, desaparecerá de nosso mundo e entrará em outro plano de existência. Um djinni poderá pedir sua alma ou forçá-lo a atrair outras pessoas ao buraco, segurando todas como reféns. É possível que os djinn também lhe peçam que trague determinados tipos de alimentos, álcool ou tabaco, regularmente. Note que, embora os djinn, em seu estado natural, sejam compostos de plasma, a maioria é capaz de assumir uma forma física por longos períodos. Isso significa que um djinni é capaz de se nutrir pela absorção de energia ou pelo consumo de comida. Acredita-se que muitos djinn gostam do "sabor" das mais variadas espécies de alimentos, principalmente sorvete e frutas. Os alimentos humanos, contudo, só lhes fornecem parte da subsistência: os djinn obtêm a maior parte dos nutrientes por meio da absorção de vários tipos de energia de seres vivos.

O HOMENZINHO DO BURACO NO CHÃO

O relato a seguir está nos arquivos de Phil há 20 anos. Na época que o recebeu, não sabia como classificá-lo. Estava mais concentrado em sua investigação do fenômeno óvni, e o relato não parecia se encaixar na pesquisa. Guardou o relatório e se esqueceu dele, até muito tempo depois, quando examinou os documentos antigos em busca de encontros com entidades que pudessem indicar a presença dos djinn. Essa história é sobre o "surgimento" de um ser incomum saindo de um buraco e conversando com a testemunha.

O encontro ocorreu no verão de 1989. A testemunha era um homem de meia-idade que fazia uma caminhada nos bosques perto de Ellenville, Nova York. Enquanto seguia por uma trilha com vários montes de terra, o homem pisou em uma rocha chata que balançava para a frente e para trás sob seu peso, produzindo um som oco. Ele prosseguiu com o passeio e, alguns momentos depois, ouviu uma voz atrás dele, dizendo: "Ei! Posso saber o que você está fazendo?". O homem se virou e viu um "homenzinho" em pé sobre um dos montículos, olhando para ele com muita raiva. Tinha cerca de 60 centímetros de altura, uma longa barba preta e vestia um traje inteiriço e colante de cor preta, verde e vermelha. O cabelo do homenzinho era longo, descendo para baixo dos ombros. O caminhante disse: "Como assim? Quem diabos é você, afinal?". O estranho pequenino disse: "Você pisou na minha casa, fez barulho e me acordou de um sono profundo!". Apontando para o chão, o homenzinho disse: "Eu moro lá. Gostaria que eu andasse no telhado de sua casa enquanto você tenta dormir?".

A testemunha não estava a mais de três metros de distância do buraco e do homenzinho – mal podia crer no que via. Enquanto ouvia o pequenino falar, notou que a pedra chata em que pisara fora removida para o lado do montículo, revelando um buraco perfeitamente circular. Em seu relato, a testemunha disse que parecia fundo e era muito escuro, apesar da tarde ensolarada.

Nesse ponto, o homem ficou com medo. Desculpou-se com o homenzinho, que lhe disse: "Não quer entrar e conhecer minha casa?". O homem educadamente recusou o convite; e a criatura, visivelmente aborrecida, disse algo do tipo: "Então, vá para o inferno!", fazendo vários gestos obscenos com as mãos. Em seguida, pulou de volta ao buraco e sumiu. Com cautela, e muito devagar, a testemunha caminhou até o buraco e, para seu espanto, viu que ele desaparecera. Só havia uma pequena cratera no solo onde ficara a rocha. Rapidamente, ele voltou para o carro e foi embora.

Nesse relato, vemos a ligação entre buracos e a aparição do que seria um djinn verde, brincalhão e inofensivo. Seriam tais buracos no solo realmente portais que se abrem e permitem aos djinn e outras criaturas entrarem em nosso mundo? É possível que esses portais só existam em determinadas áreas; mas parece que não se limitam a montanhas e bosques. Há relatos de "buracos dimensionais" que se abrem nas casas das pessoas, as quais convivem com eventos paranormais desde a infância.

INVOCANDO OS DJINN VERDES

A maioria dos djinn verdes tem curiosidade a nosso respeito, assim como nós sobre eles. Como todos os djinn se metamorfoseiam, a quantidade de formas que um djinni verde assume depende de sua idade e experiência. Se a intenção de um djinni verde for inofensiva, ele pode assumir várias formas agradáveis ao olho humano, escondendo sua verdadeira natureza. Se, porém, um djinni estiver zangado ou irritado com uma pessoa, pode adquirir uma aparência horrenda que assustaria até o mais corajoso dos seres humanos.

De acordo com as crenças turcas, os djinn verdes são os mais fáceis de invocar, pois estão sempre curiosos e interessados na raça humana. Se forem abertos para a comunicação, os djinn podem assumir a forma de um cão mansinho, um elfo, uma fada ou até um lindo ser brilhante, com aspecto angelical. Por outro lado, se você invocar um ou mais djinn que não querem ser perturbados, poderá se encrencar. Vários anos atrás, recebemos uma carta de uma mulher que crescera na Turquia. Ela contava que seu marido e vários amigos dele resolveram se divertir um pouco e contatar os djinn.

O encontro ocorreu em Istambul, em uma noite de verão no fim dos anos 1990. Um dos amigos tinha um irmão que era muito religioso e vivia em uma aldeia nas montanhas próximas. Os homens sabiam que esse indivíduo tinha as habilidades necessárias para invocar os djinn; resolveram, então, visitá-lo.

Há antigos rituais árabes anteriores ao Islã que podem ser usados em conjunto com o Alcorão para contatar os djinn e trazê-los ao nosso mundo. O homem que tinha esse dom relutava em invocar os seres, mas os outros finalmente o convenceram, pois, na verdade, não acreditavam na existência dos djinn.

Assim, o homem entoou preces islâmicas do Alcorão e, após vários minutos, as janelas se abriram com um vento. Três orbes brilhantes entraram na sala. A luz emanada por eles era tão forte que os homens tiveram de proteger os olhos. Os djinn invocados estavam furiosos pela interrupção e perguntaram qual era o propósito do chamado. Os homens não sabiam o que dizer, deixando-os ainda mais irados. As luzes da casa começaram a acender e apagar, e eles ouviram uma batida forte na porta e na parede. Os djinn finalmente se foram; os homens, assustados, começaram a se acalmar. No meio da comoção, não notaram que um deles desaparecera. Os outros acharam que se assustara e estava escondido em algum lugar. Procuraram pela casa, em vão. Horas depois, ouviram uma pessoa chorando no terraço. Foram investigar e encontraram o amigo desaparecido, agachado em posição fetal, ensopado de suor, com o medo estampado no rosto. Ele disse que, como punição pelo que fizeram, os djinn o levaram para o mundo deles e depois o trouxeram de volta. O homem afirmou que era um lugar terrível, tão assustador que ele não conseguia falar a respeito. Todos os homens hoje acreditam que os djinn existem e não querem mais nenhum contato com eles.

Djinn azuis

Os djinn azuis, também chamados de *marid*, são os que existem em menor número, mas são considerados os mais poderosos. Eles raramente interagem com a raça humana e muito pouco se sabe deles. As histórias variam muito quanto a quais são os djinn realmente malévolos, mas muitos dizem que os djinn azuis são os piores. Por outro lado, outros relatos mencionam que foram vários djinn azuis que salvaram toda a raça djinn da extinção quando derrotaram os djinn vermelho do mal, adoradores de Iblis.

Os djinn azuis são os mais velhos djinn e seu poder só é inferior ao de um anjo. Quando a raça dos djinn foi obrigada a sair do Universo físico e deixá-lo para Adão, alguns djinn azuis resistiram e fizeram guerra contra os anjos. A guerra durou mil anos; no fim, os anjos venceram, o que resultou em uma cisão dentro da raça djinn. Muitos se arrependeram e obedeceram à ordem de sair do que agora era o mundo de Adão. Outros, porém, se recusaram, entre eles uma quantidade desconhecida de djinn azuis e seus clãs. De acordo com uma antiga crença persa, se você encontrar um homem muito velho no deserto, ele provavelmente é um djinni azul disfarçado, entrando secretamente em nosso mundo. Os viajantes devem tomar cuidado com pessoas que viajam sozinhas no deserto.

Embora os djinn azuis sejam muito mais poderosos que seus parentes verdes, podem ser manipulados para fazer a vontade de um humano. Em raras ocasiões, esses djinn concedem desejos àqueles que os invocam; mas as coisas sempre terminam mal para o invocador. Se forem procurados com bons modos e respeito, os djinn azuis talvez ajudem uma pessoa, principalmente se ela estiver sendo importunada por outro djinni. A maioria dos djinn azuis tolera a raça humana; eles não são propensos a rompantes de raiva e temperamentos imprevisíveis como os djinn verdes. Os azuis esperam, acumulando mais poder a cada século, esperando que um dia possam reivindicar de novo o que era deles e derrotar seus velhos inimigos, os anjos, em outra guerra.

Djinn vermelhos

Os djinn vermelhos têm um único propósito: a queda da raça humana. São seguidores de Iblis; e do meio das sombras lentamente influenciam os pensamentos da raça humana no decorrer dos séculos. Os djinn vermelhos são os verdadeiros terroristas do Universo – sussurram nos ouvidos dos homens e mulheres, fazendo-os cometer atos contrários às leis de Deus e do homem. Também se empenham em coletar almas humanas para ficarem mais fortes. Eles quebraram todas as alianças com suas famílias, clãs e rei. Seguem apenas Iblis, que é o Messias deles.

Os djinn vermelhos assumem forma reptiliana. São responsáveis por fenômenos de possessão, doenças e assombrações. Muitos clérigos islâmicos modernos acreditam que os djinn vermelhos são também os responsáveis pelas aparições de extraterrestres e todas as formas de fenômenos paranormais. São os diabos e demônios da história; lidar com eles é convidar desastre. Estão sempre dispostos a conceder favores e desejos aos seres humanos, mas o preço que cobram por esses serviços é alto demais.

Djinn pretos

Há poucas informações disponíveis acerca dos misteriosos djinn pretos. Na tradição suna, eles são associados ao mal ou à magia negra. Encontramos uma breve menção a eles em outro texto: parecem ser líderes dos djinn azuis, além de ser líderes de clãs ou talvez reis de um grande número de clãs. Não se sabe quantos são. É possível que só exista um, talvez o governante de todos os outros líderes e reis.

Segundo as lendas, quando o rei Salomão ordenou aos djinn que lhe obedecessem, ele tinha ao seu lado um grande djinni preto, o qual conseguiu controlar impondo-lhe a vontade; por meio desse djinni, Salomão impunha sua vontade a todos os outros. Se um djinni verde ou azul questionasse as ordens de Salomão, o djinni preto os punia. É evidente que esse djinni específico era forçado a agir como sargento de armas do grande rei, pois ficava ao lado de Salomão, com os braços cruzados, demonstrando poder e autoridade. Entretanto, havia sempre uma expressão de descontentamento em seu rosto. Seja quem ou o que for que o misterioso djinni preto representa, sua misteriosa interação com a raça humana é extremamente limitada. Talvez os djinn pretos sejam importantes demais para lidar conosco e dependam daqueles que o servem para cuidar dessa questão.

Djinn amarelos

Há contos árabes de um tipo de djinn descritos como amarelos, mas não se sabe muito a respeito dessa classificação. Parece que se isolam do universo físico e de outros tipos de djinn. Embora o termo "djinn amarelos" tenha aparecido mais de uma vez em nossa pesquisa, temos poucas informações sobre essa classe de seres fugidios.

Djinn ascensionados

Na metafísica, a meta espiritual tanto dos seres humanos quanto dos djinn é ascender a um plano superior de existência. Os seres humanos ascensionados não necessitam mais de um corpo físico.

Os djinn ascensionados às vezes interagem com as pessoas que não ascenderam, que podem confundi-los com anjos ou extraterrestres.

Acreditamos que os djinn ascensionados existem, mas o único do qual ouvimos falar é Iblis, provavelmente o mais poderoso de todos os djinn. Por causa de sua transgressão por ascender com o intuito de acessar os coros dos anjos, é possível que Iblis tenha sido demovido e colocado em uma existência entre o universo físico e o reino dos seres ascensionados. De lá, ele convenceu outros djinn poderosos ainda não ascensionados a lutar por algo que lhes pertence, a seu ver: o mundo dos humanos. Embora todos os djinn sejam potencialmente perigosos, Iblis e seus djinn vermelhos têm um único objetivo: nossa extinção.

6

A Natureza dos Djinn, suas Habilidades e seus Poderes

O Alcorão diz que Deus conferiu aos djinn habilidades e poderes que não deu aos humanos. De fato, alguns djinn fazem um pandemônio no mundo com esses poderes, criando desarmonia e causando danos em suas várias formas de manifestação, às vezes só por divertimento, às vezes por maldade. Os djinn são feitos de fogo sem fumaça e, sem dúvida, agem como o fogo, acendendo de uma hora para outra, comportando-se de maneira errática e destruindo o que estiver em seu caminho. Os humanos acreditam que é possível conter os djinn, assim como se tenta conter o próprio fogo – mas os djinn, da mesma forma que as chamas, saltam sobre barreiras para queimar outros lugares. Há mais um elemento escorregadio na natureza incandescente dos djinn: eles não são apenas o fogo em si, mas também o incendiário que o acendeu, aquele que ri enquanto as coisas queimam.

Os djinn como *tricksters*

O *trickster* é uma figura arquetípica encontrada em todas as mitologias, mas particularmente no folclore dos povos indígenas norte-americanos. Os *tricksters* agem fora dos limites da ordem. Embora seja criador e destruidor, o espírito *trickster* é mais conhecido por suas tendências destruidoras: brincadeiras de mau gosto, atos maliciosos e maldosos. O *trickster* não tem moral nem valores, e segue apenas seus desejos e impulsos. Apesar de não ser inerentemente maligno, não distingue entre o bem e o mal, pois ambos são meios para seus fins. Ele não tem limites sexuais; e às vezes seu gênero nem sequer é claro. É capaz de dizer mentiras para atingir seus propósitos e inventa uma mentira após outra, a segunda entrando em conflito com a primeira, de modo que quem lhe der ouvidos ficará completamente confuso e desorientado. O *trickster* também adora mudar de forma e sua natureza animal se expressa em suas formas favoritas, que são coiote, cobra, corvo, aranha ou lebre. O *trickster* banca o tolo, mas no fim das contas faz os outros de tolos. Ele gosta de rir à custa das vítimas e dos otários. Embora às vezes seja um otário também, geralmente é ele quem ri por último do caos e da desordem.

Alguns exemplos bem conhecidos da figura do *trickster* são Hermes, o mensageiro dos deuses gregos e deus do engodo e dos ladrões, bem como das artes e ciências; Loki, o encrenqueiro e astuto ser que muda de sexo, figura da mitologia nórdica; e Coiote, o fanfarrão vulgar, ladrão de fogo, encontrado em várias tradições dos nativos norte-americanos.

Um forte elemento do *trickster* está presente nos djinn e permeia as tentativas humanas de definir, descrever, prever, controlar e manipular os djinn. Apesar de os djinn serem reconhecidos no Alcorão, os estudiosos islâmicos debatem a existência deles há séculos. O grande Ibn Sina, conhecido pelos romanos como Avicena (980-1037), médico e filósofo, era um dos que diziam que os djinn não eram reais. Filósofos de épocas posteriores, com Ibn Khaldun (1332-1406), reconheciam a existência dos djinn e diziam que Alá reservara para si todo o conhecimento acerca deles.[34]

Os djinn são mencionados brevemente no livro de Phil *Interdimensional Universe*. Pouco depois da publicação da obra, ele recebeu várias cartas de pessoas que seguem o Islamismo, de diversas partes do mundo. Acharam corretas as descrições e encontros dele com os djinn e o parabenizaram, elogiando-o pela coragem de escrever a respeito de um assunto ignorado no Ocidente. Esses leitores afirmavam ainda que o texto do livro confirmava a fé que tinham no Alcorão, pois lhes provava que os djinn estão bem vivos e ativos no mundo moderno.

Tendências recentes no Islã reconhecem a realidade inegável dos djinn; entretanto, as crenças em torno de sua natureza, características, habilidades, poderes e vidas são, como todas as formas de tradições e folclore sobrenaturais, passíveis de variadas interpretações. As crenças modernas misturam a religião com contos folclóricos anteriores ao Islã. Algumas fazem distinções entre djinn e "diabos", que são os filhos malignos de Iblis. Há quem acredite em djinn bons e djinn maus, enquanto

---

34. *E. J. Brill's First Encyclopedia of Islam 1913-1936* (Leiden, the Netherlands: Brill Academic Publishers, 1993), vol. VII, p. 1046.

outros consideram todos os djinn perigosos. Apresentamos, a seguir, características, habilidades e poderes geralmente atribuídos aos djinn.

Seus poderes são limitados

Apesar da vasta gama de habilidades e poderes dos djinn, eles têm limites. Os djinn só podem agir até certo ponto fora da lei e ordem cósmicas, pois afinal são restringidos pela palavra de Deus no Alcorão, assim como os seres humanos e os anjos. Deus deu aos humanos e djinn poder para influenciar os céus e a terra, mas dentro de certos limites por Ele permitidos. Qualquer um, de uma ou outra raça, que transgrida esses limites, será destruído:

> Ó assembleia de djinn e humanos, se sois capazes de atravessar os limites dos céus e da terra, fazei-o! Porém, não podereis fazê-lo, sem autoridade.
> Assim, pois, quais das mercês do vosso Senhor desagradeceis?
> Então, uma chama de fogo e uma fumaça serão lançadas sobre vós, e não podereis contê-las.[35]

Maomé afirmava que: "... aquele que intencionalmente a mim atribuir algo falso, será atirado no Fogo (Inferno)".[36] Se os djinn não aceitarem voluntariamente seus limites, poderão ser forçados a fazê-lo, não só pela ira de Deus, mas por meio do recurso de preces e recitação do Alcorão. Por exemplo, os djinn não podem abrir portas fechadas por uma oração alcorânica nem poluir ou comer alimentos protegidos da mesma maneira. Ainda assim, eles têm uma considerável margem de destruição no mundo mortal – e usam seus dons de *trickster* para escapar das proibições. Parece que alguns deles pouco se importam com o Dia do Juízo Final, deixando-se governar por seus próprios caprichos e desejos imediatos.

Pessoas com tendência para uma vida hedonista, bem como as que pendem para o pecado, são alvos fáceis para os djinn; mas eles adoram o desafio de perturbar os fiéis. O Alcorão afirma que Satanás (Iblis e, por extensão, seus malévolos seguidores djinn) não tem domínio sobre os devotos; no entanto, às vezes os devotos são os mais molestados pelos djinn.[37] Um paralelo bíblico desse tipo de comportamento de *trickster* são as tentações sofridas por Jó nas mãos de Satanás, que pediu

---
35. Al-Rahman, 33-35.
36. *Sahih al-Jaani*, 8.217. Nota de rodapé 3.
37. Al-Israa, 65, e *Al-Saba*, 20-21.

a Deus permissão para atacá-lo e testar sua fé. Jó era o mais piedoso e probo de todos os homens – um alvo perfeito. Os fiéis podem argumentar que Deus de fato permite o ataque do mal – argumento este que é usado desde sempre para explicar por que coisas ruins acontecem com pessoas boas. Com ou sem permissão, o mal tem seus meios sorrateiros de se infiltrar no bem por rachaduras. Quando Iblis desafiou Deus, jurou que levaria Adão e sua espécie à perdição.[38]

Eles são inconfiáveis e vingativos

Antes da criação das pessoas, os djinn reinavam supremos, construindo grandes cidades e gozando da graça de Deus. O folclore egípcio fala dessa época de paz, governada por uma sucessão de 40 ou 72 reis, todos chamados Sulayman (Salomão), o último dos quais foi Gann Ibn Gann. Sob esse último rei, os djinn teriam construído as grandes pirâmides do Egito, crença ainda de muita gente na virada do século XX.[39]

O *status*, a natureza e o destino dos djinn mudaram de maneira drástica quando Deus criou Adão e ordenou aos anjos e djinn que se ajoelhassem diante dele. Os djinn prepotentes foram forçados a abandonar seu lugar, e se deixaram consumir pelo ressentimento e o desejo de vingança. Passaram a enganar, cometer o mal e atacar por todos os meios possíveis a fonte de seu infortúnio: nós. Quando o rei bíblico Salomão os dominou, já estavam decididos.

Assim como o *trickster*, os djinn são inconfiáveis e imprevisíveis porque não distinguem entre o bem e o mal. Embora tecnicamente sejam mais amorais que maus, eles são capazes de atitudes nefastas e letais, utilizando-se de quaisquer meios para justificar seus fins vingativos. Os *tricksters* não se preocupam com o bem-estar das pessoas; se alguém se ferir ou morrer por resultado das ações de um *trickster*, azar dele. De modo semelhante, os djinn pouco se importam conosco. Por esporte, às vezes eles se posicionam nos telhados das casas e atiram tijolos nas pessoas, ferindo-as ou até matando-as.

Os djinn são vingativos e nunca perdoam uma pessoa que tenta prejudicá-los deliberadamente. Por exemplo, se alguém tenta se livrar de um djinni que o persegue ou o possui, esse djinni se ofende. Pode ir embora por algum tempo, mas voltará com mais força e maldade.

---

38. Al-Israa, 62.
39. Edward William Lane, *The Manners and Customs of the Modern Egyptians* (London: J. M. Dent & Sons, 1908), p. 230.

Eles são os mestres da mentira e da ilusão

Não se pode confiar que os djinn dizem a verdade, em situação alguma, por mais sinceros que pareçam. Se eles não sabem a resposta a uma pergunta, inventam, sem pensar nas consequências. Fazem falsas promessas e abandonam as pessoas. Há uma história de uma guerra na qual os crentes travavam batalha contra um bando de infiéis. Iblis prometeu proteger os crentes e lhes disse que seriam inconquistáveis. Mas, quando os exércitos do inimigo apareceram, ele fugiu.[40]

Outra história fala de um homem piedoso que fora encarregado de cuidar de uma garota virgem enquanto os três irmãos dela saíram para a guerra. Iblis conseguiu persuadir o homem a deixá-lo seduzir a jovem; ela engravidou e deu à luz um menino. Horrorizado ao pensar no que os irmãos fariam com ele quando voltassem, o homem seguiu as orientações de Iblis e assassinou tanto a menina quanto o bebê, enterrando-os em uma vala. Quando os irmãos da garota voltaram, ele demonstrou grande tristeza pela morte. Iblis, então, apareceu a eles em sonhos, na forma de um viajante, e lhes contou o que o homem fizera e onde estavam os corpos. Eles descobriram os corpos e interpelaram o homem, que confessou o crime. Os irmãos decidiram puni-lo por meio da crucificação. Enquanto o homem sofria na cruz, Iblis lhe apareceu e prometeu salvá-lo se ele negasse Alá. O infeliz assim o fez e Iblis desapareceu, deixando-o diante da lancinante morte e sozinho com a ira divina.[41] Parece que ouvimos a risada *trickster* no ar quando Iblis desaparece, entrando em sua dimensão paralela. Mesmo os djinn que se converteram ao Islamismo não são de confiança. Ou às vezes eles dizem que se converteram, quando não é verdade, apenas para ganhar a confiança de uma pessoa.

Os *sheiks* (termo que se aplica tanto às autoridades religiosas quanto aos líderes tribais), magos e outros que dominam e controlam os djinn para fins de magia, previsão e cura são, aos olhos de muita gente, vulneráveis às ilusões e mentiras deles. O Alcorão afirma que os djinn não são capazes de realizar milagres, dom que só os verdadeiros mensageiros de Alá possuem.[42] Eles apenas produzem a *ilusão* de milagres. Dizem mentiras e realizam truques que dão a aparência de magia e milagre, tapeando tanto o praticante quanto o cliente.

---

40. Ib., p. 231.
41. Essa história tem raízes judaico-cristãs, mas é narrada também no Islã como exemplo das mentiras do Diabo (ou dos djinn maus).
42. Al-Shuaraa, 210-212, e *Al-Isra*, 88.

Eles possuem o dom da invisibilidade e velocidade e força superiores

Residentes de um reino paralelo, os djinn são invisíveis a nós, a menos que queiram se mostrar. Esse dom lhes dá uma grande vantagem sobre nós, humanos. Eles adoram espreitar e espionar as pessoas, principalmente em banheiros, depósitos de lixo e lugares sujos e poluídos – mas também nos lares e até em lugares íntimos, como o quarto. Observam e esperam uma oportunidade de atacar.

A invisibilidade deles cria muitos problemas para as pessoas, que podem machucar ou até matar um djinni sem perceber. Os povos do antigo mundo árabe acreditavam que nunca se deve atirar uma pedra ou sequer um caroço de tâmara em locais abertos, pois há o risco de se atingir um djinni. Nunca jogue água, principalmente fervendo, por uma janela, pelo mesmo motivo. Enfiar uma estaca no solo pode atingir um djinni em sua morada subterrânea.[43] Os djinn que se machucam notificam seus clãs, que reagem como um ninho de vespas furiosas. Juntos, eles provocam todos os tipos de desastre, doença, má sorte, pesadelos e até possessão ao agressor e sua família.

A forma natural deles – fogo sem fumaça ou plasma – e o poder sobrenatural permitem que os djinn se movam com tremenda velocidade. Na história de Aladim no livro *As mil e Uma Noites*, um djinni constrói para o herói um palácio completo em uma única noite. No folclore egípcio, um djinni é capaz de viajar do Cairo, Nilo acima, até Aswan (982 quilômetros) em um segundo.[44] Assim, quando querem ficar visíveis, eles são vistos em um lugar neste segundo, desaparecem e reaparecem em outro local quase instantaneamente.

Os djinn possuem uma força sobre-humana e podem usar seus poderes para erguer e levitar objetos de grande tamanho e peso, como as peças gigantes de mármore transportadas para a construção do templo de Salomão. Qualquer pessoa que se ache capaz de derrotar um djinni em confronto físico comete um erro fatal: será no mínimo surrada severamente; ou poderá até morrer em um instante.

Eles influenciam pensamentos e sonhos

Os djinn influenciam os pensamentos e sonhos de uma pessoa, sussurrando tentações e sugestões em seu ouvido. Um djinni pode ser considerado

---

43. No capítulo 5, mencionamos as precauções contra urinar e jogar lixo em buracos, e relatamos o caso do homenzinho cujo telhado da casa foi acidentalmente perturbado por um caminhante inocente.
44. Barbara Drieskens, *Living with Djinns: Understanding and Dealing with the Invisible in Cairo* (London: SAQI, 2008), p. 96.

a força "do mal" sentada no ombro de uma pessoa, em contraste com as boas influências de um anjo, sentado no outro. A habilidade para ouvir sussurros dos djinn ocorre entre os 12 e 14 anos de idade. Antes disso, as crianças são protegidas pelos anjos contra a influência de um djinni.

Além de sussurrar, os djinn podem criar perturbações, tais como assobios e ruídos estranhos, que distraem as pessoas em momentos cruciais. Eles confundem as pessoas, falando na língua delas, "surian", que parece uma mistura de grego e latim, ou alemão e italiano. Alguns *sheiks* entendem.[45]

Os djinn conseguem entrar nos sonhos das pessoas e influenciar seus pensamentos e ações para coisas ruins. Atiçam seus desejos e se aproveitam de suas fraquezas, além de dar conselhos errados. Podem aparecer como figuras que afirmam ser mensageiros de Deus – mas, como já observamos, não podem se disfarçar como o próprio Maomé (Maomé). Os djinn que se apaixonam por humanos aparecem-lhes em sonhos e sussurram-lhe coisas no ouvido, incitando-os a brigar com a mulher ou o marido. Eles podem causar pesadelos. Os djinn podem aparecer em sonhos em formas animais, principalmente camelo, o símbolo dos djinn malignos.

Os djinn também aparecem em sonhos, criando a ilusão de previsões do futuro. Um método de consultá-los consiste em pegar um pedaço de roupa de alguém – de preferência roupa íntima não lavada – e colocá-lo debaixo do travesseiro, pedindo informações sobre a pessoa. Os djinn respondem com a informação desejada, passando-a no sonho. É arriscado confiar na informação por causa da propensão à mentira por parte dos djinn.

Eles jogam olho gordo

Um dos males mais temidos desde a Antiguidade é o olho gordo, um olhar fulminante que causa doença, infortúnio, calamidade e morte. A crença no olho gordo é universal. As referências mais antigas datam do ano 3000 a.C., aproximadamente, nos textos cuneiformes dos sumérios, babilônios e assírios. Os antigos egípcios acreditavam no olho gordo; e há referências a ele no Antigo e no Novo Testamento. A crença no olho gordo é particularmente forte no Mediterrâneo e no Oriente Médio.

O olho gordo é gerado por inveja, uma força considerada a raiz de todos os males em algumas partes do Oriente Médio.[46] Em muitos

---
45. Ib., 121.
46. Drieskens, *op. cit.*, p. 70

casos, ele ocorre involuntariamente, como quando uma pessoa – principalmente um estranho – admira a família, o negócio ou os bens de outra; quando olha com inveja para alguém; ou elogia algo que pertence a outra pessoa. Se não forem tomadas medidas preventivas imediatas, como gestos rituais e orações ou invocação do nome de Alá, acontecerão desastres. As crianças ficarão doentes, os bens serão roubados ou a boa fortuna dos negócios acabará. Se não se puder evitar o olho gordo, as vítimas devem recorrer a um *sheik* e pedir ajuda. O olho gordo também pode ser deliberado, como um feitiço de magia negra. Os djinn podem influenciar uma pessoa a lançar olho gordo; e, se um djinni assumir forma humana, ele mesmo pode fazer isso.

A modéstia e a discrição de não exibir a boa sorte e riqueza são maneiras de evitar o olho gordo, seja de outras pessoas ou dos djinn. Entretanto, os djinn sabem os segredos da riqueza das pessoas, de suas vaidades e ambições – todas essas coisas servem de munição para uma arma como o olho gordo.

Eles são capazes de possessão

Os djinn conseguem tomar totalmente uma pessoa, dominando seus pensamentos e sonhos, como descrito anteriormente, e entrando em seu corpo. A forma indefinível deles permite que penetrem facilmente um corpo e circulem pelo sangue. Causam toda espécie de desconforto físico e doença, além de paralisia, ataques e convulsões. Também provocam comportamento bizarro e aberrante, como rasgar as roupas do corpo, rir histericamente ou dançar feito doido na rua. Eles dominam até a língua da pessoa e falam por seu intermédio. Causam depressão extrema, até suicida, bem como insanidade. São capazes de incitar crime e assassinato.

Em casos severos, os djinn podem assumir um corpo permanentemente, e devem ser expulsos por meio de exorcismo conduzido por um *sheik* habilitado. Os djinn que se apaixonam por humanos podem entrar no corpo de uma pessoa para ficar mais perto dela; mas, nesses casos, o djinni não a prejudica a menos que ela faça algo que o aborreça ou irrite. Se um djinni maligno assumir residência física, o perigo é muito maior – a intenção desse djinni é causar o máximo de danos, até a morte.

Nem todas as formas de possessão por djinn são tão extremas. Alguns casos envolvem o "toque" de um djinni, ou seja, o djinni vem e vai quando quer, causando possessões brandas, temporárias. Uma pessoa pode ter episódios de comportamento incomum e não se lembrar disso após a partida do djinni.

Em algumas possessões mais brandas, são feitos esforços de conciliação com o djinni, em vez de tentativas de expulsão. O djinni dialoga, falando por meio da vítima, explicando seus problemas e dizendo o que quer para ir embora. Alguns dos rituais de exorcismo são conhecidos como *zar*. As vítimas geralmente são mulheres que têm problemas com seus maridos. Acabam sendo possuídas por djinn. Os djinn, que adoram prazeres carnais, exigem apaziguamento por meio de joias e outros presentes, doces e favores que devem ser concedidos pelo marido.

A possessão é considerada um risco substancial a quem cruza o caminho de um djinni ou o machuca sem querer. Choques emocionais ou físicos súbitos rasgam a proteção natural de uma pessoa e possibilitam a um djinni penetrar-lhe a mente e o corpo.[47] Os exorcismos nem sempre dão certo – às vezes os djinn retornam ao corpo.

Eles concedem desejos por meio da magia

Em contos populares, os djinn aprisionados em recipientes e anéis devem conceder três desejos à pessoa que os liberta, e depois podem seguir seu caminho, livres. Infelizmente, as histórias da realização de desejos raramente são boas: de um modo geral, o desejo não dá certo, ou dá certo *demais*, ou o resultado não é nem um pouco parecido com o que foi desejado. Os próprios djinn alertam: todo desejo tem uma consequência. Na maioria dos contos, o primeiro desejo costuma ser realizado, mas os outros dois, não; e o protagonista acaba com problemas piores que antes. Os desejos devem ser feitos com uma escolha cuidadosa de palavras, pois um djinni encontra sempre um jeito de segui-lo à risca, mas de maneiras inesperadas. Por mais astuto que tente ser, o protagonista nunca tapeia o djinn; e geralmente seu terceiro desejo é desfazer os dois primeiros.

Esse tema ainda está presente nas histórias modernas dos djinn/gênios. Mencionamos o filme *O ladrão de Bagdá*, sobre um menino que encontra a garrafa de um gênio em uma praia. No filme *Wishmaster* (1997), o protagonista liberta um gênio particularmente maligno. Seu primeiro desejo é 1 milhão de dólares... que ele recebe como pagamento de seguro quando sua tia morre em um acidente de avião, causado pelo djinni.

Em "The Man in the Bottle", um episódio de *Além da imaginação* (1960), o dono de uma loja de penhores, falido, e sua mulher, recebem uma oferta incomum de quatro desejos por parte de um djinni que sai de

---

47. Ib., p. 170.

uma garrafa de vinho. Desconfiados, eles lhe pedem que conserte um armário de vidro quebrado. Quando o djinni faz isso imediatamente, os dois ficam animados e pedem 1 milhão de dólares. Recebem. Os dois gastam boa parte do dinheiro; até a vinda de um coletor de impostos, que os deixa apenas com cinco dólares.

Para o terceiro desejo, o homem pede para se tornar o líder de um país poderoso, modernizado, do qual ele não pode perder o posto por meio do voto. De repente, ele se torna Adolf Hitler, preparando-se para cometer suicídio em seu esconderijo subterrâneo, no fim da Segunda Guerra Mundial. Em pânico, o homem usa o quarto desejo para apagar tudo o que aconteceu. Tudo volta ao normal. Quando chega em casa, o homem vê a garrafa de vinho quebrada. O armário de vidro se quebra – tudo volta a ser como era antes dos desejos. Ele joga a garrafa de vinho em uma lata de lixo na rua. A fumaça do djinni restaura a garrafa, que fica esperando até outra pessoa libertá-lo.

Eles podem se metamorfosear em qualquer coisa

Mudar de forma é umas das habilidades mais importantes dos djinn. Nós a citamos por último para apresentar uma discussão ampla e reinterpretada. Acreditamos que alguns casos de atividade paranormal sejam, na verdade, provocados por djinn metamorfoseados.

A metamorfose astuta é um traço básico do *trickster*. Transformações mágicas são ótimas para confundir humanos, que nunca sabem ao certo com o que estão lidando. O resultado é que as pessoas acabam se encrencando sem saber por quê. É preciso tomar cuidado para não jogar água e pedras em cães e gatos, principalmente pretos, pois é possível que sejam djinn disfarçados. Se forem molhados ou agredidos, eles e seus clãs se zangam e atacam, vingando-se. Precauções semelhantes se aplicam a cobras, outra forma favorita deles. Os djinn gostam de assumir as formas de pássaros e cabras.

Os djinn podem assumir a forma de ratos para entrar nas casas à noite. Se os moradores forem tolos ou distraídos deixando lamparinas ou velas acesas, os ratos-djinn podem derrubá-las, provocando um incêndio – um exemplo excelente de sua natureza incandescente de *trickster*.

Eles também assumem forma humana, principalmente para enganar as pessoas, com o intuito de persuadi-las ou confundi-las. Uma forma que nunca podem assumir é a do próprio profeta Maomé. Maomé, ou Mohamed, aparece em visões e sonhos, para orientar as pessoas. Assim garantiu aos seus seguidores: "... Aquele que me vir em sonho, de fato me vê, pois Satanás não pode me imitar (aparecer em minha figura)".[48] Entretanto, nada impede um djinni de assumir a forma humana de um *sheik* ou de alguma autoridade admirada, que as pessoas confundirão com um representante do Profeta.

Provavelmente, os djinn perceberam há muito tempo que tinham o dom de assumir as formas de entidades sobrenaturais, pelo menos algumas que realmente existem, usando tais formas como disfarces para interagir com os seres humanos. Essa metamorfose é reconhecida há muito tempo no folclore do Oriente Médio. O autor Umar Sulaiman al-Ashqar, da Universidade de Jordânia, comenta:

> Muitas pessoas de nossa época e de épocas anteriores testemunharam alguma coisa dos djinn, embora muitos os que os viram ou ouviram falar deles não perceberam que eram djinn. Pensaram ter visto fantasmas, espíritos, homens invisíveis, criaturas do espaço sideral, e assim por diante.[49]

Assumir formas de entidades sobrenaturais atrai o espírito *trickster* dos djinn, principalmente os djinn verdes, que gostam de se divertir à custa da humanidade. A ideia de um fantasma vagando por uma casa ou assombrando uma propriedade assusta muita gente por causa de aparições súbitas, ruídos estranhos, vozes sem corpo, cheiros esquisitos e formas fantasmagóricas com aparências grotescas. A crença em fantasmas implica que eles são uma espécie de registro, impressão ou memória deixada pela pessoa que morreu, ou então as almas inquietas daqueles que ficam presos entrem os mundos dos vivos e dos mortos. Alguns fantasmas parecem não ter inteligência ou percepção dos vivos, enquanto outros interagem com eles e atraem atenção. De qualquer forma, talvez não sejam vestígios de pessoas, e sim djinn se divertindo. A atividade dos djinn pode não explicar todos os casos de fantasmas, claro, mas talvez os djinn tenham pegado uma carona no fenômeno das assombrações. É possível que alguns dos mais famosos fantasmas não sejam fantasmas. É difícil, quando não impossível, saber a diferença.

Outro fenômeno comum de assombrações é o *poltergeist* – misteriosos desaparecimentos e reaparecimentos de objetos, barulhos de batidas, misteriosas chuvas de pedras, luzes acendendo e apagando sozinhas, mal funcionamento de aparelhos, danos à propriedade, objetos

---

48. Sahih al-Jaani, ib.
49. Umar Sulaiman al-Ashqar, *The World of the Jinn and Devils* (Boulder, CO: Al-Basheer Publications and Translations, 1998), p. 18.

que se quebram, desaparecimentos e outros distúrbios. *Poltergeist* é uma palavra alemã que significa "espírito barulhento"; e as atividades destrutivas inexplicáveis costumam ser atribuídas a demônios, fantasmas zangados, outros espíritos e magia negra. O fenômeno *poltergeist* também combina com a natureza *trickster* dos djinn, como meio de criar caos e desordem.

No decorrer da história, sempre houve relatos de encontros com criaturas misteriosas nunca antes vistas no mundo natural. Às vezes, poucas aparições são relatadas; outras vezes, no entanto, tais criaturas parecem existir em um mundo paralelo, surgindo no nosso e desaparecendo por motivos desconhecidos. Lobisomens, homens-cão, Pé Grande, monstros do pântano e criaturas demoníacas voadoras como o Diabo de Jersey podem ser entidades reais – suas formas, porém, podem ser copiadas pelo djinn *trickster*s. Disfarçar-se de um ser sobrenatural pode ser, para os djinn, o que as fantasias de Halloween são para os humanos. O objetivo é se divertir, talvez à custa dos outros.

A famosa onda do Mothman (Homem-mariposa) de 1966-7 é um bom exemplo de um possível caso de djinn mudando de forma. O Mothman era uma criatura humanoide, alada, com olhos vermelhos, que de repente começou a aparecer na área em torno de Point Pleasant, West Virgínia (em particular, uma fábrica de explosivos abandonada) em novembro de 1966. Era descrito como tendo 1,83 metro a 2,13 metros de altura. Parecia não ter cabeça, e os olhos ficavam perto da área dos ombros. Arrastava-se com pernas humanas e faziam um barulho estranho, alto, como um guincho. Era capaz de levantar voo rapidamente sem mover as asas e pairava no ar sem batê-las.

A visão do Mothman era aterradora para as testemunhas. Se estavam em um carro e aceleravam, o ser voava atrás delas, acompanhando a corrida. Nunca chegou a atacar ninguém. Parecia se cansar da perseguição e desaparecia. Esse comportamento é atribuído aos djinn verdes, que às vezes gostam de brincar com as pessoas e logo se entediam e param de repente.

Apesar de toda a atenção que o Mothman recebeu por sua aparência estranha, a real atividade na onda de avistamentos se centrou no nível de alta estranheza ufológica/extraterrestre. Houve muitos relatos de aparições de luzes misteriosas, naves e alienígenas; perturbações elétricas e telefônicas; fenômenos *poltergeist*; cães fantasma e misteriosas criaturas; pessoas fantasma; e os sinistros "Homens de Preto", homens de aparência mecânica, escura, cadavérica, que importunam e ameaçam contatados de óvnis, forçando-os a ficarem quietos. Um cão desapareceu e animais selvagens foram encontrados mutilados. O Mothman recebeu a culpa de todos os fenômenos, mas nunca foi flagrado fazendo qualquer uma dessas coisas, e sim apenas observando e seguindo as pessoas. O famoso investigador da paranormalidade e autor John A. Keel viajou até West Virginia para investigar a onda, documentando as atividades em seu livro *The Mothman Prophecies* (1975). Keel afirmou que pelo menos cem pessoas avistaram o Mothman.

O fenômeno bizarro continuou até 1967, diminuindo perto do fim daquele ano. Em 15 de dezembro de 1967, a Ponte Silver, 213,36 metros, sobre o Rio Ohio em Point Pleasant, caiu, matando 46 pessoas. Alguns relacionaram o acidente ao Mothman, embora nunca se achasse evidências diretas. A queda da ponte foi acompanhada pelo fim das aparições da criatura, que não foi mais vista na área. Desde então, o Mothman apareceu esporadicamente em Point Pleasant e por todo o mundo, mas nunca mais houve ondas comparáveis à de 1966-7.

Keel acreditava que Point Pleasant era uma "janela" ou portal temporariamente aberto para uma realidade diferente. Nós também acreditamos na existência desses portais, alguns talvez constantemente abertos, não apenas por algum tempo. É possível que um portal de fato se abriu em Point Pleasant e muitas coisas tenham passado por ele – incluindo os oportunistas djinn. Todos os seres misteriosos – Mothman, Homens de Preto, cães fantasma, pessoas fantasma e extraterrestres – poderiam ser djinn disfarçados. A queda da Ponte Silver lembra o padrão *trickster*, um fim absurdo, porém letal, de uma intensa atividade paranormal.

Às vezes, os disfarces dos djinn são mais fatais. O folclore e as mitologias de várias partes do mundo são repletos de predadores sobrenaturais de muitas formas e nomes. Suas características principais são atrair pessoas para um fim trágico e emboscar viajantes, principalmente à noite. As histórias de fadas, em particular, são cheias de seres hostis, tais como as fadas da água que afogam as pessoas, as luzes fugidias que atraem viajantes até a ponta de um penhasco e pântanos e os selvagens trolls que se escondem embaixo de pontes e saltam sobre as pessoas. Os djinn podem usar essas e outras formas nefastas.

No folclore egípcio, uma entidade assassina que habita o Nilo é conhecida como um *ginniya*, djinni fêmea, que assume a forma de uma linda mulher com longos cabelos loiros e rabo de peixe – parecida com uma sereia. Ela atrai as pessoas até a beira do rio criando ilusões: bandejas cheias de taças de chá flutuando na água, bolas flutuantes, ou uma velha carregando uma panela e pedindo ajuda. Quando as pessoas se aproximam, ela as agarra e puxa para dentro da água. Dá às vítimas o direito de escolha: casar-se com ela ou alguém de sua espécie, ou morrer. Se o homem capturado se recusar, ela o estrangula e afoga; seu cadáver é encontrado com marcas de polegar no pescoço.[50]

Por fim, um excelente exemplo do que pode ter sido um djinn fatal vem das histórias sobrenaturais americanas: o Caso Bell. As "assombrações" desse local ocorreram no século XIX em Adams, Tennessee, envolvendo criaturas espectrais, *poltergeist*, invasão de dormitório e morte. A responsabilidade pelos fenômenos foi atribuída à maldição de uma bruxa, mas tem numerosos detalhes que podem ser interpretados como atividade dos djinn. Na análise a seguir, faremos as comparações.[51]

Diferentes versões da história são contadas, mas os traços principais são condizentes. Em algum momento no início do século XIX, John Bell comprou mil acres de terra perto de Adams e criou uma próspera fazenda lá. Ele e sua mulher, Lucy, tinham oito filhos. Em 1817, a vida deles passou de boa para terrível. Os primeiros sinais foram algumas criaturas misteriosas vistas por Bell: um ser grande, com aspecto de um cachorro preto (que sumiu quando John Bell atirou nele com uma espingarda); e um pássaro que lembrava um peru. Ambos são algumas das formas favoritas dos djinn.

Depois disso, vários surtos graves de *poltergeist* ocorreram na casa. Batidas, estampidos e sons de algo raspando eram ouvidos dentro da casa e do lado de fora das portas e janelas. A família inteira se incomodava com o som de ratos invisíveis roendo as coisas e cães gigantes invisíveis arranhando o chão. As perturbações se estenderam por um ano, culminando em ataques à família no meio da noite, enquanto todos dormiam em suas camas. As colchas eram puxadas, mãos invisíveis batiam no rosto das pessoas e lhes puxam os cabelos. A filha de 12 anos do casal Bell, Betsy, foi a que mais sofreu; levava tapas, era beliscada e espancada, ficava com hematomas e era cutucada com alfinetes. A princípio, os pais pensaram que ela estava brincando com eles, mas logo eles se convenceram de que alguma coisa sinistra estava afetando a família inteira.

As notícias a respeito dos problemas se alastraram, e a fazenda dos Bell se tornou objeto de curiosidade. Descobriram que o atacante invisível era inteligente, pois respondia à comunicação. Quando lhe

---

50. Driesken, *op. cit.*, 102.
51. Os detalhes desse caso estão em *The Encyclopedia fo Ghosts and Spirits*, vol. 3, 3ª edição, de Rosemary. (New York: Facts On File, 2007), p. 48-52.

mandavam parar em nome do Senhor, ele parava – mas apenas temporariamente. Suas atividades voltavam sempre com maior intensidade. Isso é próprio dos djinn, que suspendem o assédio por algum tempo, mas retornam com muito mais força.

Algum tempo depois, o espírito desconhecido começou a assobiar e falar. Como vimos, os djinn são particularmente conhecidos por assobios e sussurros. A entidade dava explicações diversas a respeito de si mesma. Dizia que era um "espírito de todos os lugares, do céu, do inferno e da terra. Estou no ar, nas casas, em qualquer lugar e qualquer tempo. Fui criado há milhões de anos. É só isso que lhes direi". Essa descrição se encaixa de modo perfeito com os djinn.

O espírito também dizia que era o fantasma de uma pessoa enterrada na floresta próxima e sua cova fora perturbada. Um dente dele estava embaixo da casa dos Bell. Em vão, eles o procuraram. Um djinni daria boas risadas ao vê-los caçando algo inexistente.

O espírito disse, em seguida, que era o fantasma de um imigrante que morrera e deixara uma fortuna escondida, voltando agora para dizer a Betsy onde a tinha enterrado. Citou o local; os meninos da família cavaram durante horas e não encontraram nada. O espírito riu em voz alta, dessa vez. Os djinn são conhecidos por prometer riquezas e não entregá-las.

Nesse meio-tempo, os moradores locais formaram uma opinião acerca da identidade do espírito: era uma bruxa. O espírito disse: "Não sou nada mais nada menos que a velha bruxa Kate Batts, e vou assombrar e atormentar o velho Jack Bell enquanto ele viver". Kate Batts fora uma vizinha com a qual Bell tivera um mau negócio. Ela ameaçou se vingar. Não havia provas de que fosse mesmo ela, mas a partir daquele momento o espírito passou a ser chamado de "Kate". Era um pseudônimo apropriado para um djinni.

Sob a perspectiva dos djinn, a questão do mau negócio parecia presente, de fato. Como já vimos, os djinn são extremamente territoriais, protegendo seu espaço. Assim como o homenzinho no buraco, capítulo 5, eles ficam irados se os humanos invadem ou danificam sua propriedade. É possível que um djinni morasse na terra onde Bell fez sua fazenda; a chegada da família Bell, portanto, nada mais seria que uma invasão de domicílio – e o djinni reagiu com sua raiva característica.

O espírito parecia fora de controle. Visitava outras pessoas, além dos Bell, assolando-as de insultos. Fazia previsões, outra marca dos djinn "videntes". Mais do que tudo, porém, continuou molestando John Bell e sua família.

Um "caçador de bruxas", ou exorcista profissional, tentou ir à casa dos Bell, mas sua carruagem quebrou. Quando finalmente chegou, tentou destruir o espírito com uma bala de prata, mas acabou apanhando. Assustado, ele foi embora. Se soubesse a respeito dos djinn, ele teria levado armas de ferro, pois os djinn, assim como as fadas, são seriamente enfraquecidos pelo ferro.

A ação final do espírito foi provocar doenças em John Bell – uma tática muita usada pelos djinn. John adoeceu várias vezes, com estranhos sintomas, e ficava deitado com convulsões e ataques, como se possuído. "Kate" assumiu a autoria. A saúde de Bell deteriorou. Ele foi encontrado morto em sua cama no dia 19 de dezembro de 1820, três anos após o início dos problemas. Um estranho frasco com líquido, nunca visto até então, foi encontrado no armário de remédios. Lucy deu ao gato da família, que entrou em convulsão e morreu. "Kate" afirmou que envenenara Bell; e riu histericamente de seu triunfo quando ele morreu. O djinn estava vingado.

Entretanto, o espírito não deixou a família em paz. Começou a atacar Betsy com fúria total, atormentando-a em relação ao seu noivado com um homem, forçando-a a rompê-lo. Sabe-se que os djinn que se apaixonam por humanos fazem isso. Betsy se casou com outro homem, mas parece que o espírito não se importou, dessa vez.

"Kate" anunciou que iria embora, mas voltaria dali a sete anos. Um objeto parecido com uma bola de canhão rolou para fora da chaminé e desapareceu em fumaça; e o espírito se foi. Fumaça e neblina têm relação com os djinn, uma vez que eles não têm forma em seu estado natural.

Desde então, fenômenos de assombrações continuam ocorrendo no local, que hoje é propriedade particular e funciona como atração a turistas. A casa original dos Bell não existe mais, mas foi substituída por uma réplica. Dizem que a réplica também é assombrada. A atividade paranormal talvez venha da própria terra, o que é característico de um lugar frequentado por djinn.

Há uma caverna próxima que se estende a 152,40 metros até um escarpado acima de um rio. A caverna é famosa por fenômenos incomuns, incluindo aparições, anomalias fotográficas de formas nebulosas, bolas de luz incandescente, vozes que sussurram e sons de respiração. As cavernas, como vimos, estão entre as moradas favoritas dos djinn. Uma cova indígena, que foi remexida, se encontra logo acima da entrada da caverna. Os ossos da mulher ali enterrada foram roubados, o que gerou a crença em uma maldição – a má sorte perseguirá qualquer pessoa que leve algo da caverna, mesmo que seja uma simples pedra.

Rosemary visitou a caverna com Troy Taylor, fundador da *American Ghost Society*. Taylor fez várias excursões até o local da Bruxa da fazenda Bell e crê que a caverna seja um portal e a morada de "algum espírito antigo, primitivo". Provavelmente é; talvez pertença a um djinni.

Conclusão

Os djinn são os "trapaceiros artísticos" do paranormal, assumindo diferentes formas e passando de uma dimensão para outra à vontade. Eles possuem a habilidade para perturbar a vida humana. Nos capítulos seguintes, comparamos os djinn, de maneira mais detalhada, com outras entidades sobrenaturais que conhecemos melhor no Ocidente, e examinamos alguns modos de rechaçar seus efeitos.

7

Anjos e Demônios: a ligação com os Djinn

PARA COMPREENDERMOS A LIGAÇÃO entre anjos, demônios e djinn, devemos mergulhar na revelação do profeta Maomé do Alcorão. De acordo com a tradição, Maomé recebeu o Alcorão em uma série de sonhos e transes inspirados nos quais foi visitado pelo arcanjo Jibril. Será que, na verdade, Maomé recebeu a visita de um djinni?

Mohamed – ou Maomé – é considerado o último recebedor das revelações divinas antes do fim do mundo. Seu nome significa "o louvado" ou "Aquele que é glorificado". Ao todo, existem 200 nomes para Maomé, entre os quais "Alegria da Criação" e "Amado de Deus". A menção de seu nome costuma ser seguida por várias invocações, tais como "Deus O abençoe e Lhe dê paz" ou "Que a paz esteja com Ele".

Maomé nasceu em Meca, por volta de 570 d.C. Alguns afirmam que ele era analfabeto, mas teve uma bem-sucedida carreira nos negócios e devia ser ao menos semialfabetizado. Em 590, casou-se com uma mulher que tinha o dobro de sua idade. Após 20 anos de casamento e de uma bem-sucedida carreira como mercador de peles e uvas-passas, sua vida espiritual se desenvolveu. Ele sentiu necessidade de se afastar do mundo e de rezar, meditar e alcançar a iluminação. A base de sua busca espiritual foi sua aceitação de Jesus como Messias, a concepção imaculada de Maria e o nascimento virgem de Jesus, além de sua convicção de que o Judaísmo e o Cristianismo distorciam as revelações de Deus a Moisés e Jesus; e que os árabes pagãos viviam na ignorância da verdadeira vontade de Deus.

Maomé costumava deixar sua mulher e seus filhos em Meca e fazer o percurso de quatro horas até a caverna de Hira, localizada a curta distância da cidade, no topo de uma montanha. Hira é uma caverna pequena, com cerca de quatro metros de cumprimento por 1,83 metro de largura. Lá, ele ficava em isolamento completo por várias noites, pensando, rezando e meditando.

No ano de 610, enquanto se encontrava na caverna uma noite durante o Ramadã,[52] Maomé foi visitado por uma "criatura" que lhe ordenou, com uma voz autoritária, quase ameaçadora: *"LEIA!"*.

Maomé respondeu à criatura: "Não sei ler".

O ser o agarrou com tanta força que ele quase sufocou. Libertou-o e repetiu a ordem três vezes. Na terceira vez, a criatura lhe deu o que mais tarde se tornariam os primeiros versos da sura 96:

> Lê, em nome do teu Senhor que criou;
> Criou o homem de algo que se agarra.
> Lê, que teu Senhor é Generosíssimo,
> Que ensinou pelo cálamo,
> Ensinou ao homem o que este não sabia.[53]

Segundo a tradição, após passar esses mandamentos, a criatura desapareceu. Maomé foi dormir e acordou na manhã seguinte ouvindo algumas palavras que lhe pareceram impressas em seu coração: "Ó Mohamed, tu és o Apóstolo de Deus e eu sou Jibril".

De acordo com *Al-Sira Al-Nabawiyya*, uma biografia do Profeta por Ibn Kathir, escrita no século XIV, Maomé correu para fora da caverna e voltou a Meca, tremendo de medo. Correu para dentro de casa, encontrou sua mulher e lhe implorou: "Venha comigo, venha comigo". Ela perguntou qual era o problema. Maomé falou do encontro com a criatura na caverna e disse que teve de fugir porque temeu pela própria vida. Não se sabe, com clareza, se nesse momento Maomé achou que a criatura era um djinni ou um anjo, mas era óbvio que ele ficou com medo da criatura que o acuou.

A partir de relatos históricos de djinn e anjos, sabemos que eles costumam obrigar as pessoas a fazer coisas que elas não querem, ameaçando-as ou usando força física. Nos relatos bíblicos dos encontros com anjos, as pessoas os temem porque eles apareciam quando Deus estava infeliz com alguém; o anjo era enviado para castigar ou punir. No mundo árabe, porém, os djinn seriam muito mais temidos que um anjo poderoso.

Maomé via a criatura de qualquer ângulo que olhasse, o que implica que ela era de natureza multidimensional. Entretanto, não há um relato exato da aparência dela. Maomé era cético quanto à verdadeira

---

52. Ramadã já era um mês sagrado para os árabes antes do Islã.
53. Al-Alaq, 96.1-4.

identidade da criatura. Ele a viu em várias ocasiões depois da primeira, mas ninguém mais a avistou. A criatura o seguia a partir da caverna e costumava aparecer em sua casa. A mulher de Maomé, Khadija, queria descobrir a verdadeira identidade da criatura e pediu ao marido que a chamasse assim que a entidade aparecesse. Quando a criatura veio, ela pediu a Maomé que se sentasse sobre sua coxa esquerda, e perguntou-lhe: "Você ainda vê a criatura?".

Ele disse que sim.

Ela tirou o véu e pediu ao marido que se sentasse sobre sua coxa direita. Khadija então lhe perguntou: "Está vendo a criatura ainda?".

"Não, ela sumiu", Maomé respondeu.

Em seguida, Khadija disse ao marido: "Seja firme. Pelo nome de Alá, a criatura é um anjo, não um demônio".

Os estudiosos islâmicos interpretam esse teste como indicação de que um anjo não ficaria para observar uma parte desnuda de um corpo feminino, mas um demônio, sim. Além disso, a criatura só permaneceu visível quando ele se sentou sobre a coxa esquerda da mulher, mas não sobre a direita. Os povos pré-islâmicos acreditavam que a sequência certa das coisas era da direita para a esquerda. Se a criatura permanecesse visível também quando Maomé se sentou sobre a coxa direita da mulher, ela se moveria da esquerda para a direita, contrária ao movimento equilibrado no Universo e contra a vontade de Alá. Só os maldosos djinn fazem isso – os anjos, não. Esse teste convenceu Khadija de que a criatura era um anjo; e não qualquer anjo, mas o arcanjo Jibril. Maomé continuou descrente.

Três anos se passaram após a primeira revelação até Maomé se sentir preparado para se autointitular profeta. Ele rezava para o próprio clã, o dos hachemitas, pregando que, se não venerassem a Deus em vez de seus ídolos, seriam punidos. Os seguidores da nova religião eram chamados de muçulmanos, palavra derivada de um termo que significa "aqueles que se entregam a Deus". Sua evangelização teve conflitos e até mesmo uma guerra santa.

Os críticos chamavam Maomé de "possuído por djinn" e diziam que ele não era um verdadeiro profeta, pois Deus não enviara Seus anjos a ele. Posteriormente, Maomé começou a descrever em público a criatura como um anjo, mas isso não aplacou os críticos e oponentes, que o acusaram de inserir a presença de um anjo em suas revelações só para ser aceito como profeta.[54] Independentemente de como aconteceu, a primeira noite de revelações do Alcorão é referida como a "Noite de

---

54. Rosemary Ellen Guiley, *The Encyclopedia of Angels*, 2ª edição (New York: Fact On File, 2004), p. 2006.

Poder", ou "Noite do Decreto". Segundo a tradição, o Alcorão foi revelado aos poucos, durante o restante da vida de Maomé, em estados de transe quase diários e sonhos frequentes à noite, a última revelação vindo poucos meses antes de sua morte, em 632. A entidade transmissora às vezes é descrita como um anjo, às vezes como um homem misterioso. O livro sagrado contém 6.666 versículos e forma a doutrina do Islã. O próprio Maomé nunca firmou explicitamente como recebeu todo o livro. A sura 17:106 afirma que a obra foi enviada por Deus aos poucos, para que pudesse ser recitada pelas pessoas com intervalos.

A "Noite de Poder" é parte do Ramadã, no nono mês do calendário islâmico, tempo de jejum, oração e peregrinação. Jibril e outros anjos descem sobre os fiéis nessa noite; e assim o farão até o fim dos tempos:

> Sabei que o revelamos (o Alcorão), na Noite do Decreto.
> E o que te fará entender o que é a Noite do Decreto?
> A Noite do Decreto é melhor do que mil meses.
> Nela descem os anjos e o Espírito (Jibril), com a anuência do seu Senhor, para executar todas as Suas ordens.
> (Ela) é paz, até ao romper da aurora![55]

A criatura era um anjo ou um djinni?

Estudiosos muçulmanos de hoje debatem se Maomé realmente teve a visita do anjo Jibril; alguns acham que foi um djinni. De acordo com Zakara Botrous, um conhecido especialista no Islã e no Alcorão, a criatura que Maomé viu na caverna não tinha as características de um anjo. Os anjos da fé islâmica são puros e não fazem nada de ruim; nunca tentariam forçar uma pessoa a fazer algo estrangulando-a. A entidade que apareceu a Maomé se dirigiu a ele com agressividade e ameaças. Não afirmamos que o profeta Maomé viu um anjo ou um djinni, mas, de qualquer forma, a criatura cumpriu sua tarefa, pois o Islã é uma das maiores religiões do mundo na atualidade.

Ao discutirmos os eventos que cercam a revelação, não diminuímos nem questionamos a verdade da palavra de Deus conforme revelada a Maomé. Em todas as grandes religiões, a palavra divina é canalizada por profetas que transmitem a palavra às massas. As histórias de como a palavra é recebida variam mesmo dentro da própria religião, e se enfeitam com o passar do tempo, com o acréscimo de lendas que não possuem dados históricos. Os detalhes de eventos permanecem incertos ou obscuros, mas a essência é a própria palavra, na qual os fiéis se ancoram para viver suas vidas.

---

55. Al-Qadr 97.1-5.

Contrastes e semelhanças entre anjos, djinn e demônios

O mundo antigo que gerou o Judaísmo, o Cristianismo e o Islamismo era repleto de entidades sobrenaturais que tinham o poder de intervir ou interferir nas questões humanas; e suas características se confundem. Existem numerosas semelhanças e ambiguidades entre anjos, demônios e djinn que dão amplas oportunidades para os djinn se disfarçarem como um ou outro. Em muitos aspectos, os djinn lembram algumas descrições dos primeiros anjos, sendo gentis ou prestativos com as pessoas, ou friamente justos e rígidos. Os djinn também personificam os traços demoníacos de crueldade, engodo, destruição e caos.

No mundo antigo, os anjos eram os mensageiros divinos de Deus e eram moralmente probos, porém capazes de destruir populações inteiras, sem misericórdia. Os demônios eram entidades menos intrometidas de inclinações boas, más ou neutras, mas geralmente os responsáveis por qualquer coisa ruim que acontecesse. Os djinn estavam mais próximos dos demônios em termos de comportamento, mas tinham uma ligação original com o reino angélico, como vimos em outro capítulo. O folclore referente aos djinn absorvido na tradição ocidental tende para a natureza demoníaca.

As distinções entre djinn e demônios são confusas: os djinn podem agir como demônios e ser mais associados a eles – mas também possuem semelhanças com os anjos. Segundo M.S. Al-Munajiid, um proeminente *sheik*, palestrante e autor saudita, os estudiosos não chegam a um consenso quanto à diferença entre djinn e demônios. Alguns dizem que a palavra djinn engloba tanto os djinn quanto os demônios, porque inclui os djinn fiéis bem como os infiéis. Alá diz: "E entre nós há virtuosos e há também os que não são, porque seguimos diferentes caminhos". (Al-Jinn: 11). "E entre nós há submissos, como também há desencaminhados. Quanto àqueles que se submetem (à vontade de Deus), buscam a verdadeira conduta" (Al-Jinn: 14).

A palavra *shaitan*, porém, é usada em referência aos djinn descrentes, ou infiéis. Alá diz: "... o Demônio foi ingrato para com seu Senhor". (Al-Isra, 27).

> O mundo dos djinn é independente e separado, com sua natureza distinta e características que são ocultadas do mundo dos humanos. Djinn e humanos têm coisas em comum, como a habilidade para compreender e escolher entre o bem e o mal.

Na tradição ocidental, os demônios não escolhem entre o bem e o mal: são a personificação de tudo o que é mau, completamente dedicados a ele.

De acordo com a tradição islâmica, anjos e djinn existem em um mundo além, às vezes chamado de mundo invisível. Os humanos foram formados de argila, os djinn de fogo sem fumaça e os anjos de um tipo de luz espiritual chamada *noor*. Essa luz tem estrutura; portanto, os anjos, assim como os demônios e djinn, podem assumir a forma que quiserem. Enquanto os djinn seguem os próprios desejos e caprichos, os anjos assumem outras formas apenas quando Deus assim os orienta.

Partes do mundo invisível podem ser percebidas no nível humano por bebês, animais, santos (incluindo autoridades religiosas) e as pessoas de mente simples. Os djinn veem mais do mundo invisível do que nós, e os anjos mais ainda. Os djinn malignos servem às forças das trevas e da destruição e tentam afastar as pessoas de Deus, condenando-as ao inferno.

Assim como no mundo judaico-cristão, os anjos no Islã são vistos como forças positivas e protetoras. Eles são os mensageiros e tarefeiros de Deus, obedecendo à vontade d'Ele. Nossa percepção moderna do anjo brilhante, cheio de bondade, do Ocidente, evoluiu com o passar do tempo. Na antiga cultura hebraica, alguns anjos não eram tão bondosos para com os humanos. Na verdade, eram até hostis e não queriam compartilhar o Paraíso com o homem, considerando-o território privilegiado deles. Quando Deus lhes mandou reverenciar sua criação, alguns se recusaram. Não foram expulsos do céu como anjos caídos, mas entraram no esquecimento. Deus destruiu esses anjos rebeldes até que encontrou um que concordou em honrar Adão. No entanto, restavam ainda muitos anjos inamistosos que tentavam impedir o acesso dos humanos aos vários níveis do céu. A tradição mística do merkabah traz orações e palavras secretas que permitem passar por cima desses anjos.

Como já mencionamos, os primeiros anjos judaico-cristãos eram o "poder muscular" que impunha as regras de Deus. Quando se irritava com as pessoas, Deus mandava seus anjos para bater nelas, puni-las, repreendê-las e até matá-las. Na história das cidades malfadadas de Sodoma e Gomorra, Deus enviou anjos para varrer as cidades da face da Terra. Nos tempos modernos, os ocidentais têm uma visão mais idealista e pura dos anjos, considerando-os aliados espirituais na luta contra o mal.

Na tradição islâmica, os anjos são sempre obedientes a Deus; não existem anjos rebeldes ou caídos. Quando Deus ordenou aos anjos que se ajoelhassem diante de Adão, todos assim o fizeram. O papel dos desafiadores coube aos djinn.

Os djinn desafiadores e os anjos caídos ocidentais têm pontos em comum, além de sua rebeldia e posterior expulsão da presença de Deus. Os anjos caídos seguiram Lúcifer, que cometera o pecado do orgulho, caíram do céu e foram parar no submundo, de lá reinando sobre a humanidade para tentar, possuir e causar doenças e infortúnios em nós.[56] Embora sejam completamente malignos no folclore da magia, podem ser obrigados a ajudar e ensinar as pessoas, um empreendimento arriscado.

Os djinn que se recusaram a se ajoelhar diante de Adão seguiam Iblis, que, de acordo com algumas descrições, fora um anjo grandioso, mas agora se equipara a Satanás. Os djinn do mal vivem em outra dimensão, mas também atuam na Terra, tentando enganar e desviar as pessoas, causando possessão e infortúnio.

Outra espécie de anjos ocidentais desviados tem semelhanças com os djinn malignos: os Observadores. Há uma breve referência a eles em Gênesis, 6:1-4, e mais informações no *Livro de Enoch*. Chamados de "os Filhos de Deus", eram anjos no céu que vigiavam a humanidade. Cobiçaram as mulheres e resolveram descer para co-habitar com elas. Em troca de favores sexuais, eles ensinaram às pessoas as "artes proibidas" da ciência, metalurgia, química e adivinhação, entre outras. Seus filhos híbridos, os Nefilim, eram monstros canibais, abominações que tanto ofendiam a Deus que ele provocou o dilúvio para limpar a Terra e recomeçar com Noé e seus filhos.

Aos djinn do mal também se atribuem os ensinamentos das artes proibidas aos humanos. Filhos híbridos djinn-humanos não chegam a ser monstros canibais, mas também são considerados abominações; e essa união é proibida. Tanto na tradição ocidental quanto na oriental, os anjos agem como porta-vozes de Deus, que não fala diretamente com as pessoas, exceto alguns profetas. Os anjos falam por trás de véus ou em revelações, sonhos e experiências visionárias.

Anjos da guarda e o Alcorão

Tanto na tradição cristã quanto na muçulmana, as pessoas nascem com anjos da guarda que lhes proporcionam proteção, orientação e companhia. O anjo da guarda cristão evoluiu a partir de um ser prestativo e protetor como os *fravashi* do Zoroastrismo (almas preexistentes com características humanas e angelicais que residem nos lares e nas comunidades); os *karabu* dos assírios (guardiões alados meio humanos, meio animais de templos e edifícios); os *daimones* dos gregos (espíritos

---

56. Isaías, 14:22.

ajudantes pessoais); e os *genii* dos romanos (guardiões de lugares). A Bíblia não faz referências específicas a anjos da guarda, mas o Salmo 91:11-13 indica que Deus aloca anjos para zelar pelas pessoas:

> Porque aos seus anjos dará ordens a teu respeito, para que te guardem em todos os teus caminhos. Eles te sustentarão nas suas mãos, para não tropeçares em alguma pedra.
> Pisarás o leão e a áspide, calcarás aos pés o leãozinho e a serpente.

No Islã, fala-se de dois anjos, cada um sentado sobre um dos ombros de uma pessoa, registrando todos os pensamentos e atos do indivíduo no decorrer de sua vida:

> Eis que dois (anjos da guarda), são apontados para anotarem (suas obras), um sentado à sua direita e o outro à esquerda.
> Não pronunciará palavra alguma, sem que junto a ele esteja presente uma sentinela pronta (para anotá-la).

O registro é apresentado após a morte, em preparação para o Juízo Final. Em outra tradição, dois anjos aparecem depois da morte para fazer perguntas à alma a respeito de sua vida mais recente, e com o propósito de apresentar um histórico de vida com pensamentos e atos bons e ruins. Se eles derem à alma o livro para segurar na mão direita, significa que ela irá para o céu. Se o derem para segurar com a mão esquerda, irá para o inferno.

De acordo com outra tradição, uma das entidades não é um anjo, e sim um perverso djinni. O anjo bom sussurra em um ouvido e o djinni mau em outro, os dois travando uma batalha pela consciência moral da pessoa. Nas tradições ocidentais, o papel da má influência cabe aos demônios, enquanto os anjos são considerados exclusivamente uma influência do bem.

Além dos anjos que registram a vida dos humanos, o Islã prega que toda pessoa tem um *qarin*, um espírito companheiro especial, ou djinni, que está com uma pessoa desde seu nascimento.[57] O qarin combina traços dos daimones gregos, que sussurravam sedução e conselho, e do anjo da guarda cristão. Em alguns relatos, o qarin tem intenções ambíguas e seu objetivo primário é seduzir e desviar a pessoa sussurrando-lhe tentações no ouvido. ("Qarin" também é um termo que se refere a uma pessoa descrente que desvia um muçulmano do caminho certo.) Já segundo outras versões, o qarin proporciona companhia, conforto e proteção, inclusive contra doenças e possessão por parte de

---

57. Alguns muçulmanos acreditam que o *qarin* é um tipo de entidade à parte dos djinn.

outros djinn. O qarin pode ser masculino ou feminino. É chamado de duplo, bem como de um irmão ou uma irmã que vive debaixo da terra. Alguns creem que as pessoas recebem qarin de seu sexo, enquanto outras acham que é sempre do sexo oposto. Um qarin do sexo oposto sempre tem ciúme de qualquer parceiro romântico da pessoa e frustra os relacionamentos e os possíveis casamentos. Dizem que quando um ser humano se casa com um djinni, pode ser seu qarin. Os pais alertam seus filhos para não passarem muito tempo olhando um espelho porque o qarin reage com um ciúme furioso. O qarin zangado com seu humano pode causar dores de cabeça, doenças, pesadelos, contusões e outros desconfortos físicos, insônia, depressão e perda de apetite.[58] Quando o qarin exerce influência maligna, não assume responsabilidade por suas ações, alegando a existência do livre-arbítrio do mortal: "Seu companheiro (o Diabo) dirá: Ó Senhor, não o forcei à transgressão (descrença, opressão, maldade de ação), mas ele próprio cometeu seus erros".[59] Em outras palavras, o djinni diz a Deus: "Não fui *eu* que fiz tal pessoa pecar. Apenas a ajudei a seguir seus desejos". Portanto, o qarin revela uma natureza *trickster* na maneira deliberada e maldosa com que semeia a discórdia e o caos.

Maomé reconhecia a existência dos qarin, mas dizia que os seus eram convertidos à sua fé e só agiam com benevolência: "A todos vós, um djinn companheiro foi enviado". Sahaba e Karam lhe perguntaram: "Inclusive tu, Apóstolo de Alá?". O Apóstolo respondeu: "Sim, mas Alá me permitiu vencê-lo, e hoje ele é muçulmano (ou: e dele estou salvo); assim, acompanha-me no caminho do bem".[60] O qarin sabe tudo a respeito da pessoa a quem é alocado, incluindo suas fraquezas. Ceder à tentação e ao mal alimenta o qarin, possibilitando-lhe ganhar mais poder e força. Só uma vida pia e proba pode enfraquecê-lo.

Conhecimento do passado, presente e futuro

De acordo com o pensamento islâmico, o futuro ainda não é parte do mundo criado e só Deus e uns poucos escolhidos dentre seus anjos o conhecem. Quarenta dias antes da ocorrência de um evento, uma mensagem é enviada da Assembleia do Altíssimo ao céu, onde os anjos cha-

---

58. Barbara Drieskens, *Living with Djinn: Understanding and Dealing with the Invisible in Cairo* (London: SAQI, 2006), p. 181.
59. Al-Qaf, 27.
60. *Sahih Muslim*, 6757.

mados *katibin* a registram por escrito, como destino.⁶¹ Uma vez escrito, o destino é irreversível e não pode ser mudado, mesmo que a pessoa saiba dele. Os anjos não revelam o destino sem a permissão de Deus. Alguns *sheik*s dizem que são inspirados por anjos e podem saber e revelar o futuro. Entretanto, há quem acredite que esses *sheik*s estão, na verdade, falando com djinn disfarçados de anjos.

Os djinn conhecem o passado, o presente e o que está ocorrendo em outro lugar (clarividência ou visão remota), mas não o futuro. Antes do Islã, eles tinham o poder de discernir o invisível, mas abusaram revelando seus segredos aos humanos em troca de presentes e controle da liberdade de uma pessoa.⁶² Deus lhes retirou o poder e os proibiu de entrar no sétimo céu. Eles sobem escadas ou voam para se sentar diante da porta e bisbilhotar os anjos, que os expulsam com pedras. Se atingidos, os djinn caem como estrelas incandescentes (meteoros).⁶³

O rei Salomão provou que os djinn não têm conhecimento do futuro, escondendo a própria morte, a fim de mostrar às pessoas que elas não deveriam permitir que os djinn enganassem a humanidade, fazendo-a crer que possuíam tal conhecimento.

Dizem que Salomão morreu apoiando-se no cajado, e seu cadáver permaneceu de pé, naquela posição, durante um ano. Nesse meio-tempo, os djinn, pensando que ele estava vivo, continuaram trabalhando como escravos, construindo o templo e a cidade. Por fim, formigas comeram o cajado e o cadáver caiu. Os djinn perceberam que o rei estava morto e não tinha mais poder sobre eles, e fugiram. Na tradição ocidental, os anjos são consultados para previsões do futuro, embora essa não seja uma função oficial. Não lhes cabe revelar o futuro – a menos que Deus lhes mande –, mas sim ficar por perto e ajudar as pessoas quando elas lhes pedirem auxílio para enfrentar as provações e experiências que resultam de suas escolhas.

Os demônios ocidentais são considerados clarividentes, capazes de saber e revelar o futuro. Conhecem os segredos passados e presentes das pessoas e dominam todas as línguas. Em casos de possessão, os demônios revelam tais habilidades; falar línguas mortas ou a alegação do dom de prever o futuro são provas de possessão.

---

61. http://www.thewaytotruth.org/metaphysicaldimension/angels.html. Acesso em outubro de 2010.
62. Outra semelhança com os Observadores.
63. Al-Jinn, 8-9.

Possessão

Na Antiguidade, doenças, aflições, comportamentos aberrantes e infortúnios eram atribuídos a demônios, que tinham o poder de entrar no corpo e dominar o corpo e a mente de uma pessoa. Os djinn também possuem essa habilidade; e os traços de suas possessões descritos no capítulo anterior também se aplicam aos demônios.

Nas tradições islâmica e cristã, as entidades invasoras encontram meios fáceis de entrar no corpo. Os djinn costumam entrar quando a aura da pessoa está fraca ou rompida por causa de algum trauma. No folclore do Ocidente, os demônios entram pela respiração, quando, por exemplo, uma pessoa espirra, ou se escondem em pedaços de comida. Ceder às tentações e pecar, claro, são hábitos que tornam uma pessoa suscetível também.

Certos indivíduos – autoridades e líderes religiosos – têm a habilidade para exorcizar demônios por meio de orações, encantações, fumigações e comandos sagrados. Os exorcismos podem dar errado se um exorcista não qualificado desafiar demônios ou djinn poderosos e ardilosos; uma pessoa que realiza esse tipo de tarefa deve ter conhecimento e poder. Na tradição ocidental, a Igreja Católica tem o exorcismo estritamente ritualizado, com regras a respeito de como e por quê os demônios possuem as pessoas, e como se deve comportar no exorcismo. Os demônios não querem apenas perturbar vidas, mas usam a possessão também para zombar da Igreja de Deus, proferindo blasfêmias e obscenidades por meio da mais bem-amada criação d'Ele.

União sexual

Anjos e demônios não se casam nem constituem famílias, mas os djinn, sim, como nós.

É interessante notar, porém, que anjos, demônios e djinn são todos capazes de ter relações sexuais com seres humanos. Essas uniões não são desejáveis para os mortais e os filhos gerados geralmente são estranhíssimos, quando não verdadeiras monstruosidades. Os demônios são considerados estéreis, mas conseguem engravidar mulheres por intermédio de um processo incômodo e esquisito que consiste em primeiro usar uma forma feminina para seduzir um homem e coletar seu esperma, depois assumem uma forma masculina para engravidar uma mulher.

Tanto os djinn quanto os demônios podem fazer uma aproximação sexual aos humanos, na forma de amantes sedutores, belos e até conhecidos. Certos demônios, os íncubos (masculinos) e os súcubos (femininos) são mais sexualmente agressivos, principalmente em casos de locais assombrados e de possessão.

DJINN	ANJOS	DEMÔNIOS
Têm gênero	Não têm gênero	Mudam de gênero
Vivem milhares de anos, mas morrem e são esquecidos	Vivem até o fim do Universo	Vivem mais que os humanos, morrem e se encolhem até seu estado primordial
Tinham vínculos originais com os anjos	Os seres mais próximos de Deus	Tinham vínculos originais com os anjos
Proscritos de Deus	Gozam das graças de Deus	Proscritos de Deus
Vivem em lugares sujos e poluídos	Vivem em reinos celestiais	Vivem em lugares sujos e poluídos
Comem e bebem	Não comem nem bebem	Comem e bebem
Organizados em famílias e clãs	Organizados em hierarquias de poder e dever	Organizados como os militares
Fazem sexo entre si	Não fazem sexo entre si	Fazem sexo entre si
Fazem sexo com humanos, podem engravidar mulheres	Alguns fazem sexo com humanos; podem engravidar mulheres	Fazem sexo com humanos, podem engravidar mulheres
Transmudam em qualquer forma	Transmudam em qualquer forma	Transmudam em qualquer forma
Geralmente invisíveis, a menos que queiram ser vistos	Geralmente invisíveis, a menos que recebam ordens para ser vistos	Geralmente invisíveis, a menos que recebam ordens para ser vistos
Seguem a vontade própria; alguns a vontade de Iblis; os convertidos seguem a vontade de Alá	Seguem a vontade de Deus	Seguem a vontade de Satanás

DJINN	ANJOS	DEMÔNIOS
Único dever é para consigo; alguns para com Iblis; alguns para com Alá	O dever é glorificar a Deus	O dever é para com Satanás, de subverter os humanos
Não falam diretamente com Deus	Falam diretamente com Deus	Não falam diretamente com Deus
Enganadores, natureza *trickster*	Mensageiros de Deus	Enganadores, natureza *trickster*
Interferência oportunista nas questões humanas	Não interferem sem a direção de Deus	Interferência oportunista nas questões humanas
Causam doenças, má sorte, infortúnio	Dão apoio e ajuda	Causam doenças, má sorte, infortúnio
Possuem humanos e animais	Não causam possessão	Possuem humanos e animais
Podem entrar nos sonhos	Podem entrar nos sonhos	Podem entrar nos sonhos
Conhecimento do presente e do passado, mas não do futuro	Conhecimento do presente, passado e futuro	Conhecimento do presente, passado e futuro

Comer e beber

Os anjos e demônios na tradição ocidental não comem. Em Gênesis, 18 e 19, dois anjos se transmudam em homens e visitam Abraão para lhe dizer que ele e sua mulher já idosa, Sara, terão um filho. Abraão e Sara lhes oferecem uma refeição. Os estranhos comem, depois saem para destruir Sodoma e Gomorra. Se os anjos de fato consumiram a comida é tema de grande debate teológico no Cristianismo. Dizem os teólogos que os anjos, sendo incorpóreos, não podem comer; por isso, os dois visitantes apenas provocaram a ilusão de comer para não revelar sua verdadeira identidade. Os djinn comem e bebem. Eles recebem os ossos sobre os quais foi pronunciado o nome de Alá; e dão fezes animais como alimentos aos animais deles. Há muitos outros pontos de interseção entre djinn, anjos e demônios; apresentamos os mais importantes nas páginas anteriores.

Conclusão

As distinções entre entidades sobrenaturais, bem como suas fronteiras, são no mínimo problemáticas. O problema torna-se mais complexo diante das forças mais poderosas e proeminentes que representam os extremos de bem e mal. A natureza, as características e os traços das entidades costumam se mesclar. Elas não são do tipo "ou isso ou aquilo", mas, sim, do tipo "isso e aquilo". Como podemos, por exemplo, reconhecer um anjo como anjo, sem ter certeza de que não é outro ser disfarçado? Os djinn são famosos por se mascararem, assim como os demônios no mundo sobrenatural do Ocidente. São Paulo comentou: "E não é de admirar, porque o próprio Satanás se transforma em anjos de luz".[64] Teólogos já afirmaram que demônios podem aparecer também como a Virgem Maria, santos, e até o próprio Deus. A literatura religiosa tem inúmeros relatos de santos e santas sendo ludibriados por demônios. Se os homens santos mais dedicados podem ser tão enganados, como os mortais comuns podem saber, exatamente, com o que estão lidando quando encontram-se com entidades?

A resposta não é fácil, e nós advertimos que normalmente não sabemos – nós pensamos estar lidando com uma entidade específica quando, de fato, podemos estar nos deparando com um djinn.

---

64. 2 Coríntios, 11:14.

8

Djinn, Fadas e Duendes

Um dos disfarces favoritos dos djinn é de fada, um ser intermediário encontrado nas mitologias de todo o mundo. A crença em fadas é universal e incrivelmente semelhante entre uma cultura e outra. Em todos os lugares, em todas as fases da história, encontram-se fadas na mitologia e no folclore. Costumam ser descritas como seres pequenos, com poderes sobrenaturais, que vivem no interior da Terra e guardam rancor contra a raça humana.

Embora a cultura das fadas no Ocidente seja anterior ao Cristianismo, boa parte dela adquiriu elementos cristãos. No folclore ocidental, as fadas são bonitinhas e inofensivas. Em suas representações modernas, são pequenas (com asas) e cuidam de elementos da Natureza. As fadas modernas desse tipo às vezes interagem com humanos, com bondade e de vez em quando com traquinagens cômicas. Tradicionalmente, contudo, as fadas nem sempre são inocentes, nem mesmo na cultura ocidental. Por baixo de seu brilho discreto se esconde um lado escuro que entra no território dos djinn.

Os conceitos populares de fadas se tornaram cada vez mais higienizados desde a Era Vitoriana, antes da qual eram as mais temíveis entidades sobrenaturais. Em tempos remotos, mesmo as fadas de boa índole eram conhecidas por usar seus poderes sobrenaturais mais contra as pessoas que a favor delas, e todos se empenhavam em evitá-las ou, se não fosse possível, ao menos aplacá-las. As fadas são um bom disfarce para os sorrateiros e mutantes djinn, possibilitando-lhes se esconder à plena vista em uma parte sobrenatural de nosso mundo. Esse mascaramento não nega, absolutamente, a existência de fadas, suas variedades entre boas e más, tampouco as experiências das pessoas com elas. Mas será que todos os encontros com fadas foram realmente com elas – ou com djinn?

O uso do disfarce de fada má provavelmente é mais do gosto dos djinn verdes e dos vermelhos. Os djinn verdes são fascinados pelos humanos, assim como muitas fadas, e ambos podem se apaixonar por seres humanos e segui-los por toda parte. Os djinn verdes adoram brincar e as fadas são famosas por suas atividades noturnas, como dança, cantoria e poções enfeitiçantes. Os djinn verdes também gostam de brincadeiras e piadas, uma atividade própria das fadas.

A natureza das fadas de mau temperamento serve aos djinn vermelhos, aqueles que procuram meios de causar contendas graves entre os seres humanos. A maioria das fadas documentadas na cultura ocidental tem, na melhor das hipóteses, uma visão não muito boa dos humanos. Assim como muitos djinn azuis, elas evitam os humanos, achando que eles são inferiores e indignos de atenção. Mas experimente cruzar o caminho delas – principalmente as de temperamento ruim – e veja os desastres que ocorrerão. Fadas zangadas, ressentidas, destroem lares, fortunas e saúde, usando algumas das mesmas táticas aplicadas pelos djinn vermelhos enfurecidos, que gostam de aterrorizar.

As fadas já foram comparadas com extraterrestres, particularmente pelo folclorista Thomas E. Bullard e pelo ufólogo Jacques Vallee em *Passaporte para Magônia* (1969). Em nossa pesquisa, encontramos uma ligação ainda mais forte com os djinn. Os pontos comuns entre djinn e fadas que também se associam a extraterrestres acrescentam ainda mais mistérios, se levarmos em conta o mascaramento das transmutações.

Identificamos numerosas semelhanças e elos entre djinn, fadas e duendes. Mencionamos os duendes em separado porque não se sabe ao certo se eles pertencem ou não à classe de fadas. Em algumas descrições, são chamados de fadas – até mesmo de "as fadas nacionais da Irlanda" – e, em outras, são entidades à parte que interagem com as fadas.

Origens da palavra *fada*

Fada é um termo provavelmente oriundo da palavra latina *fata*, ou destino, que se refere às Moiras (ou Destinos) da mitologia: três mulheres que tecem, torcem e cortam os fios da vida. O termo *fada* passou a ser usado na Idade Média para designar aquelas mulheres que possuíam poderes mágicos. Em inglês, *fairy* (fada) era escrito há muito tempo *faerie*, uma referência ao estado de encantamento.

De acordo com o folclore, as fadas não gostam da palavra, mas preferem ser chamadas de "As Boas Vizinhas", "As Boas Pessoas", "As Pequenas Nobres", "As Pessoas da Paz", "As Estranhas", "Elas mesmas", "A Corte Bendita", e outros termos semelhantes. Compare com os djinn, que também são chamados por outros nomes, como "Os Outros de Deus", "Eles", "Um Daqueles" e "Aqueles Outros". As fadas também são chamadas de "As Pessoas Pequenas" (*The Little People*) por causa de seu tamanho diminuto: a maioria é descrita como tendo 60,96 centímetros ou 91 centímetros de altura. Entretanto, em alguns relatos, elas não gostam nem de "Pessoas Pequenas", considerando tanto esse termo quanto "fada" desrespeitosos.

A poetisa irlandesa e mulher de *sir* William Wilde, Jane Wilde (1826-1896), via uma ligação entre o folclore persa e as fadas. Lady Wilde tinha muito interesse pelas histórias de fada irlandesas e escreveu muito a respeito do tema. Dizia que a palavra fada era originária da Pérsia, e nestas passagens descreveu características próprias tanto delas quanto dos djinn:

> A crença em uma raça de criaturas sobrenaturais, entre o homem e o Deus Supremo, lindas e benévolas; uma raça que nunca conheceu o fardo da vida humana, também fazia parte do credo do povo iraniano. Esses seres eram chamados de *Peris* ou *Ferouers* (fadas)... Todas as nações acreditam na existência desses misteriosos espíritos, com influência mística e poderosa sobre a vida e as ações humanas; mas cada país os representa de modo diverso, de acordo com seus hábitos e cercanias...

> As Sidhe, ou Fadas, da Irlanda ainda preservam todos os atributos gentis de sua antiga raça persa, pois no clima moderado de Eira (Irlanda) não havia manifestações da Natureza simbolizadas por imagens novas; e os geniais e risonhos elfos eram, em si, a melhor e mais verdadeira expressão da natureza irlandesa já inventada. As fadas adoravam música, dança e brincadeiras; e, acima de tudo, de ficar em paz, de não ser perturbadas em seus peculiares hábitos, costumes e passatempos de fadas... mas as fadas às vezes eram caprichosas e manhosas como crianças, vingando-se das pessoas que construíam coisas sobre os círculos das fadas, ou olhavam para elas enquanto penteavam seus longos cabelos dourados à luz do sol, ou quando dançavam nos bosques ou boiavam nos lagos. A morte era a penalidade para todos os que chegavam muito perto ou bisbilhotavam os mistérios da Natureza.[65]

Lady Wilde acreditava que os nomes irlandeses para "fada" – *sidhe* ou *fead-rhee* – eram modificações do termo persa *peri*. As sidhe e

---

65. Lady Wilde, *Ancient Legends, Mystic Charms, and Superstitions of Ireland* (Boston: Ticknor & Co., 1887), p. 1.

os peri eram comparáveis com os conceitos egípcios e gregos de demônios, ela afirmava, e todos eram "uma raça intermediária entre anjo e homem, dotada do poder de exercer uma influência misteriosa, estranha, sobre o destino humano". Suas descrições se aplicam muito bem aos djinn.

Os antigos habitantes da Terra que perderam seus domínios

As fadas, assim como os djinn, precederam a humanidade como uma raça inteligente que habitou o planeta. No folclore irlandês, as fadas originais eram as Tuatha Dé Danaan ("as filhas da deusa Danu"), que, segundo algumas tradições, seriam descendentes diretas dos deuses. As fadas fixaram residência na Irlanda e possuíam poderes sobrenaturais e mágicos. Com o tempo, perderam a batalha para invasores e usaram seus poderes para se esconder na Terra, em um mundo paralelo em que pudessem ficar invisíveis e não fossem perturbadas.

Os proscritos de seus reinos

Os djinn foram expulsos porque não reverenciaram Adão, mas se rebelaram sob a liderança de Iblis. As fadas têm diversas origens, segundo o folclore. Além de serem os habitantes originais da Terra, seriam também espíritos da Natureza, as almas dos mortos pagãos que não conseguem entrar no céu, os mortos ancestrais, os guardiões dos mortos, criaturas sobrenaturais que são parte humana e parte monstro, anjos caídos. Quando Lúcifer e seus seguidores foram expulsos do céu, alguns não se tornaram demônios do inferno, mas caíram na Terra e viraram fadas. Embora não exista o equivalente aos anjos caídos no Islã, a queda dos djinn e a transformação de Iblis em um mal paralelo a Lúcifer/Satanás têm fortes associações com a explicação do "anjo caído" das fadas.

A crença de que as fadas seriam anjos caídos é particularmente forte nos folclores da Irlanda e das Terras Altas escocesas, onde o folclorista Alexander Carmichael registrou uma versão oral da história do anjo caído na qual as fadas são expulsas com o "anjo orgulhoso", Lúcifer.

Em outubro de 1871, Carmichael e seu companheiro de viagem, o folclorista J. F. Cambpell, tiveram de esperar o fim de uma tempestade na Ilha de Barra. Passaram o tempo ouvindo histórias do folclore nativo. Um dos contadores de histórias era um homem de 92 anos chamado Roderick MacNeill, que nunca usava sapatos e jamais adoecia; e que escalava os mais íngremes penhascos como o maior dos especialistas. O relato de MacNeill das fadas é o seguinte:

O Anjo Orgulhoso fomentou uma rebelião entre os anjos do céu, da qual foi o líder. Declarou que fundaria um reino próprio. Quando passou pela porta do céu, o Anjo Orgulhoso trouxe consigo *dealanaich dheilgnich agus beithir bheumnaich*, relâmpagos picantes e relâmpagos cortantes, porta afora com os calcanhares. Muitos anjos o seguiram – tantos, que por fim o Filho gritou: "Pai! Pai! A cidade está sendo esvaziada!". O Pai, então, ordenou que os portões do céu e do inferno fossem fechados. A ordem foi cumprida imediatamente; os que estavam dentro lá ficaram; e os que haviam saído não voltaram; enquanto as hostes que saíram do céu não chegaram ao inferno voaram para os buracos da terra *mar na famhlagan*, como petréis.

São eles hoje o povo das fadas – desde aquela época condenadas a viver debaixo do solo, só tendo permissão para subir quando e onde o rei permitir. Nunca podem sair às quintas-feiras, porque é dia de Columba, nem às sextas-feiras, porque é o dia do Filho; nem no sábado, porque é dia de Maria; nem no domingo, pois é o dia do Senhor.

> Que Deus esteja entre mim e todas as fadas,
> Todos os desejos do mal e todos os atos dos druidas,
> Hoje é quinta-feira no mar e em terra,
> Confio no Rei para que elas não me ouçam.

Em determinadas noites, quando seus *bruthain*, pavilhões, se abrem e suas lâmpadas se acendem; e quando a música e a dança lhes trazem alegria, as fadas podem ser ouvidas cantando em deleite.

> Não somos da semente de Adão,[66]
> E Abraão não é nosso pai,
> Somos, sim, da semente do Anjo Orgulhoso,
> Jogadas do céu.

Há variações da história dos anjos caídos contadas no Ocidente. Em algumas, os anjos que se tornam fadas eram os lacaios ignorantes do Anjo Orgulhoso, e vão parar em um submundo no qual são perversos demais para o céu e virtuosos demais para o inferno; com o passar do tempo, tornam-se cada vez mais sombrios e demoníacos.

Nessas histórias, encontramos fortes paralelos entre os djinn e as fadas: elas eram anjos no céu que se rebelaram e juraram formar um reino próprio; e caíram nos buracos da terra. Os djinn se rebelaram e

---

66. Alexander Carmichael, *Carmina Gadelica* (Edimburgo: T. & A. Constable, 1900), p. 353.

foram banidos; resolveram formar um reino próprio também, preferindo viver em buracos no solo e em cavernas. Desprovidos de um lar e de status, tanto os djinn quanto as fadas desenvolveram um rancor profundo e um desejo de vingança.

Algumas fadas e djinn se embrenharam mais fundo em seus reinos, satisfeitos com a ideia de que os humanos tolos acabariam, um dia, se autodestruindo; e eles, fadas e djinn, voltariam para assumir seu lugar no mundo. Outros aguardam oportunidades para atacar os humanos.

Eles têm ligações com demônios

Como vimos nas seções anteriores, tanto os djinn quanto as fadas têm relações com demônios e diabos. A punição de Iblis por desobedecer à ordem de Deus de se curvar diante de Adão foi sua expulsão do paraíso, quando então se tornou Shaitan, ou Satã (Satanás); e seus djinn seguidores passaram a ser considerados de natureza demoníaca. Em contos populares, as fadas às vezes são descritas como servas do Diabo e de bruxas, ajudantes na elaboração de pragas, maldições e na preparação de feitiços mágicos.

Tanto os djinn quanto as fadas são agentes de possessão.

Eles são ocultos

Os djinn às vezes são chamados de Os Ocultos porque escapam à vista humana. O Alcorão afirma: "Ele [o Diabo] e sua tribo vos veem, embora vós não os vejais".[67]

Um conto celta descreve as fadas como filhas de Adão e Eva,[68] e foram chamadas de "os seres ocultos" por causa do pecado de Eva. Após a queda, Adão e Eva tiveram muitos filhos. Um dia, Deus estava andando pelo mundo, chamou Eva e pediu que lhe apresentasse seus filhos. Envergonhada pela grande quantidade deles, Eva mandou metade dos filhos se esconder e apresentou a outra metade a Deus, aqueles que ela julgou serem os melhores. Deus não se enganou, e disse: "Pois aqueles que se fizeram ocultos a mim, que sejam para sempre ocultos".[69] Assim, as fadas se tornaram invisíveis e ocultas à vista – como os djinn.

---

67. Al-Araf, 7.27.
68. No folclore da Noruega, as fadas são filhas de Adão e sua primeira mulher, Lilith, e não Eva.
69. "Theories of Fairy Origins", http://waeshael.home.att.net/origins.htm#17.

Eles se acham superiores aos humanos

Iblis proclamou a Deus que os djinn, feitos de fogo sem fumaça, eram superiores aos humanos, feitos de mera argila. Iblis procurou Adão e lhe deixou clara sua atitude: "[Adão], se a você for dado domínio sobre mim, certamente eu desobedecerei. E se a mim for dado domínio sobre você, eu o destruirei".[70] Após ser expulso do paraíso, Iblis se apoderou de Adão e percebeu que ele era oco e sem autocontrole; ou seja, um alvo fácil. Jurou vingança contra os descendentes de Adão, e disse a Deus: "Juro que, por me teres extraviado, desviá-los-ei da Tua senda reta. E, então, atacá-los-ei pela frente e por trás, pela direita e pela esquerda e não acharás, entre eles, muitos agradecidos!".[71]

As fadas se consideram superiores aos humanos e sabem que têm a habilidade para destruí-los. Y. W. Evans-Wentz, um antropólogo americano que estudava histórias de fadas nas Ilhas Britânicas, Irlanda e Europa, ouviu muitas descrições disso. Na área em torno da montanha Ben Bulben, no condado de Sligo, Irlanda, um homem lhe contou a seguinte história das fadas, que se autointitulavam a "Pequena Nobreza":

> São os mais grandiosos seres que já vi, muito superiores a nós; e, por isso, chamam a si mesmas de Pequena Nobreza. Não são uma classe trabalhadora, mas sim uma classe militar-aristocrática. São criaturas altas e de nobre postura. Formam uma raça distinta entre a nossa e a dos espíritos, conforme me contaram. Têm tremendas qualificações: "Poderíamos eliminar metade da raça humana, mas não queremos isso", disseram, "pois esperamos a salvação". E conheci um homem três ou quatro anos atrás que elas deixaram paralítico. A vista dessas criaturas é tão penetrante que creio que conseguem ver através da terra.[72]

Seu tempo de vida é longo, mas eles não são imortais

Tempo é algo que as fadas e os djinn têm em abundância. Ambos têm uma expectativa de vida muito mais longa que a dos humanos, embora ninguém saiba quanto. Como vimos no capítulo 2, os djinn vivem milhares de anos. Nas histórias das fadas, a vida delas dura muito mais

---

70. Umar Sulaiman Al-Ashqar, *The World of Djinn and Devils* (Boulder, CO: Al-Basheer Publications and Translations, 1998), p. 69.
71. Ac-Araf, 15-16.
72. Jacques Valee, *Passport to Magonia* (Chicago: Henry Regnery Co., 1969), p. 27.

porque a passagem do tempo é diferente no mundo delas. Lá, o tempo passa muito mais devagar que aqui; e um dia para as fadas pode ser um ano para os humanos.

Nem os djinn nem as fadas são imortais; cedo ou tarde, eles também morrem. O destino dele após a morte é incerto, pois, segundo as lendas, ambos estão condenados, aos olhos de Deus. Djinn e fadas aguardam seu destino no Dia do Juízo Final.

Segundo lady Wilde, quando o dia chegar, as fadas "serão aniquiladas, mortas, para nunca mais ser vistas".[73] Algumas aguardam ansiosamente a salvação. Contos irlandeses e escoceses falam de fadas que aguardam um humano solidário que interceda pelo destino delas. O humano consulta um santo ou sacerdote também solidário, que sempre lhe dá uma resposta infeliz: as fadas são condenadas e jamais reentrarão no céu. Quando ouvem isso, elas irrompem a chorar e se lamentar ruidosamente.

Quando Iblis e os djinn foram expulsos do paraíso, Iblis pediu uma suspensão da pena até o Dia do Juízo Final, quando os mortos ressuscitarão. Entretanto, reconheceu abertamente que passaria seu tempo subvertendo e corrompendo humanos: "Atenta para este, que preferiste a mim? Juro que, se me tolerares até o Dia da Ressurreição, salvo uns poucos, apossar-me-ei da sua descendência!".[74] Mesmo assim, Deus atendeu a seu pedido.[75]

Quanto ao destino dos djinn, o Alcorão afirma que os djinn que se converterem em fiéis, ou seja, ao Islamismo, serão levados ao paraíso, enquanto os malfeitores serão jogados nos fogos do inferno, junto aos humanos também malfeitores.

São organizados em sociedades e famílias

Os djinn se casam e têm famílias organizadas em clãs e governadas por reis. As fadas também se casam e constituem famílias, trabalham e são governadas por reis e rainhas. Tanto os djinn quanto as fadas têm animais de estimação, principalmente cães e gatos.

Fadas precisam pagar tributos ao Diabo

No capítulo 5, vimos que os djinn que servem a um rei djinn devem lhe pagar um tributo uma vez a cada século. Há diferentes tipos de tributo,

---
73. Wilde, *op. cit.*, p. 208.
74. Al-Israa, 62.
75. Al-Asaaf, 14-15.

mas um dos mais comuns é uma alma humana, que os djinn aprisionam com a oferta tentadora de prazeres físicos, dinheiro e poder.

Nos contos folclóricos, as fadas devem pagar um tributo ao Diabo a cada sete anos, geralmente uma delas mesmas, escolhida pelo próprio Diabo. Para evitar esse pagamento terrível, contam as histórias, as fadas às vezes capturam um bebê humano ou uma criança pequena, oferecendo-o em troca delas.

A famosa história de Thomas, o Rimador, menestrel e poeta escocês do século XIII, apresenta esse elemento do tributo ao Diabo. De acordo com a *Balada do Verdadeiro Thomas*, que circulou em várias versões entre os séculos XVI e XIX, o belo Thomas foi sequestrado pela rainha das Terras dos Elfos, que se apaixonara por ele. Por sete anos, ele viveu bem no lindo reino dos elfos. Quase no fim do sétimo ano, as fadas ficaram preocupadas porque estava chegando o momento do dízimo do Diabo; elas temiam que o Diabo quisesse Thomas por causa de sua bela aparência. Embora relutante, a rainha da Terra dos Elfos mandou Thomas de volta à Terra de Cima (Terra), e lhe concedeu o dom da profecia.

Poderes sobrenaturais

Tanto os djinn quanto as fadas possuem força sobrenatural e o poder de ficar invisíveis. Podem levitar e fazer levitar qualquer objeto; e são capazes de voar. Materializam-se, atravessam paredes e objetos sólidos e podem desaparecer no ar. Uma mulher na Irlanda falou a Evans-Wentz a respeito das fadas: "Quando elas desaparecem, é como neblina; elas devem ser mais ou menos como espíritos; do contrário, como poderiam desaparecer desse jeito?".[76] As fadas não gostam de ser vistas por humanos, e punem quem acidentalmente as espia. Evans-Wentz conta a história de um irlandês que observou um grupo de fadas brincando enquanto ele dava banho em sua vaca. Elas o viram observando e lhe deram tamanha surra que o homem mal podia falar. Durante a noite, porém, ficaram com pena dele e esfregaram-lhe o rosto com uma pomada mágica para curá-lo.[77] Em outras histórias, as fadas deixam a pessoa que as viu temporária ou permanentemente cega quando lhe dão um golpe nos olhos.

Um dos mais famosos poderes atribuídos aos djinn e às fadas é a capacidade de conceder desejos: assim como o djinni aprisionado pode

---

76. W.Y. Evans-Wentz, *The Fairy Faith in Celtic Countries* (New York: Carroll Publishing Group, 1990. Primeira publicação em 1911), p. 36.
77. Ib., 49.

dar três desejos àquele que o liberta, também as fadas concedem desejos aos humanos que lhe fazem boas ações. Por exemplo, há um conto irlandês sobre uma mulher que encontra um cão das fadas em estado de exaustão. Ela o leva para casa e cuida dele até recuperar a saúde. As fadas descobrem onde está o cão delas e vão buscá-lo. Por gratidão à mulher, elas lhe perguntam se ela gostaria de um curral sujo ou limpo. Ela diz "sujo", porque um curral limpo teria de estar vazio. As fadas multiplicam o número de animais que a mulher possui.

Os desejos dos djinn raramente dão certo; quanto às fadas, sabe-se que elas costumam voltar atrás, por causa de sua natureza caprichosa. Uma história comum no folclore das fadas é da noiva-fada que concede desejos e favores a seu marido humano, desde que certas condições sejam respeitadas. Se as condições forem rompidas – independentemente de quanto tempo eles estiverem juntos –, a mulher-fada e todos os seus desejos, geralmente posses e animais, desaparecem, retornando à terra das fadas. Às vezes, a punição parece ser impulsiva. Por exemplo, elas pagam por serviços prestados por humanos, mas com condições esdrúxulas, do tipo "não olhe para o dinheiro até chegar em casa". Claro que o tolo humano resolve olhar. Imediatamente, o dinheiro vira uma coisa inútil, sem valor, como folhas mortas ou cinza.

Tanto os djinn quanto as fadas têm habilidades de cura; e, se estiverem motivados, podem usá-las para nosso benefício, às vezes até mesmo nos concedendo poderes. As fadas às vezes dão poderes como presentes. Os djinn preferem usar seus poderes para barganhar objetos em pactos, uma troca de favores por uma alma.

Mestres da transmutação

Os djinn assumem qualquer forma que quiserem, desde animais a humanos a anjos. Dizem que, em vez de sussurrar diretamente às pessoas, Satanás aparece em forma humana, embora geralmente falando com uma voz estranha e uma aparência indescritivelmente esquisita. Do mesmo modo, os djinn podem aparecer na frente de um humano e dizer quem são; mas, de um modo geral, eles mentem, afirmando ser anjos. Às vezes, chamam a si mesmos de "homens invisíveis" ou dizem que vêm do "mundo dos espíritos".[78] Os "homens invisíveis" realizam milagres para dar a impressão de que são servos de Alá; e alguns ajudam os infiéis contra os muçulmanos.[79]

---

78. Al-Asqhar, *op. cit.*, p. 131.
79. Ib., p. 136.

As fadas também assumem a forma que desejarem. Costumam se metamorfosear em humanos extremamente atraentes, principalmente quando querem atrair um homem ou uma mulher para fins românticos. Na Irlanda, conta-se uma história de fadas que tomavam forma de moscas para participar de grandes batalhas entre si. Quando a batalha acabava, a quantidade de "moscas" mortas dava para encher cestos.[80]

Vivem em um mundo subterrâneo

Os djinn preferem viver em cavernas, buracos e outros locais remotos onde não são perturbados por humanos. No capítulo 5, vimos o caso do homem que caminhava na mata e pisou no "telhado" de um buraco ocupado por um homem pequenino que talvez fosse um djinni verde. A descrição de tal homenzinho e de sua casa no solo também pode ser interpretada como a aparição de um ser do reino das fadas, vindo à superfície.

Se um mortal entra na morada dos djinn, fica preso ali, a menos que os djinn se compadeçam dele e lhe permitam sair.

As fadas vivem debaixo do solo, em uma terra secreta onde também não são perturbadas. A porta de entrada para o mundo delas geralmente é um monte ou um forte, chamado de *howe* ou *knowe* na Escócia, e de *rath* na Irlanda. Esse portal – semelhante a um portal interdimensional – é fechado para os mortais, mas às vezes uma pessoa pode cair por ele. Após atravessar o portal, o infeliz viajante fica perdido ao nosso mundo físico e não consegue voltar sem ajuda. No reino das fadas, as pessoas são submetidas à passagem de tempo delas, que é muito mais lenta que a nossa. Se alguém aprisionado conseguir voltar à Terra de Cima (como o mundo mortal é chamado), poderá se assustar ao ver que sua família e todos os seus conhecidos já faleceram há muito tempo, embora para ele a impressão seja de que passou apenas uma ou duas semanas fora.

Às vezes, as fadas levam pessoas à força ao seu reino, como no caso de Thomas, o Rimador. Às vezes, permitem o acesso a pessoas de quem elas gostam. Em 1692, um ministro escocês chamado Robert Kirk, de Aberfoyle, segundo se conta, entrou várias vezes no mundo das fadas. Gozava das graças delas até o dia em que quebrou uma de suas regras cardinais, indo até a corte das fadas do mal. Como castigo, foi condenado ao cativeiro permanente no reino das fadas.

---

80. Evans-Wentz, *op. cit.*, p. 39.

A área de Cnoc Meadha no oeste da Irlanda era famosa como reduto das fadas. Diziam que dentro da colina havia uma entrada para o mundo subterrâneo delas, onde algumas passagens escavadas com aspecto de cavernas levavam ao palácio de Finnbheara, o rei das fadas de Connaught.

Algumas fadas vivem em meio às rochas, e outras em minas. As fadas das minas são chamadas de kobolds, *knockers* (batedores) e Tommyknockers, e são ouvidas martelando o interior dos túneis. Às vezes ajudam os mineiros; outras vezes, os atrapalham.

Existem poucas descrições do mundo dos djinn. As pessoas que lá estiveram dizem que é um lugar horrível, aterrador. A terra das fadas, por outro lado, costuma ser descrita como um lugar belo e agradável, com uma atmosfera etérea, onírica. Todos os que lá vivem têm uma juventude quase eterna. Entretanto, as fadas do mal do folclore irlandês, como os membros da Courte Unseelie (ou Corte Profana), moram em um reino sombrio, tétrico.

As fadas que vivem em lugares sombrios geralmente disfarçam o local quando conseguem atrair humanos para lá. Uma história do País de Gales fala de um casal idoso cuja empregada desapareceu e acreditavam que ela foi abduzida pelas fadas. Quando a empregada deu à luz uma criança, a senhora idosa foi chamada pelas fadas para visitar sua terra e ajudá-la. Conduziram-na a uma caverna que dava em uma bonita câmara com um leito. Deram-lhe uma pomada para passar nos olhos do bebê e lhe instruíram para tomar cuidado de não esfregá-la nos próprios olhos. Acidentalmente, porém, ela tocou o próprio olho esquerdo com a pomada.

> E uma coisa estranha aconteceu: com o olho direito, ela via tudo como antes, belo e luxuoso como em um sonho; com o olho esquerdo, porém, ela viu uma caverna úmida, miserável e, deitada sobre uns ramalhetes e samambaias secas, rodeada de pedras grandes, estava sua antiga empregada, a garota Eilian. No decorrer daquele dia, ela viu muito mais. Havia homens e mulheres muitos pequenos entrando e saindo, seus movimentos sendo leves como a brisa da manhã.[81]

Quando a senhora foi mandada de volta ao mundo mortal, recebeu ordens de não contar a ninguém que ela podia ver as fadas. Ela as via todos os dias, movendo-se invisíveis no mundo, bem ao lado dos

---

81. "The Welsh Fairy Book", http://www.sacred-texts.com/neu/celt/wfb/wfb20.htm. Acessado em novembro de 2010.

humanos. Um dia, viu o marido de Eilian roubando algo do mercado e foi ter com ele. O homem pegou um junco e a atingiu no olho esquerdo, cegando-o para sempre. A mulher perdeu a visão das fadas.

Eles defendem seu território

Tantos os djinn quanto as fadas preferem privacidade e não gostam de humanos invadindo seu território, principalmente suas casas. Ambas as espécies habitam áreas remotas – cavernas, buracos e desertos característicos do Oriente Médio; bem como lagos isolados, montanhas, grutas, florestas e vales em outras partes do mundo.

As fadas gostam particularmente de certas espécies de árvores em seu território, tais como sabugueiro, carvalho, freixo, abrunheiros e castanheiras. Protegem essas árvores com muito ciúme, e ai da pessoa que as cortar.

Um morador de um chalé na Irlanda certa vez tentou cortar um galho de um sabugueiro sagrado que cobria o poço de um santo. As fadas que zelavam por essa árvore se zangaram. Impediram o homem duas vezes, enviando-lhe a visão falsa de que sua casa pegava fogo. Ele correu para lá, e não viu nenhum problema. Deveria saber que era uma intervenção das fadas, mas estava decidido a cortar o galho; na terceira tentativa, conseguiu. Teve novamente a visão de que seu chalé pegava fogo e correu para casa. Tudo já estava queimado, quando chegou.[82]

Há uma história semelhante, porém com consequências menos drásticas, em torno do Lago Heart, perto de Sligo, Irlanda. O lago tinha fama de ser um portal usado pelas fadas para transitar entre um mundo e outro. Certo dia, um grupo de homens tentou drenar o lago. Eles pararam quando tiveram a visão de suas casas pegando fogo. Assim como na história anterior, correram de volta para casa e encontraram tudo intacto. Entretanto, tiveram o bom senso de parar, deixando o lago em paz.[83]

Um exemplo com consequências árduas é o caso de um homem tolo o suficiente a ponto de violar um território das fadas e insultá-las, ainda por cima. Por volta de 1920, havia planos para a construção de um hospital em Kiltamagh, Irlanda. Em meio às árvores que seriam cortadas, encontravam-se dois espinheiros que, segundo os moradores da região, pertenciam às fadas. Ninguém queria tocá-los; assim, a tarefa

---

82. Brigg, *op. cit.*, p. 159-160.
83. William Bulter Yeats, *The Celtic Twilight: Men and Women, Ghouls and Faeries* (London: Lawrence & Bullen, 1893), p. 93.

ficou por conta de um homem de outra cidade. Ao ser alertado que seria punido caso cortasse as árvores, ele replicou, zangado: "Logo estarei de volta, não se preocupem; e que suas malditas fadas vão para o inferno!". Naquela noite, o homem sofreu um derrame e ficou incapacitado. Morreu dali a um ano. Voltou à cidade realmente, como prometera – mas em um caixão. O hospital foi construído, mas nunca abriu.[84]

Os caminhos invisíveis que as fadas usam para transitar até o mundo mortal são chamados trilhas das fadas. É muito arriscado perturbá-las construindo algo nessas trilhas. As fadas se dirigem à construção e criam fenômenos de *poltergeist*, como abrir e fechar portas e janelas. Além disso, os moradores de tal edificação adoecem, suas colheitas fracassam e seus animais morrem.[85]

Truques e atos malévolos

Tanto os djinn quanto as fadas punem as pessoas que os desagradam. A punição pode ser leve, na forma de truques marotos que, no passado, consistiam em furto de lenha, sustos em animais da fazenda ou sumiço do óleo dos lampiões. Nos tempos modernos, essas criaturas continuam com suas brincadeiras, afetando a eletricidade nas casas e interferindo nas lâmpadas, nos aparelhos domésticos, nos computadores e nas baterias de carro.

Já as punições mais sérias podem afetar a saúde das pessoas, animais e plantações. Nos casos mais extremos, os djinn e as fadas recorrem ao assassinato. Atos de agressão contra humanos geralmente são o resultado de provocação; mas alguns atacam só por capricho.

As fadas e os gênios verdes são brincalhões por natureza e adoram piadas e truques, a maioria inofensiva. Gostam de confundir os viajantes e desviá-los do caminho, fazendo com que objetos sem valor pareçam tesouros, levando as pessoas a perder tempo. Um relato oral vindo da Ilha de Man, local repleto de fadas, envolve um carteiro que entregava a correspondência em uma charrete, em 1884. Estava em uma estrada deserta por volta da 1h quando, de repente, um bando de homenzinhos vestindo uma roupa vermelha saiu do meio dos arbustos; eles o cercaram e seguraram seu cavalo. Pularam dentro da charrete e começaram a jogar os sacos de cartas para fora. O homem os colocou de volta; e, mais uma vez, os homenzinhos os jogaram para fora da char-

---

84. D. A. McManus, *The Middle Kingdom: The Faerie World of Ireland* (London: Max Parrish), 1959, páginas 62-63.
85. Rosemary Ellen Guiley, *The Encyclopedia of Demons & Demonology* (New York: Facts On File, 2009), p. 85.

rete, rindo-se alegremente. Outros homenzinhos dançavam alucinados na estrada. Isso se estendeu até a madrugada. Os homenzinhos sumiram e o carteiro estava exausto. Nem ele nem qualquer outra pessoa pôde explicar o porquê do ataque, exceto pelo fato de que fadas gostam de perturbar as pessoas.[86]

Outros atos são prejudiciais às pessoas, às vezes até de uma maneira mortal. Os djinn levantam as pessoas no ar e as jogam de um lado para outro, como brinquedos. Segundo o estudioso Al-Asqar: "Sabe-se que eles carregam as pessoas no vento e as levam de um lugar para outro... mas só fazem isso com malfeitores que não acreditam em Alá como Senhor dos Céus e da Terra, ou com pessoas que cometem atos pecaminosos".[87]

As fadas que se sentem injuriadas punem seus ofensores erguendo-os no ar em grande velocidade, soltando-os sobre moitas de espinheiros e arbustos, até eles sangrarem. Um conto de fadas galês fala de uma fazendeira que certa vez encontrou um cão das fadas, levou-o para casa e o tratou com crueldade. Quando as fadas descobriram, agarraram a mulher e a levaram em uma viagem pelo ar. Ela foi jogada em pântanos, atirada contra roseiras-bravas, até rasgar toda a roupa e ficar arranhada e ensanguentada.[88] As Sluagh, ou "as Hostes", são fadas más, renomadas por sua natureza assassina. Agarram e capturam mortais, carregando-os no ar, sobre terras e mares. Soltam suas vítimas na lama, em pântanos, às vezes matando-as. Um relato vindo da Escócia fala de uma criança que foi pega certa noite pelas Slaugh. Foi devolvida no dia seguinte, sem vida, com as palmas das mãos enfiadas em buracos nas paredes de sua casa.[89] As Sluagh também levitam gado e abduzem animais para comê-los. Após consumir a carne, elas pegam a pele e enrolam homens idosos com elas, jogando-os no chão, depois.

Eles causam possessão

Desde tempos imemoriais, doenças e outros males – como comportamentos estranhos que hoje seriam diagnosticados como doença mental – eram atribuídos a espíritos que entravam no corpo da pessoa e a possuíam. Tanto os djinn quanto as fadas são entidades capazes de possuir um ser humano.

---

86. Martin William, "Collecteana III In the Isle of Man" (*Folk-Lore*, vol. 3, 1902), p. 186.
87. Al-Ashqar, *op. cit.*, p. 131.
88. "The Welsh Fairy Book", *op. cit.*
89. Katharine Briggs, *The Vanishing People* (New York: Pantheon Books, 1978), p. 151.

Às vezes, fazem isso porque querem experimentar uma forma humana. As fadas abduzem humanos durante o sono e os possuem; gostam particularmente de crianças pequenas. A história do *changeling* é um caso desse tipo de possessão. Segundo o folclore, as fadas têm filhos feios e gostam de roubar crianças humanas atraentes à noite, deixando seus bebês no lugar delas – esses são os *changelings*. A troca é feita em uma possessão, contudo, pois a criança humana passa por uma transformação que inclui deteriorações físicas e mentais e acentuadas alterações de personalidade. Em alguns contos folclóricos, essas crianças possuídas eram chamadas de "demoníacas" ou "malignas".[90]

Claro que alguns casos de alegada possessão na Antiguidade seriam explicados pela falta de compreensão de determinadas doenças. No entanto, os casos de possessão por entidades parecem aumentar no mundo todo. Geralmente são atribuídos a demônios, mas djinn e fadas também podem ser os responsáveis.

O ferro os enfraquece

No folclore, o ferro é uma das melhores e mais universais armas contra tudo que é do mal: demônios, djinn, fadas, vampiros, os filhos demoníacos de Lilith e muitas outras entidades sobrenaturais. O ferro suga energia e poder. A origem exata de tal crença é desconhecida, mas desde a Antiguidade se fala nisso. Um motivo pode ser o fato de que o sangue humano contém ferro e tem cheiro de ferro. Armas e ferramentas de ferro talvez tenham a magia da força vital, podendo ser usadas contra coisas não humanas.

Em algumas culturas, como as dos antigos babilônios, egípcios e astecas, o ferro era sagrado e diziam que veio do céu – talvez porque o ferro seja encontrado em meteoritos. Os antigos gregos e romanos não permitiam a presença de ferro em seus templos e rituais sagrados porque repelia os espíritos. Pelo mesmo motivo, os antigos saxões não usavam varinhas de runas de ferro em cemitérios para não perturbar os mortos.

Tanto os djinn quanto as fadas detestam ferro. Lembre-se da história dos djinn escravizados que construíram o templo do rei Salomão: tinham medo de trabalhar com ferramentas de ferro. Salomão os dominava com um anel mágico feito de cobre e ferro, que tinha um talismã, um pentáculo gravado. O grande rei também aprisionou até os djinn

---

90. Guiley, *op. cit.*, p. 85-86.

mais poderosos em garrafas feitas de bronze com tampa de ferro magnético (magnetita) para neutralizar sua "magia".

No folclore árabe, dizia-se que as grandes tempestades do deserto eram os djinn maus em voo, e que podiam ser dissipadas se alguém gritasse "Ferro! Ferro!". Na Índia, amuletos de ferro são usados para repelir os djinn.

Segundo o ministro Robert Kirk, as fadas lhe diziam que tinham certeza que o ferro as deixava fracas, mas ele era capaz de queimá-las. Na Antiguidade, quando as fadas ainda viviam acima do solo, elas descobriram, para seu horror, que não tinham proteção contra espadas e armas de ferro usadas pelos primeiros invasores humanos. O pior era o ferro frio, isto é, ferro puro não derretido do minério e batido sem derretimento. Era mais fácil se afastarem que enfrentarem tais armas. Claro que algumas fadas não eram afetadas, tornavam-se imunes, pois existem no folclore fadas que trabalham com ferro, principalmente as fadas das minas.

Para afastar as fadas, as pessoas costumavam deixar tesouras de ferro afiadas e ferramentas de ferro nas casas. Tentavam impedir sequestros de bebês, colocando tesouras debaixo do travesseiro ou penduradas acima dos berços. Pregos de ferro e ferraduras eram colocados sobre as portas da casa e do estábulo e, às vezes, enterrados sob a entrada.

Eles podem copular e se casar com humanos

Os djinn são capazes de ter relação sexual, casar e gerar filhos entre si. Também podem fazer tudo isso com humanos. Tal ato não só é indesejável do ponto de vista humano, mas também proibido pela lei muçulmana. O Alcorão afirma que Alá "criou-vos companhia com a qual deveis repousar; e ordenou-vos amor e misericórdia".[91] Essa proibição se aplica de um modo especial aos djinn, porque eles são as entidades mais próximas dos humanos. Os filhos de uniões entre djinn e humanos são considerados abominações: são estéreis e agressivos a ponto de exibir um comportamento sociopata. Esses filhos híbridos possuem grandes poderes psíquicos e exercem forte influência sobre os seres humanos. Filhos de mães djinn são invisíveis; já os de pais djinn têm uma aparência mais humana.[92]

Uma suposta filha de um casamento djinn-humano é a famosa rainha de Sabá, que atraiu as atenções do rei Salomão. Embora o Alcorão

---
91. Ib. p. 29.
92. Drieskens, *op. cit.*, p. 99.

nunca a mencione por nome, alguns contos árabes se referem à rainha como Bilqis.[93] De acordo com as lendas, o pai dela era um rei humano chamado Al-Hadhad e a mãe, uma djinni chamada Marlis. Segundo a história, Marlis foi perseguida pelos djinn maus (vermelhos) e ferida em batalha. Al-Hadhad encontrou-a machucada, resgatou-a e a escondeu. Os dois se apaixonaram e tiveram uma filha. Esta logo chegou à posição de rainha eliminando todos os que ficavam em seu caminho. Diz-se que seus métodos de persuasão só eram superados por sua beleza; e, por causa disso, Salomão se encantou por ela. Os conselheiros do grande rei lhe disseram que não deveria se envolver com a rainha, pois ela era filha de uma djinni e essa forma de relacionamento era proibida por Deus. Salomão não abriu mãos de seu interesse e pensou em um modo de descobrir se Bilqis era realmente meio djinni.

Acreditava-se que um filho híbrido de humano e djinni tinha muitos pelos nas pernas e pés, que denunciavam sua verdadeira identidade. Quando Salomão convidou a rainha ao seu palácio, mandou que o piso entre a entrada e trono fosse feito de um material brilhante, com aspecto vítreo. Quando Bilqis entrou no grande salão, achou que era água e ergueu a saia, possibilitando ao rei ver-lhe os pés e tornozelos. Ficou aliviado ao notar que não tinham pelos. No entanto, no conto árabe – que segundo muitos estudiosos foi enriquecido com detalhes –, Bilqis, astuta, removera todos os pelos das pernas e dos pés antes de visitar o palácio de Salomão.

Em outra versão da história, os djinn espalharam a mentira de que Bilqis tinha pés de asno. Sabiam que ela era filha de uma djinni e que, se desposasse Salomão, seus filhos seriam ainda mais astutos e poderosos que o próprio Salomão, pois teriam sangue djinn. Os djinn escravos tinham medo de que híbridos humanos-djinn continuassem escravizando-os.

É evidente que a partir dos relatos históricos esparsos da rainha de Sabá, com sangue djinn ou não, ela tinha considerável poder e influência. Influenciou outros governantes, inclusive o faraó do Egito, a não atacar Israel porque queria o reino para ela própria. Hoje, esse tipo de poder seria considerado uma espécie de controle da mente.

Desde os tempos da lendária rainha de Sabá, pessoas do Oriente Médio de ambos os sexos afirmam terem tido relações sexuais e até se casado com djinn. Nos Emirados Árabes, há um clã que alega descender de uma djinni, apesar de sua aparência. Tal alegação é insustentá-

---

93. Ninguém sabe com precisão onde se localizava o reino de Sabá, mas os historiadores modernos acreditam que seria na região atual do Iêmen, ou perto dela.

vel.⁹⁴ Existem outros relatos em tempos modernos de casamentos entre humanos e djinn. Homens ainda jovens que não têm dinheiro para se casar com uma mulher às vezes visitam um sacerdote ou *sheik*, que realiza a cerimônia com uma djinni. Eles sabem que a djinni é ciumenta e exige condições estranhas para o casamento. Esses maridos não podem falar de suas mulheres djinn, pois, se o fizerem, elas os deixam insanos ou os possuem de maneiras desagradáveis. Os homens não podem olhar para nenhuma mulher mortal e devem sempre bater antes de entrar em um quarto. Histórias que parecem lendas urbanas falam dos horrores que aguardam o homem que entra em um aposento ocupado por sua esposa djinni sem bater:

> Amira me contou que seu primo se casou com uma djinni. Por um ano, ele e sua esposa-djinni viveram felizes juntos, e tiveram um filho. Um dia, ele se esqueceu da exigência de bater antes de entrar e se deparou com uma cena horrível. A *ginnyia* assumira outra forma. Estava peluda e feia, com olhos verticais em um rosto negro. Estava cozinhando e o filho chorava de fome em outro aposento. Quando o homem entrou, viu os seios dela, pretos e feios, movendo-se sozinhos para alimentar o bebê. A *ginniya* desapareceu, levando consigo o bebê, e nunca retornou. Na história de Amira, seu primo praticamente nada sofreu. Em outros casos semelhantes, o amante humano fica cego ou perde o juízo.⁹⁵

Às vezes, os cônjuges djinn são descritos como um qarin, o companheiro djinni alocado à pessoa desde o nascimento, ou um makhawi, termo para os djinn que se apaixonam por humanos. Se uma mulher casa com um makhawi, os dois vivem como um casal humano normal. O makhawi só aparece à noite para dormir com sua mulher mortal e exige que se cumpram certas condições. Em troca da satisfação de todas as necessidades dela, a mulher é proibida de revelar a verdadeira natureza de seu marido. Se o fizer, ela a maltratará. Acredita-se que as mulheres mais belas de todas são escolhidas por um makhawi como esposa.⁹⁶

Os djinn verdes às vezes se fascinam e têm apegos românticos com humanos. Embora a união sexual nem sempre seja o resultado, a paixão do djinni verde pode interferir com as relações normais do humano.

---

94. Al-Ashqar, *op. cit.*, p. 22
95. Barbara Drieskens, *Living with Djinns: Understanding and Dealing with the Invisible in Cairo*
(London: SAQI, 2006), p. 182.
96. Ib., p. 182-83.

As fadas são conhecidas por se apaixonar por humanos e casar com eles, produzindo filhos híbridos. Uma fada apaixonada segue o humano por toda parte, assim como um djinni verde apaixonado. As fadas tentam atrair o humano amado para o mundo delas, onde ele pode ficar aprisionado. Às vezes, se a atração não dá certo, elas recorrem ao sequestro. Nas histórias de fadas, se uma jovem esposa ou marido mortal morre, acredita-se que são levados embora pelas fadas. Eles morrem para o mundo humano, mas continuam vivos em outra forma no reino das fadas.

Humanos também se apaixonam por fadas e podem se casar com elas, pois as fadas abençoam tal união. Uma união entre marido humano e fada fêmea é mais comum, nas histórias, que o contrário. Às vezes, os humanos convencem as fadas a viver no mundo físico. Assim como os casamentos entre humanos e djinn, os relacionamentos entre humanos e fadas têm condições. Se o cônjuge humano não cumprir as exigências, as bênçãos, o casamento e a fada desaparecem.

Há uma história de um marido humano que é alertado pelo pai da fada que nunca bata em sua mulher. Se fizer isso três vezes, ela e todas as suas bênçãos desaparecerão para sempre. Em algumas versões desse conto, o marido se controla, às vezes por muitos anos, mas inadvertidamente bate na mulher em três ocasiões diferentes.

Nas histórias de fadas, os filhos híbridos de humanos e fadas são considerados estranhos, mas não necessariamente abominações. Assim como os filhos de humanos e djinn, possuem poderes sobrenaturais incomuns.

Duendes

Os duendes são algumas das mais famosas criaturas no folclore irlandês. Muitas vezes são anjos caídos, mas podem ser uma classe própria. O nome deriva do grego *luacharma'n* ("pigmeu"), ou *leith brogan* ("fazedor de um sapato"). Originalmente, o nome era usado apenas em parte do norte da Irlanda, mas com o tempo o duende se tornou "nacionalizado" como o mais conhecido entre as fadas irlandesas.

Duendes são descritos como tendo a aparência de homens velhos, cerca de 60 centímetros de altura, geralmente vestindo roupa verde ou trajes de sapateiro. São joviais, sozinhos, mas hostis com os humanos. Assim como muitos djinn, eles preferem a solidão. Passam o tempo fazendo sapatos para as fadas – sempre um sapato, nunca o par. O som de suas ferramentas de sapateiro é ouvido em áreas remotas. Gostam de beber misturas inebriantes.

Os duendes são famosos por guardar seus tesouros escondidos, geralmente um pote de ouro enterrado em um baú secreto ou no fim de um arco-íris. Costumam ser invisíveis, mas, se um duende é visto e capturado, ele promete levar a pessoa até seu tesouro se for posto em liberdade. Assim como os djinn, as promessas do duende não se cumprem. A caminho do tesouro, a pessoa não pode desviar os olhos do duende por um único segundo, ou ele desaparecerá. Às vezes, ele barganha por dinheiro falso que tira de uma de suas duas bolsas de couro que sempre carrega. Uma tem uma moeda de prata que volta à bolsa tão logo é paga a alguém; a outra traz uma moeda de ouro que o duende usa para barganhar sua saída de situações difíceis. No entanto, a moeda vira folha ou cinza depois que o humano a apanha e solta o duende.

A história de Patrick O'Donnell e o duende tem uma incrível semelhança com os relatos dos ardilosos djinn que concedem desejos. Um dia, O'Donnell estava na floresta e encontrou um duende preso em um espinheiro. Ele ofereceu ajuda, desde que o pequenino o levasse ao seu pote de ouro. O duende concordou. Conduziu O'Donnell pela mata, tentando desviar o olhar dele; mas O'Donnell foi esperto e ficou sempre de olho no duende. Por fim, o homenzinho o levou ao fundo de um pântano cheio de centenas de espinheiros. Deteve-se diante de um deles e disse que o ouro estava embaixo. O'Donnell percebeu que tinha um problema, pois estava sem ferramentas para cavar um tesouro. O duende se recusou a ser mais prestativo, explicando que tinha cumprido sua parte do acordo. O'Donnell resolveu voltar para casa e trazer uma pá. Antes de sair, amarrou seu cachecol vermelho no arbusto para encontrar o caminho de volta. O duende riu, sabendo que tapeara o humano. Livre, ele desapareceu. O'Donnell pegou a pá – mas, quando voltou ao pântano, viu que todos os arbustos de espinhos tinham cachecóis vermelhos. Nunca encontrou o tesouro.[97]

Na série de filmes de terror *Duende* (desde 1993, foram lançados quatro), o duende se torna mais parecido com os djinn. No primeiro filme, um homem rouba moedas de ouro de um duende maligno, que se vinga dele matando sua mulher, fazendo-a cair de uma escada. O homem prende o duende no porão, usando um trevo de quatro folhas que anula os poderes sobrenaturais do homenzinho. Tenta destruir o duende com fogo, mas acaba tendo um derrame. É levado a um asilo e o duende

---

97. Kathleen Krull, *A Pot O'Gold: A Treasury of Irish Stories, Poetry, Folklore, and (of Course) Blarney* (Hyperion Books for Children, 2004), p. 147-151.

é preso em uma caixa. Dez anos depois, outras pessoas descobrem a caixa e acidentalmente libertam o duende. Ele inicia, então, uma onda de violência e vingança por ficar preso tanto tempo. Por fim, é destruído em uma explosão – mas por pouco tempo, pois pode ressuscitar a qualquer momento enquanto seu ouro não reaparecer.

As habilidades sobrenaturais do duende refletem as dos djinn: concedem três desejos que não se realizam como deveriam; levitam; e possuem força anormal. Em filmes subsequentes, o duende tem o poder de começar incêndios, torcer a realidade (na Antiguidade, isso era chamado de feitiço ou glamour), entrar e possuir corpos humanos, regenerar partes feridas do corpo; e criar misteriosos campos de força. Assim como os djinn da série dos filmes *Wishmaster*, os duendes sobrevivem à maioria das tentativas de destruí-los. No fim, porém, os protagonistas humanos encontram uma fraqueza fatal.

Conclusão

Há uma considerável justaposição entre djinn e fadas, da qual abordamos aqui apenas as principais semelhanças. Acreditamos que os djinn usam muitas entidades como "fronte" para interagir com humanos; as fadas, contudo, com suas diversificadas características e um rico folclore, oferecem os melhores disfarces. Claro que muitas interações entre humanos e fadas são com fadas, mesmo. Entretanto, o território mutável, cinzento, compartilhado entre fadas e djinn nos leva a reexaminar e reavaliar nossas experiências de contato.

9

Alienígenas, Djinn e os Óvnis

Os fenômenos de objetos não identificados observados no céu acompanham a raça humana desde o alvorecer da história. Embora a maioria dos "investigadores" modernos esteja mais interessada em procurar espaçonaves extraterrestres de outros sistemas estelares, a resposta a pelo menos parte do mistério dos óvnis* pode não ser tão fácil quanto parece. O falecido dr. J. Allen Hynek, considerado a maior autoridade mundial no tema óvni, afirmou certa vez: "Eu ficarei decepcionado se todos (os óvnis) forem espaçonaves de seres de outros planetas. Creio que a explicação para a soma total das experiências com óvnis seja mais exótica".[98] O dr. Hynek falava de visitantes originários não de outro planeta ou galáxia, mas de uma realidade paralela. Uma realidade paralela pode ser interpretada como outra dimensão; e para nós isso lembra o lar dos djinn.

Isso não significa que nenhum relato de óvni tenha origem extraterrestre; mas precisamos levar em conta que determinada porcentagem desses contatos talvez seja manifestação dos djinn. A experiência do fenômeno óvni é muito inclusiva em seu material; e somos da opinião de que alguns avistamentos e contatos imediatos são mais fantasmagóricos que sólidos e físicos.

Muitos dos "discos voadores" descritos por testemunhas consistem em discos de luz que mudam de forma e possuem a habilidade para aparecer e desaparecer. Relatos de óvnis assim parecem ser de uma natureza sobrenatural e costumam ser ignorados pelos investigadores porque não se enquadram na teoria de "espaçonave" extraterrestre.

---

* N.T.: Óvni: objetos voadores não identificados.
98. O dr. J. Allen Hynek (1910-1986) foi um astrônomo que se tornou mais conhecido por sua pesquisa ufológica. Hynek era conselheiro científico de estudos ufológicos realizados pela Força Aérea Norte-Americana, sob o Projeto Sign (1947-1949), Projeto Grudge (1949-1952) e o Projeto Blue Book (1952-1969). Hynek cunhou a expressão "contato imediato".

Há vários casos de contatos imediatos com algum tipo de criatura inteligente que se identifica como extraterrestre, angélica ou até o próprio Diabo. Justamente nessas experiências é que suspeitamos da presença de um ser interdimensional, tentando esconder sua verdadeira identidade. Estudiosos islâmicos descrevem os djinn como objetos brilhantes que podem mudar de forma e, às vezes, assumir forma física. Temos muitos casos de "óvnis" em nossos arquivos que descrevem encontros assim; por anos, receberam o rótulo de "alta estranheza".[99] No entanto, quando a ideia dos djinn entra na equação, esses casos bizarros fazem mais sentido.

A voz do engodo

Uma passagem do Alcorão diz que os djinn do mal tentam persuadir os humanos por meio de sussurros em seus ouvidos.[100] Essa "voz sussurrante" no ouvido também pode ser interpretada como uma espécie de telepatia. Tal fenômeno é comum não só em casos de óvnis envolvendo contatados e outras experiências paranormais, mas também em visões religiosas ou místicas. Padres e outros clérigos cristãos do período medieval tardio na Europa acreditavam que os anjos sussurravam nos ouvidos de homens e mulheres com uma voz conhecida para influenciá-los ou guiá-los. Parece óbvio que esses visitantes celestes preferem não se mostrar, mas apenas falar, não causando pânico nem medo. Entretanto, devemos nos perguntar: são realmente anjos esses seres que se comunicam com essas pessoas "especiais", ou seriam djinn? Poderíamos dizer que, como os anjos e os djinn usam os mesmos métodos, não se pode ter certeza.

Desde 1983, Phil vem investigando inúmeros avistamentos de óvnis e alegações de contato "alienígena" no Vale do Rio Hudson em Nova York. Esses casos estão documentados em seu livro *Night Siege: The Hudson Valley UFO Sightings*. Na época, Phil não sabia como classificar esses casos de contato – não se enquadravam no cenário geral de "avistamentos de óvnis". Eram rotulados como de "alta estranheza" e arquivados. Após revisá-los 20 anos depois, vemos que esses casos eram, na verdade, contatos dimensionais em vez de extraterrestres, talvez envolvendo os djinn. Devemos nos lembrar de que, quando falamos

---

99. O termo "alta estranheza" era usado por Hynek para descrever aqueles casos ufológicos que não se encaixavam na categoria normal de relatos. Eles incluem efeitos eletromagnéticos, abduções, aparecimentos de seres estranhos e comunicação psíquica com inteligência alienígena.
100. An-Nas, 114.

de "seres dimensionais", referimo-nos aos djinn. No caso a seguir, a testemunha avistou um óvni e posteriormente teve contato com uma inteligência desconhecida que tomou extremo cuidado para não revelar informações que a identificasse.

Terror noturno e lapso de tempo

A testemunha, que chamaremos de Sam, tinha 30 anos de idade e era programador de computadores na época. Em 23 de abril de 1990, por volta das 22h, Sam dirigia para casa na Rota 164 em Patterson, Nova York, vindo da casa de um amigo em Fishkill, nas proximidades. Essa estrada é muito escura à noite, pois não há luzes próximas e há pouquíssimas casas. Enquanto guiava seu carro pela pista escura e tortuosa, Sam começou a se sentir desconfortável, como se algo de ruim estivesse para acontecer. Ele desacelerou e olhou para a mata, nos dois lados da estrada, esperando que um veado ou outro animal corresse na pista à sua frente. Sam já tivera essas impressões antes; e, em mais de uma vez, escutara uma voz interior que lhe indicava determinada ação, escapando por um triz de algum acidente sério ou alguma surpresa desagradável.

Naquela noite, Sam observou um objeto luminoso sólido à sua esquerda, bem acima da copa das árvores. O objeto pulsava e tinha uma coloração amarelo avermelhada. Suas luzes estavam muito baixas para ser de um avião e pareciam estar a centenas de jardas de distância. Os pinheiros ao longo da estrada obstruíam parcialmente a vista; ele continuou dirigindo, mas devagar. Chegou a uma clareira e parou o carro. Notou, então, que o objeto estava bem mais perto dele. Enquanto ele observava, o objeto passou diretamente por cima de seu carro. Sam abriu a janela e observou o objeto por cerca de um minuto. Decidiu vê-lo melhor, parou o carro e desceu. Sentou-se no capô e ficou olhando para o objeto. Devia ter o tamanho aproximado de uma "minivan" e se encontrava a cerca de 30 metros acima de sua cabeça. Tinha formato oval, mas mudou para um círculo perfeito. Sam relatou que sentiu calor emanando do objeto. Ficou surpreso ao ver cinco pequenas figuras em volta da borda do objeto, como que olhando para ele. Teve a impressão de que o objeto em si era uma espécie de janela e, embora só visse silhuetas, estava convicto de que eles tinham uma aparência humanoide. O objeto desceu um pouco e pareceu maior. No fim, ficou tão grande que bloqueou toda a vista que Sam tinha do céu. De repente, o objeto começou a se mover bem devagar; e Sam se surpreendeu por algo tão grande deslocar-se tão lentamente e em silêncio. Esse espanto deixou Sam com a sensação de que o objeto "não era parte de nosso Universo e espiava nosso mundo a partir de outra dimensão". Então, algo estranho aconteceu: Sam só se lembrava agora de estar dirigindo de volta na estrada; o objeto desaparecera. Ele não se lembrava de voltar ao carro, ou de o objeto se deslocar até sumir, ou de retornar à estrada.

Quando Sam finalmente chegou em casa, descobriu que era muito mais tarde do que pensava. Ele calcula que o episódio inteiro durou uns dez minutos; o percurso até sua casa, porém, levou três horas. Teve dificuldade para dormir aquela noite e sentia como se alguma coisa o observasse dos cantos escuros do quarto. No decorrer da semana seguinte, ele acordava no meio da noite, sentindo-se confuso, suando frio, o coração batendo rápido. Ele sabia que esses episódios de terror noturno tinham a ver com o óvni avistado. As semanas passavam e Sam tinha cada vez mais dificuldade em se concentrar em seu trabalho; e tinha medo de sair à noite – sentia que o óvni o aguardava em algum lugar isolado quando ele estivesse sozinho. Disse também que, por algum tempo após o avistamento, ele acordava no meio da noite e ficava olhando para o nada, no escuro. Sentia como se houvesse algo escondido em um canto do quarto pronto para pegá-lo se ele adormecesse. Esse tipo de medo não é incomum em casos assim – muitas testemunhas relatam sentir uma ligação pessoal com os óvnis avistados e têm a sensação de que há uma presença esperando em algum lugar até que elas durmam para, então, entrar em suas casas e pegá-las. Essa impressão pode ser, na verdade, uma espécie de ligação psíquica com a inteligência dimensional.

Por várias semanas, tudo pareceu voltar ao normal. De repente, uma noite, no fim de junho, Sam acordou e sentiu a cama inteira vibrando. Ele olhou para a parede do outro lado do quarto e viu um buraco circular se formando, totalmente preto. Sam tentou se levantar, mas, para seu horror, percebeu que não conseguia se mover. Ele afirma que "levitou" para fora da cama e flutuou até a abertura de um "vórtice". Viu-se deitado sobre uma mesa em uma sala escura. Vários seres estavam de pé, em volta dele; um que se encontrava à sua esquerda mexia com um instrumento em volta de sua cabeça. Sam tentou se mexer, mas o corpo inteiro estava paralisado. Descreveu os seres como sendo baixos, com pele cinzenta e olhos redondos. Enquanto os observava, todos os seres mudaram de forma para uma luz brilhante, depois em uma forma que o apavorou: pareciam demônios com orelhas pontudas e "rostos muito feios, como gárgulas". Inseriram algo em seu nariz e umbigo que causou muita dor.

Após o procedimento da inserção, Sam pôde se erguer. Um dos seres o acompanhou por uma passagem que irradiava brilho vermelho. Sam teve a impressão de que estava em uma caverna, mas pensou também que estava morto e no inferno. Não houve nenhuma comunicação oral, mas Sam sabia aonde o ser queria que ele fosse e o que deveria fazer. Mostraram-lhe um painel composto de material cinzento com "muitas projeções". Ele olhou ao redor. Embora a sala tivesse uma iluminação fraca, ele viu um corredor à direita que dava para outra sala. O ser olhou para ele e Sam teve a forte impressão de que não podia entrar lá.

A entidade que o acompanhava colocou-lhe pensamentos na cabeça. Sam agora sabia que eles eram de outra dimensão e recebeu informações de que viveram na Terra há muito tempo e estavam trabalhando para voltar. O motivo era que, do contrário, sua raça se tornaria extinta. De repente, sem aviso prévio, Sam se viu de volta em sua cama.

Sam crê que os seres voltarão um dia; e, se o levarem, ele não poderá voltar. Toda a sua vida mudou e diz que vive com algum tipo de contato mental com as entidades dimensionais. Sam sente que está coletando informações para eles, e que aquilo que ele vê e experimenta é transmitido para eles. Embora os seres hesitassem em lhe dar informações detalhadas, ele sabe que eles vieram de um plano de existência desértico e nos invejam pela beleza de nosso planeta. Eles se zangam com os humanos por poluírem o planeta, cometendo o mesmo erro deles muito tempo atrás; por causa disso, não possuem até hoje um lar propriamente dito. Sam disse que viver aqui seria um problema para eles, mas os seres estão lentamente se adaptando para que as futuras gerações possam habitar em nossos ambientes.

Sam explicou que essas criaturas acham muito difícil compreender nossas emoções. Eles nos consideram uma raça imatura, propensa à autodestruição. Sente que os seres o usam para compreender os humanos e o modo como reagimos em diferentes situações. Sam tem certeza de que os seres que viu aquela noite são "emissários do Diabo" e que desejam destruir a raça humana e tomar nosso planeta para viverem aqui. Hoje, Sam se tornou um novo cristão e se recusa a ter qualquer envolvimento com óvnis ou outros tipos de fenômenos paranormais. O caso de Sam é um dentre muitos nos quais a vítima de uma experiência insólita era ateia, temerosa ou indiferente a crenças religiosas e, de repente, passa a acreditar em um Deus de puro amor e proteção.

Os djinn parecem se disfarçar de extraterrestres para esconder sua verdadeira natureza. Isso não significa que todas as experiências com óvnis sejam causadas por djinn; algumas, porém, como a de Sam, podem ser de origem ultraterrestre em vez de extraterrestre.

Um mestre trickster

O seguinte estudo de caso envolve "Ben", um homem com quase 40 anos. Na época de seu contato, Ben tinha família e um bom emprego, além de um histórico interessante de contatos – experiências em sua infância. Aos 6 anos de idade, ele acordou no meio da noite uma vez e viu uma criatura de pé, aos pés da cama. A entidade era alta, tinha a pele escamosa e parecia um "jacaré", com um brilho verde em volta. Ele ficou horrorizado e, de tanto medo, não conseguia chamar seus pais. O ser olhou para ele e disse: "No futuro, voltarei e falaremos sobre como você poderá me servir". Os olhos da criatura tinham um brilho vermelho. Ela se transformou em uma nuvem de fumaça preta e atravessou a janela sem quebrá-la. Assim que a "fumaça" desapareceu, Ben pôde se mover novamente. Chorando de pavor, ele gritou pelos pais. Eles lhe disseram que tivera um pesadelo e que aquilo não era real. Ben queria acreditar neles, mas no fundo sabia que a visita fora real. Pelos próximos cinco anos, Ben precisava dormir com várias luzes acesas, pois temia muito que o "monstro" voltasse para pegá-lo.

Após essa primeira experiência paranormal na infância, sua vida seguiu normal; e, com o passar dos anos, esqueceu-se da ameaça do ser. Casou-se aos 25 anos, arrumou emprego como inspetor de construção no Estado de Nova York e vivia uma vida normal. Quando completou 35 anos, acordou de madrugada e se apavorou ao ver a mesma criatura que vira na infância, de novo de pé, aos pés da cama. Ficou tão assustado que não conseguia se mexer – mais uma vez, paralisara-se de medo. Não conseguia sequer chamar a mulher, que dormia profundamente ao seu lado. A criatura parecia exatamente a mesma; e quando falava, seus olhos faiscavam, vermelhos. Vestia o que parecia um traje muito grosso, feito de borracha. Em uma entrevista, Ben nos disse que o ser era tão feio que ele tinha certeza de que se tratava do Diabo. O ser disse, então, com voz rouca: "Sou de outro lugar, outro planeta, se preferir. Lembra-se de mim? Voltei e ficarei com você até que se faça a transição". Ben não entendeu do que ele falava, e até hoje não sabe.

A entidade disse que se chamava Orlis e fazia parte de um antigo grupo de seres que estão aqui desde que os humanos nada mais eram que "macacos". Orlis disse que faria aparecer coisas extraordinárias no céu nos dias seguintes. Pouco antes de a criatura desaparecer, Ben ouviu uma voz no ouvido direito: 28 de setembro, 30 de setembro e 6 de novembro, sempre às 20h30. E, de fato, nessas três datas, um objeto em forma de "ovo" grande, brilhante, apareceu no céu acima de sua casa em Kingston, Nova York. Dezenas de pessoas viram o óvni, que era amarelo e pairava, fazendo movimentos circulares no céu. Uma testemunha disse que "às vezes, o objeto se movia tão rapidamente que parecia o 'sinal do infinito' (uma lemniscata) no céu noturno". Antes das duas datas seguintes, Ben chamou os vizinhos pouco antes das 20h30 para observar o "óvni" que, ele sabia, apareceria conforme prometido. Acertou as três vezes: ele e os vizinhos observaram o céu na hora referida e viram o "ovo amarelo brilhante" fazendo suas estranhas manobras.

O fato de Ben prever quando esse objeto apareceria era notável e merecia uma visita. Enquanto estávamos lá, cinco vizinhos corroboraram a história. Foi a primeira vez nos 30 e poucos anos de investigação ufológica de Phil que uma pessoa foi capaz de prever com exatidão quando ocorreria um avistamento. Nas semanas seguintes, visitamos Ben com frequência; e, a cada entrevista, sua história se tornava mais incrível.

Em nossas conversas com Ben, ele nos disse que vivia em contato mental com um ser de outro universo. Este arranjou para que o óvni fosse visto por ele e múltiplas testemunhas. Fez isso, explicou Ben, para provar que o contato era real e ele não estava louco. Ben recebeu a explicação de que foi contatado por uma raça muito antiga, sendo escolhido para levar informações à raça humana de uma raça antiga que já habitara a Terra. Apesar de não dizer a Ben exatamente de onde viera, o ser lhe explicou que fazia parte de uma raça não física, composta inteiramente de energia, existente em outra dimensão. O ser que se identificou como Orlis disse a Ben que eles eram "responsáveis" pela raça humana e tentavam endireitar as coisas por causa de uma experiência que deu errado. Estavam corrigindo seus erros por meio do contato com certas pessoas, como Ben, para lhes trazer informações que ajudariam nossa espécie.

Ben ficou em contato mental com o ser por vários meses, não vendo Orlis todo esse tempo. A comunicação se tornou mais frequente depois que foram tiradas fotos. Orlis acordava Ben tarde da noite para "falar" e lhe dar informações acerca de eventos futuros e de avistamentos de óvnis em diversas partes do mundo. Essas conversas se tornaram motivo de grande preocupação para sua mulher e seus dois filhos, que viam Ben conversando com nada além do ar. Por fim, Ben percebeu que não precisava falar: Orlis lia seus pensamentos. A partir daí, todas as conversas foram por telepatia, Ben pensando as perguntas e Orlis lhe dando respostas imediatas.

Infelizmente, as informações recebidas nunca foram confirmadas. Por exemplo, certa noite, Ben ligou para Phil tarde e lhe disse que haveria numerosos avistamentos de óvnis na França e terremotos e desastres naturais na próxima semana, mas nada disso aconteceu. Parecia que a única informação correta dada por Orlis a Ben foi em seu contato inicial, a respeito dos óvnis que apareceriam no céu. Como já dissemos, isso foi verificado. Várias testemunhas observaram o objeto e o jornal local trouxe várias matérias a respeito.

Em determinado momento, as comunicações de Orlis se tornaram tão frequentes que começaram a atrapalhar o trabalho de Ben. Enquanto dirigia, Orlis informava a Ben que estava indo por um caminho errado; Ben mudava de rumo e se perdia, rodando por horas até chegar ao destino. Certa noite, Orlis disse a Ben que uma nave estelar pousaria em Connecticut e por fim os dois se encontrariam pessoalmente. Ben entrou no carro de madrugada e começou a dirigir até o local mencionado por Orlis. Não queria ir, mas sabia que, se desobedecesse o "comando" de Orlis, este o atormentaria a noite toda, não o deixando dormir.

Ben rodou em círculos por uma hora até Orlis mandá-lo pegar uma estrada de terra e uma área cercada, fora de Pawling, Nova York. Foi instruído a pular a cerca, ignorando o aviso de "Proibida a entrada". Após pular, caminhou por um campo, até que viu algumas estruturas e enormes antenas à frente. Foi até elas e, de repente, ouviu um barulho e foi cegado por uma luz branca brilhante. Era tão forte que ele não enxergava mais nada; ficou ali parado, esperando para ver quem era. Ben tinha certeza de que a luz vinha da nave e que a silhueta da figura que se aproximava era Orlis. Mas não era. Ele fora detido por uma patrulha militar de segurança. Orlis enviara Ben a uma instalação secreta do governo, a qual verificamos mais tarde ser operada parcialmente pela Agência Nacional de Segurança (NSA). Ben foi preso e sua mulher recebeu um telefonema para ir buscá-lo no dia seguinte. Quando Ben contou sua história fantástica de comunicação com Orlis, foi obrigado a buscar assistência psiquiátrica; passou a tomar vários remédios. Ben nos disse que, quando começou a tomar os remédios, as comunicações com Orlis pararam, mas ele ainda sente sua presença. Sabe que, se parar de tomar remédio, elas continuarão do ponto em que pararam.

O caso de Ben é bizarro, mas não é único. A voz sussurrando no ouvido, a mistura de informações verdadeiras e falsas, o tormento – tudo parece apontar para um contato com os djinn. Frequentemente, os djinn se aproximam de determinadas pessoas disfarçados de extraterrestres. Para ganhar a confiança e o interesse da pessoa, eles dizem que ela foi escolhida para ajudar a raça humana a se salvar de alguma catástrofe mundial ou outra forma de destruição em massa. A combinação de urgência e confiança desperta o interesse do contatado, permitindo que um djinni continue com seu vínculo com nossa realidade e, com o tempo, assuma controle direto da pessoa.

Orbes de luz, alienígenas e djinn

Já falamos de um episódio na Turquia, em que seis amigos quiseram brincar de ter medo e invocaram um djinni. Para surpresa (e infortúnio) deles, os djinn apareceram, mas se recusaram a assumir formas físicas; as testemunhas os descreveram como vários orbes de luz. O caso a seguir vem dos Estados Unidos e também envolve orbes de luz; dessa vez, porém, assumiram a forma de "alienígenas cinzentos" (os *grays*, comuns nos casos ufológicos).

Em 29 de outubro de 2007, um homem de 28 anos que chamaremos de Ted voltava para sua casa em Lake Carmel, Nova York, por volta das 23h, vindo da casa de um amigo e tomando a Rota 52 perto de Stormville, uma cidade próxima. A Rota 52 é um bocado isolada, perto da área da montanha Storm King. O maior perigo é atropelar algum animal atravessando a pista – mas, nesse caso, a testemunha teria uma preocupação mais séria. Indo no sentido sul da 52, Ted viu um objeto grande e iluminado no céu. Parou o carro e desceu para observar. O objeto tinha o tamanho de um avião comercial grande, voando diretamente acima da testemunha a baixa altitude. O que o mais surpreendeu foi que, embora essa nave fosse grande e voasse baixo, não produzia som algum. O objeto consistia em 20 e poucas luzes brancas, amarelas, verdes e vermelhas em uma formação em V. Enquanto Ted o observava, o óvni desacelerou, quase parando, e Ted se assustou. Sentiu uma pressão na cabeça que interpretou como uma tentativa de comunicação por parte do objeto (ou de alguém dentro dele). Embora Ted afirme não ter ouvido voz alguma, sentiu uma forte presença que descreveu como sendo "não humana". De um momento para outro, ele sentiu como se "houvesse formigas" subindo e descendo por suas costas, além de uma súbita onda de calor à sua volta. Uns dez segundos depois, as sensações pararam e o objeto no céu sumiu bem diante de seus olhos. O restante da viagem foi normal.

No dia seguinte, Ted ligou para a polícia estadual e lhe disseram que provavelmente o que vira foi um grupo de pilotos particulares que gostavam de voar à noite, forjando a aparência de um óvni. O oficial de polícia perguntou a Ted se desejava relatar oficialmente um óvni, mas ele não quis. Embora não acreditasse na explicação do oficial, Ted lhe agradeceu por sua atenção. Ele nos disse: "Quis argumentar que aquilo não podia ser um tipo convencional de aeronave, mas achei melhor ficar quieto, principalmente porque o oficial queria que eu fosse ao quartel-general para 'registrar uma ocorrência'".

Na semana seguinte ao avistamento, Ted sentia que havia algo em seu quarto à noite. Ele acordava mais ou menos à mesma hora, entre 2 e 4h, e tinha a impressão de que alguém o observava. Ted nos relatou que a presença que sentia era de natureza "maligna" e tão forte que ele se levantava várias vezes para olhar pela casa, inclusive os armários e até debaixo da cama, só para se certificar de que não havia alguém escondido. Em uma entrevista, disse-nos: "Era estranho – durante uma semana após aquele avistamento do óvni, senti-me desconfortável. Costumo dormir bem, mas comecei a acordar no meio da noite. Pela manhã, sentia-me sem energia, como se algum tipo de vampiro me visitasse à noite e me sugasse o sangue ou a força vital".

Quando lhe perguntamos se acordava com marcas no corpo ou sangramento do nariz, Ted disse que nada disso acontecia; apenas se sentia cansado e fraco. Apesar de sua disposição para conversar sobre o assunto, parecia esconder algo, dando a impressão de que muito mais ocorrera. Quando Phil lhe perguntou se isso era verdade, Ted respondeu, surpreso: "Como você sabe? Estava com medo de lhe contar, mas é melhor eu falar tudo se quero descobrir o que está acontecendo". Encorajamos Ted a contar toda a história. Embora hesitante, ele descreveu uma visita noturna por parte de uma força alienígena que o deixara com muito medo.

Alienígenas ou djinn?

Ted nos contou que, em meados de novembro, abriu os olhos certa noite e notou um leve brilho verde na parede de frente para a cama. Tentou se levantar, mas não conseguia mexer os braços e as pernas. Viu o brilho ficar mais intenso até que três bolas de luz saíram da parede com um forte som como de ondas na praia. Eram todas mais ou menos do mesmo tamanho, aproximadamente de um "melão grande". As luzes começaram a pulsar de laranja para branco, emitindo calor. Os globos de luz permaneceram imóveis por uns cinco segundos e, de repente, começaram a mudar de forma. Ted viu, para seu assombro, que eles começaram a se transformar em três "alienígenas cinzentos", com poucos centímetros de altura e muito magros. Ele nos disse: "Eram os ETs clássicos dos filmes, da televisão e revistas, com cabeça grande e olhos grandes, usando algum tipo de macacão colante, escuro".

Os "alienígenas" se entreolharam e começaram a caminhar em direção à cama. Ted sabia que iam fazer alguma coisa muito ruim com ele; assim, concentrando toda a sua energia, ele rompeu a paralisia e se sentou na cama. Apontou o dedo para os seres e gritou: "Eu sei que vocês não são ETs, mas foram enviados pelo Diabo; em nome de Jesus Cristo, ordeno que me deixem em paz!". Os seres pararam, dando a impressão de ser pegos desprevenidos. Reassumiram suas formas de orbes brilhantes e retornaram pela parede. Pelo que sabemos, essa foi a última experiência de Ted, pois não nos procurou novamente. Talvez por terem sido desmascarados, os djinn não o perturbem mais.

Orbes de luz costumam aparecer em áreas onde óvnis são avistados, mas também se manifestam em áreas mal-assombradas ou amaldiçoadas e outros locais ricos em atividades paranormais. Em anos recentes, milhares de pessoas apresentam fotos de estranhos orbes de todas as formas e cores, captadas por câmeras digitais. Embora os especialistas em imagem e fotografia tenham múltiplas explicações para várias dessas fotos, há um bom número delas que deixa aturdidos até os mais céticos. Os caçadores de fantasmas creem que os orbes são espíritos desencarnados; os ufólogos acham que eles representam alguma espécie de sonda alienígena; os chamados canais ou espiritualistas acreditam que os orbes são anjos; e alguns investigadores da paranormalidade pensam que se trata de um fenômeno que chamam de "luz fantasma". Talvez nenhuma dessas teorias esteja correta.

É perfeitamente possível que essas luzes sejam djinn verdes. Um motivo por que estão aparecendo cada vez mais talvez seja o fato de nossa realidade estar se mesclando com o mundo dos djinn. Em muitos casos, esses orbes são invisíveis a olho nu, mas aparecem às vezes em fotos digitais. Os tais orbes invisíveis já foram fotografados nas misteriosas câmaras de pedra de Nova York, ou perto delas, bem como em locais que os nativos norte-americanos têm como sagrados. Sejam o que forem, parecem de natureza dimensional e provavelmente estão sempre à nossa volta, mas fora do alcance de nossa percepção.

A propriedade amaldiçoada: um portal djinn

Tomamos conhecimento do caso seguinte no outono de 2007, pouco depois de uma entrevista de Phil a um programa de rádio transmitido por quase toda a região nordeste dos Estados Unidos. Envolveu um aposentado chamado Martin, que comprou uma casa em Holmes, Nova York. Sua mulher morrera alguns anos antes depois de uma doença prolongada e seus filhos eram adultos, casados e já tinham filhos. Martin disse que estava disposto a passar algum tempo sozinho e tocar sua vida. A casa ocupava vários acres da propriedade e, apesar de construída em 1830, estava em condições impecáveis. Ele comentou que se surpreendera pelo fato de a casa ter quatro dormitórios, além da área em volta, e custar tão pouco. O negócio parecia bom demais para ser verdadeiro; e logo Martin ficou desconfiado. O avaliador de imóveis, porém, concluiu que a casa estava boa. Assim, ele fechou o negócio e a comprou. Após se mudar para a casa, Martin descobriu o verdadeiro motivo por ela ter passado por tantos donos diferentes desde sua construção; e por que o preço estava tão abaixo do mercado.

Martin se mudou para a casa no outono de 2006. Estava muito animado – era um local belíssimo e tinha bastante espaço para um escritório, uma biblioteca e uma oficina. Desde o primeiro dia, coisas estranhas começaram a acontecer. As luzes acendiam e apagavam sozinhas. Objetos como moedas, chaves de carro, livros, comida e até móveis desapareciam da noite para o dia, e nunca mais voltavam. Durante a noite, ele ouvia passos na casa e sons incomuns que achava ser de natureza elétrica. Portas batiam nas primeiras horas da madrugada, fazendo-o acordar assustado, com medo de ladrões. Nunca viu ninguém. Em várias ocasiões, as torneiras da cozinha e dos banheiros ficavam abertas a noite toda ou quando ele saía, resultando em alagamentos que estragavam o piso e o teto.

Em mais de uma ocasião, Martin viu figuras sombrias nos cômodos e ouviu sons que pareciam de um grupo de pessoas cantando em alguma língua antiga que ele não conhecia. Certa noite, no inverno, enquanto estava no andar inferior tomando café com dois amigos, todos ouviram passos pesados no dormitório acima. Ele nos disse: "Parecia alguém calçando botas, andando de um lado para outro". Martin e os amigos correram até o dormitório para investigar, mas não viram nada.

Objetos como pratos, quadros e até castiçais pulavam da mesa e voavam pela sala, atingindo-o. Apesar de todos esses eventos, Martin resolveu ficar na casa, esperando que talvez as estranhas ocorrências parassem. Ele tinha certeza de que toda aquela atividade era provocada por um fantasma zangado, que um dia o deixaria em paz; mas mudou de ideia após uma experiência que o levou a fazer as malas.

Uma visita noturna dos reptilianos

Na primavera de 2007, Martin acordou de um sono profundo por volta das 2h; ouviu sons vindos do cômodo adjacente, como se alguém tivesse invadido a casa. Ficou preocupado porque estava completamente sozinho – o vizinho mais próximo ficava muito longe para ouvir, caso ele chamasse. Pegou o telefone com o intuito de chamar a polícia e, para seu horror, o aparelho estava mudo. Martin percebeu que os sons chegavam cada vez mais perto. Ele pulou da cama, já imaginando assaltantes entrando em seu quarto. Tentou acender a luz, mas não havia eletricidade. De repente, quatro pequenos seres com "cara de lagarto" entraram no quarto e ficaram parados, encarando-o. Martin diz que eles tinham olhos de répteis e a pele parecia escura, com aspecto de borracha e escamosa. Os quatro seres se aproximaram dele. Ex-fuzileiro, Martin não se entregaria sem lutar. Agarrou uma das criaturas e o braço dela parecia "peixe morto, fria e pegajoso". Girou o braço para dar um golpe em outro dos seres, mas este se transformou em fumaça e o braço de Martin passou pelo ar. De repente, a criatura reassumiu a forma reptiliana. Martin gritou: "Não vou com vocês!". Pegou um abajur e jogou contra os seres, além de outras coisas que encontrou para jogar, inclusive um pequeno martelo. Os objetos não fizeram nada contra eles, simplesmente desviavam "como se eles usassem escudos".

Um dos seres ergueu a mão e uma luz amarela se projetou de sua palma. Martin ficou imediatamente paralisado e caiu na cama. Os seres se aproximaram dele e fizeram alguma coisa com as mãos. Outra luz amarela apareceu, seguida de certos instrumentos que se materializaram no ar. Martin só se lembra, então, de que acordou às 9h com uma terrível dor de cabeça. Não encontrou nenhuma evidência de seus visitantes, mas tinha certeza de que a experiência não tinha sido sonho.

Uma semana depois, uma experiência quase idêntica aconteceu, exceto que dessa vez Martin não saiu da cama para lutar. Acordou e viu os seres entrarem no quarto, mas não conseguiu se mover. Farto de tudo aquilo, Martin resolveu vender a propriedade, tendo prejuízo financeiro. Até hoje, os novos proprietários não relataram nenhum acontecimento estranho; acharam que nossas perguntas eram ridículas e não queriam ser perturbados com "tamanha bobagem".

As características dos casos mencionados neste capítulo parecem mais como contatos imediatos com djinn que com extraterrestres. Embora muitos ufólogos considerem as experiências como essa de Martin abduções, nós acreditamos que na verdade ele teve um contato com inteligências dimensionais (os djinn). As criaturas que viu pareciam sólidas; mas pelo menos uma delas virou "fumaça" e depois retornou à forma física. Também, mais uma vez a aparência preferida era reptiliana. Salientamos ainda que a manifestação reptiliana induz mais medo que a aparência angelical, bonita; talvez os djinn façam isso de propósito. O medo é uma emoção poderosa que gera muita energia: acelera a pulsação da pessoa e coloca o cérebro no modo "pânico". Lembre-se de que, segundo a crença islâmica, os djinn podem subsistir com alimentos físicos e energia, embora, a julgar por seus "costumes", prefiram a segunda.

Conclusão

Muitos encontros com seres que as pessoas julgam extraterrestres podem, na verdade, ser com djinn. Afirmamos que os djinn preferem usar uma aparência extraterrestre para esconder sua verdadeira identidade. Quanto às abduções, não sabemos por que levam as pessoas. Os supostos "exames médicos" relatados pelos abduzidos podem ter o objetivo de esconder algo mais sinistro. Desde os anos 1950, histórias de contato com extraterrestres vêm mudando de benevolentes (seres apenas curiosos a respeito dos humanos) para relatos assustadores de monstros horríveis que fazem experiências com as pessoas da Terra, como animais em laboratórios. Parece que os tempos do "Viemos em Paz" já se foram.

10

Djinn e o Povo das Sombras

O povo das sombras consiste em uma das mais aterradoras e menos compreendidas experiências paranormais. As figuras das sombras exibem as características de todas as entidades negativas que apresentamos neste livro – mas ninguém sabe exatamente quem ou o que são. Estudamos o povo das sombras em profundidade há vários anos e achamos que por trás dele estão os djinn – ou pelo menos por trás de algumas experiências com eles.

Desde 2005, compilamos um banco de dados extenso de experiências e histórias envolvendo o povo das sombras. Rosemary teve a inspiração de iniciar o projeto após receber uma leva contínua de e-mails e cartas de pessoas que descreviam experiências incomuns, semelhantes entre si, para as quais queriam explicações. Desde então, ela já fez numerosas apresentações e deu entrevistas a respeito do tema; e, a cada vez, recebemos uma nova onda de cartas relatando experiências. São centenas, o que nos mostra que esse fenômeno é muito mais frequente do que a maioria dos pesquisadores percebe. Com certeza, algo estranho acontece nos cantos escuros em que as dimensões se intersectam.

Todas as descrições do povo das sombras apresentadas neste capítulo vêm de relatos em nosso banco de dados. O fenômeno é vasto e complexo; e aqui mal tocamos a ponta do *iceberg* – mas os relatos demonstram claramente o envolvimento dos djinn.

Experiências com o povo das sombras

Nosso estudo de centenas de casos mostra que há um denominador comum na experiência com o povo das sombras: um indivíduo acorda em sua cama e vê uma silhueta alta, sólida, preta, no quarto. Pode estar ao lado da cama ou em um canto do dormitório. A figura pode aparecer deslizando de um armário, materializando-se através de uma parede, ou saindo debaixo da cama. O vulto não anda – desliza, movendo-se com incrível velocidade.

Ele tem a forma de um ser humano, aparentando possuir pernas, braços, tronco e cabeça, sem traços definidos. É como a sombra de uma pessoa se movendo nas paredes ou por uma sala.

Geralmente, parece que a figura está usando um casaco ou manto e, às vezes, um chapéu meio grudado na cabeça. De novo, é bom enfatizar, não tem traços faciais, detalhes, cores – tudo é preto, ou "mais preto que o preto", como afirmam muitas testemunhas. Se o quarto estiver escuro, a negritude de uma figura das sombras se destaca mais que a escuridão do ambiente. Parece um ser sólido, espesso, com massa física, pois bloqueia o que está atrás. Embora a entidade não tenha traços faciais, a vítima sabe que está olhando para ela intensamente. Disse uma testemunha:

> Esse vulto tinha a forma humana, pois parecia ter pernas, braço, tronco e cabeça, mas não dava para ver nenhum traço detalhado nele. Era como uma "sombra" se mexendo na parede, com aspecto humano, mas sem detalhes. Estava me observando.

O homem sombra irradia uma poderosa hostilidade, raiva, malevolência e até mesmo a própria malignidade. Geralmente, as pessoas reagem com muito medo, pânico, histeria. Gritam, pulam para fora da cama, saem correndo do quarto ou acendem a luz. De um modo geral, o vulto desaparece, às vezes no ar. Outras vezes, volta para o armário ou para baixo da cama, ou derrete em uma parede ou janela. O que antes parecia sólido de repente não tem mais solidez alguma.

Além disso, o povo das sombras é silencioso. Eles não se comunicam, embora às vezes as pessoas captem mentalmente uma intenção, como no caso deste homem:

> Lá estava aquela figura negra, como uma sombra tridimensional. Não falava, mas me deixava claras suas intenções. Bem, não exatamente suas intenções. Não sei como explicar. A coisa envia umas vibrações de pura malevolência. É como o próprio mal encarnado. Sempre começa do mesmo jeito. Estou acordado na cama e essa coisa (sombra) vem me visitar. Geralmente está do lado de fora da porta da frente, tentando entrar na casa. Às vezes chega até a porta do meu quarto. E de vez em quando aparece no pé da cama. Não há palavras para explicar o mal completo que emana dessa coisa. Ela causa absoluto pânico e terror, como se soubesse atingir a gente.

O homem disse que o homem sombra nunca lhe causou mal físico, mas o terror psicológico e emocional lhe pesou muito.

Às vezes, as pessoas se sentem paralisadas na cama. Conseguem puxar as cobertas sobre a cabeça ou apertar as pálpebras para não abrir os olhos de jeito nenhum. Quando olham de novo, a figura das sombras se foi. Quando é vista sumindo, ela parece fumaça ou neblina. Às vezes, uma prece a afasta. Outras vezes, ela continua ali, para o horror da vítima.

Claro que há variações desses detalhes. Alguns homens sombra são muito mais baixos, 91 centímetros ou 1,50 metro de altura. Às vezes, aparecem com alguns detalhes faciais, como olhos vermelhos, embora recebamos alguns relatos de casos de criaturas com olhos brancos ou azuis. Em alguns casos, o homem sombra age com agressividade, agarrando a vítima, sentando-se em cima dela, sufocando-a, ou respirando sobre ela (as vítimas têm a sensação intuitiva de que o hálito de uma figura das sombras é tóxico). Um homem relatou:

> Era uma sensação de sufocação. Eu estava preso sob ele, não podia me mexer. Sentia um peso sobre o peito. Meus ombros estavam presos. Senti como se a coisa segurasse um travesseiro em cima de meu rosto, impedindo-me de respirar. O esforço para tirar e respirar de novo era tanto físico quanto espiritual. Eu estava preso como que em um movimento de luta livre, com um peso físico em cima de mim. Tentava empurrar, rolar, bater. Achei que alguém tinha entrado no apartamento e estava me atacando. Além de tentar tirar aquilo de cima de mim, comecei a rezar pela vida. Não tinha força para empurrá-lo. De repente, o peso se levantou de mim e pude ver meu atacante, imagem em sombra. Era tão real que, depois do ataque, fui checar todas as portas e janelas para ver se alguém entrara no apartamento. Tudo estava trancado por dentro.

O relato a seguir é de um homem que certa vez trabalhou no turno da noite e dormiu durante o dia. Acordou e se viu sob um ataque estarrecedor:

> No pé da cama havia uma figura escura. O melhor que posso descrevê-la – nunca me esquecerei – é que tinha a forma de um homem. Era alto, da minha altura ou mais alto até, mais de 1,83 metro. Não havia detalhes, como roupas, traços faciais, etc. A cor era a única coisa notável. Ele era mais preto que o preto, sem ter de fato uma cor. Parecia desprovido de qualquer cor, talvez com

um leve brilho azul em volta da silhueta, semelhante a um arco voltaico. Esse brilho azul eu só vi quando a figura desapareceu, ou melhor, retrocedeu.

O evento foi no começo da tarde. Começou como um ataque físico e, creio, espiritual. A presença tentava me sufocar. Lembro-me de tentar empurrá-la fisicamente. Fosse o que fosse, era muito mais forte que eu. Na época, tinha 22 anos de idade e estava em ótima forma física. A luta durou talvez poucos segundos, mas pareceu-me uma eternidade. Lutei contra aquilo com todas as minhas forças, além de rezar. Foi uma das poucas vezes que pensei seriamente na minha vida. Se a coisa me soltou ou se consegui me livrar dela ainda é um mistério. Não quero outra luta daquela.

As experiências com o povo das sombras acontecem com pessoas de ambos os sexos e todas as idades. Encontramos uma distribuição relativamente igual entre homens e mulheres e diversas faixas etárias. A maior parte dos casos ocorre à noite, quando a maioria das pessoas está dormindo. Mas muitos acontecem de dia, até mesmo em momentos em que a pessoa está acordada, em casa ou no trabalho. Algumas pessoas têm apenas uma ou duas visões aterradoras e inesquecíveis; outras são visitadas repetidas vezes pelos homens sombra. Algumas dessas figuras das sombras "sombreiam" famílias inteiras, importunando-as por gerações.

Há uma semelhança interessante entre o povo das sombras e as experiências de contato/abdução por ETs, em pessoas que parecem propensas a sofrer as duas coisas. As vítimas nunca sabem quando uma espécie de ser ou outra aparecerá – e por quê.

Embora a maioria dos encontros com o povo das sombras se dê em quartos ou outro lugar da casa, alguns ocorrem em locais assombrados, onde há alta intensidade de fenômenos. Rosemary observou homens sombra em suas investigações de diversos lugares. Alguns têm uma distinta forma humana, enquanto outros se parecem mais com bolhas ou colunas de massa preta; ou até nuvens negras girando, com aspecto de tinta ou fumaça líquida.

Quem são os seres do povo das sombras, e o que querem? Ninguém sabe, de fato – mas temos algumas ideias. Esses homens sombra parecem intensamente interessados em nos observar. E o fenômeno não é novo. O folclore dos antigos povos nativos norte-americanos fala de "observadores" com essa aparência, que vivem em áreas remotas. Relatos semelhantes de "fantasmas escuros" e "monges fantasmas encapuzados" remontam à Idade Média, sendo incrivelmente semelhantes com os relatos modernos do povo das sombras.

Até chegarmos à conclusão de que os djinn são responsáveis pelo menos por algumas experiências com o povo das sombras, passamos por um processo de eliminação, analisando o fenômeno sob diversas perspectivas. Levamos em conta fantasmas, *poltergeists*, íncubos/súcubos, bruxos e bruxas, demônios, Homens de Preto, extraterrestres, ultraterrestres e formas-pensamento, como possíveis fontes. Nenhuma dessas alternativas serve, embora os homens sombra tenham características de quase todas. Eles assombram os lugares e desaparecem como fantasmas. Os animais percebem sua presença e não gostam deles. Suas visitas às vezes são acompanhadas de efeitos *poltergeist*. Eles agem de forma malévola; e esse malevolência, somada à aparência negra, convence as pessoas de que são demônios. No entanto, preces e a invocação do nome de Deus e figuras religiosas nem sempre funcionam contra eles. Eles aparecem à noite como os ETs, materializam-se através de paredes e deixam as pessoas paralisadas na cama, por medo. Parecem-se com os hostis Homens de Preto em seus ternos escuros que importunam testemunhas de óvnis e extraterrestres. São capazes de atrair sexualmente as pessoas, assim como os íncubos e súcubos, embora isso raramente seja relatado. Não abduzem, como os ETs *grays* – pelo menos que saibamos. Algumas vítimas de contatos com o povo das sombras sentem que a entidade quer sequestrá-las. Não sabemos se isso acontece de fato, pois as pessoas que entrevistamos dizem que, com força de vontade e considerável dose de energia, conseguiram evitar o sequestro. Os homens sombra também parecem ultraterrestres, originando-se de outra dimensão e torcendo nossas leis físicas, materializando-se e se desmaterializando à vontade.

Em nossa análise inicial dos relatos, tendíamos para explicações extraterrestres e ultraterrestres. Pensávamos que talvez as figuras das sombras fossem uma espécie pouco conhecida ou uma raça com objetos próprios em relação aos seres humanos e à terra. Intrigava-nos a relação entre as experiências com ETs e com o povo das sombras, bem como a similaridade de seus comportamentos.

Quanto mais estudávamos, porém, mais as evidências apontavam para os djinn. Parecia-nos improvável que a forma dos homens sombra fosse natural para eles; trata-se provavelmente de um disfarce. O casaco ou manto pode esconder outra forma. As vítimas sempre se perguntavam o porquê do chapéu. Geralmente é um chapéu fora de moda, estilo Dragnet ou Dick Tracy, de meados do século XX. Às vezes é grande e flácido. Acreditamos que o chapéu esconde algo acerca da cabeça da entidade – ou talvez algum equipamento. Alguns contatados afirmam que sentem que a forma verdadeira das figuras das sombras é tão horrenda que os seres humanos não aguentariam. Outra explicação pode ser simplesmente a natureza *trickster* dos djinn, assumindo uma forma que não faz sentido lógico.

Outros tipos de seres às vezes também visitam as pessoas que viram o povo das sombras, embora não necessariamente ao mesmo tempo. São, de um modo geral, criaturas pequenas – outra forma favorita dos djinn. O caso seguinte é desse tipo; foi relatado por uma mulher que começou a ter experiências quando visitava uma amiga. O ser das sombras a seguiu até sua casa e começou a aparecer lá. Depois, foi substituído por uma criatura:

> Acordei por volta das 3h30. O quarto estava na completa escuridão. Do outro lado do quarto, à esquerda da cama – no pé da cama, que ficava no canto da parede –, vi o que me pareceu um homem vestindo um casacão e um chapéu fedora puxado sobre a testa. Não tinha traços faciais nem braços ou pernas, mas eu sabia que era do sexo masculino. Havia um brilho vermelho como o de um cigarro perto do lugar onde seria a boca. Ele ficou lá, olhando. Não consegui me mover; acho que o nome disso é paralisia do sono. Contei à minha amiga no dia seguinte e ela me disse que nunca tinha visto nada disso na casa. Visitei-a dali a um mês e mais uma vez acordei por volta da mesma hora. Sabia que a figura estava lá; por isso, não abri os olhos. Virei-me para a direita e acendi o abajur. Não havia nada naquele canto quando olhei.
> Um mês depois, em minha casa, a 402 quilômetros de distância, acordei e vi o homem recostado no canto de meu quarto – de novo, no pé da cama. Naquela mesma noite, meu filho de 14 anos afirmou ter visto o homem de pé, parado à sua porta. O interessante é que agora o homem sombra não aparece mais. Sou visitada por uma gárgula do tamanho de um gato, que se senta em cima da cômoda.

Coletamos outras histórias de estranhas criaturas pequenas, incluindo uma que parecia uma mistura de gato e coelho; e uma criatura que se parecia com uma toupeira, com garras carnudas. Já vimos com frequência e ouvimos falar do que Rosemary chama de "coisinhas cinzentas que correm", formas cinzentas do tamanho de um gato, sem cabeça ou rabo definidos e múltiplas pernas e pés, que se movem rapidamente pelas paredes e escadas.

Qual é o propósito do povo das sombras?

O povo das sombras parece interessado em nos observar e espionar. Por que eles vêm quando dormimos? Talvez estejamos mais vulneráveis a ter a mente e o corpo sondados. Se os djinn querem mesmo recuperar seu lugar no mundo físico, faz sentido precisarem de informações a respeito de nossos corpos. O estado de plasma, natural deles, pode não ser apropriado para longos períodos nesta dimensão.

Assim como os abduzidos por ETs, as pessoas que veem o povo das sombras não fazem ideia por que foram visitadas. Às vezes, o local parece um fator importante, pois as experiências cessam quando as pessoas vão embora ou mudam de casa. Isso indicaria a existência de propriedades geofísicas criando portais entre dimensões. Em alguns casos, detectamos que o atrito emocional é outro fator. Talvez a energia gerada por emoções intensas atraia e "alimente" as entidades. É possível que o medo também as alimente; daí a irradiação de malevolência, para obter a reação emocional que esses seres querem. Além disso, o medo gerado pode proteger sua verdadeira identidade e seus propósitos. Quando temos medo, simplesmente queremos fugir – não fazemos perguntas nem sondamos demais. O medo é, sem dúvida, uma tática que esperaríamos dos djinn.

Será que os djinn trabalham em cooperação com pelo menos alguns dos ETs abdutores? Fazem um serviço de reconhecimento e monitoramento – talvez de programação mental – enquanto dormimos? Ou será que os ETs abdutores são outra forma dos próprios djinn, como refletimos no capítulo anterior? Quaisquer que sejam seus propósitos, tanto o povo das sombras quanto os alienígenas abdutores parecem ter intenções hostis para com os seres humanos.

Remédios contra o povo das sombras

Quase todos os que nos escrevem perguntam como podem mandar os homens sombra embora e impedi-los de voltar. Mesmo uma única experiência pode deixar cicatrizes psíquicas profundas, além de um medo e a convicção de que "a coisa" vai retornar, principalmente se a pessoa pensar nela. Como mencionamos antes, muitas pessoas descobrem que rezar funciona e os afasta. O remédio mais comum para a maioria dos visitados é acender as luzes. Algumas vítimas de repetidas experiências passaram anos dormindo com a luz acesa só para não deixar o povo das sombras aparecer. Na verdade, a eletricidade e o eletromagnetismo podem ser defesas contra o povo das sombras.

Interferência eletromagnética

Campos elétricos ou eletromagnéticos de energia podem debilitar a capacidade de o povo das sombras manter uma forma em nossa realidade. O uso de luzes, televisões, rádios, computadores e até telefones celulares pode desmanchar seus "corpos" metamorfoseados. Talvez os homens sombra estejam tentando aprender como evitar ou anular efeitos elétricos e eletromagnéticos. É possível que sondem nosso cérebro e sistema nervoso enquanto dormimos para obter informações úteis.

Fato interessante: encontramos uma matéria em um jornal de 14 de outubro de 2001, na qual uma autoridade em pesquisas psíquicas opinava que os efeitos eletromagnéticos do uso cada vez maior de telefones celulares estavam diminuindo a atividade de fantasmas.

> LONDRES (Reuters) – Telefones celulares estão matando os fantasmas, afirmou um especialista que há muitos anos estuda fenômenos ocultos. Tony Cornell, da Sociedade de Pesquisas Paranormais, disse ao *Sunday Express* que relatos de aparições de fantasmas começaram a cair quando os celulares foram inventados 15 anos atrás.
>
> "Aparições de fantasmas foram constantes por muitos séculos. Até três anos atrás, recebíamos relatos de duas novas histórias de fantasmas por semana", disse Cornell, em relação a Cambridge, leste da Inglaterra.
>
> "Mas, com a invenção dos telefones celulares 15 anos atrás, as aparições começaram a diminuir a ponto de não recebermos mais nenhum relato."

Segundo o jornal, as atrações turísticas assombradas na Grã-Bretanha podem estar ameaçadas se a quantidade de telefones celulares continuar crescendo a partir dos atuais 39 milhões.

Parece que os eventos paranormais, que alguns cientistas descartam como mera atividade elétrica incomum, podem ser sufocados pelo ruído eletromagnético produzido por telefones celulares e mensagens de texto. A julgar pelo comportamento reativo do povo das sombras, eles também devem ser afetados.

Um de nossos casos substancia essa possibilidade. O incidente envolveu uma empresa de remanufatura com sede em um grande edifício comercial. A empresa remanufatura computadores velhos e componentes de torres de celular. Pouco após a empresa assinar um contrato grande com uma fabricante de celulares, um homem sombra alto começou a aparecer no local de trabalho. Às vezes, ele observava os funcionários trabalhando nos computadores, mas parecia mais interessado nas peças das torres de celulares.

A figura irradiava malignidade e mexia com os nervos. Deslocava-se rapidamente pela sala, aparecia e desaparecia de um momento para outro. Os empregados também notavam que algumas ferramentas sumiam. Chegavam ao trabalho de manhã e viam que as ferramentas usadas no dia anterior estavam em lugares errados, ou simplesmente sumiam. Às vezes, essas ferramentas reapareciam dali a alguns dias, em um local diferente.

Após meses de aparições quase diárias do homem sombra, um funcionário resolveu tomar uma providência. Comprou um crucifixo e um retrato da Virgem Maria, pendurando os dois em uma parede ao lado de sua mesa de trabalho. Todas as manhãs, ele rezava e pedia proteção. Pouco depois, o homem sombra não apareceu mais. Foi uma intervenção religiosa ou a entidade já conseguira todas as informações que queria?

Mais conexões

Em nossas investigações de locais de alta atividade, descobrimos que o povo das sombras faz parte de um cenário muito maior que inclui outros fenômenos e entidades. Deve haver certas áreas ou portais em que os djinn se sintam confortáveis e relativamente estáveis, entrando e saindo à vontade de nossa dimensão. Talvez assumam uma variedade de formas para, segundo o falecido John Keel, apenas nos confundir.

11

Eles Querem Nosso Mundo;
e Querem Agora!

Devemos nos lembrar que, com exceção daqueles djinn que se encontram entre aberturas dimensionais, a maioria dos membros dessa raça antiga vive em outra realidade, muito perto de nosso mundo. De acordo com teorias recentes na física teórica, essa outra realidade se localiza em um ângulo reto a partir de qualquer posição que miremos. Portanto, nós, seres tridimensionais, não poderíamos nos virar e ver essa área do espaço, pois, à medida que nos movemos, essa área também se move conosco, de modo que nunca seremos rápidos o suficiente para vislumbrar essa outra realidade. A única maneira possível de realizar tal feito seria dobrar o próprio espaço, ou talvez nos locomover mais rápido que a velocidade da luz.

Durante séculos, os djinn pareceram quietos. Só nos últimos 40 e poucos anos começaram a atuar em nosso mundo, de novo. Os motivos e as explicações para esse aumento de atividade deles em nossa realidade podem ser os mais variados. A teoria que nos parece mais plausível, que explicaria por que a aparição dos djinn neste mundo é cíclica, é que eles são compostos de plasma e são muito afetados por mudanças nos campos magnéticos. Parecem evitar campos magnéticos intensos e se irritam com a proximidade de aparelhos que desviam, destorcem ou mudam ligeiramente a polaridade do plasma. Por séculos, o campo magnético de nosso planeta deve nos ter protegido dos djinn, bloqueando a realidade deles do contato com a nossa. Recentemente, os cientistas descobriram que o campo magnético da Terra muda de tempos em tempos; desde o século XIX, sua força tem diminuído em 10%.[101]

---

101. NASA/AMES Research Center: http://www.nasa.gov/vision/earth/lookingatearth/29dec_magneticfield.html. Acesso em outubro de 2010.

Graças a esse declínio, áreas de anomalias magnéticas negativas têm aumentado, criando voltas ou portais pelos quais os djinn podem entrar em nosso mundo.

Vale salientar ainda que nosso Sol está muito quieto, apesar do fato de estarmos em um período de explosão solar máxima. O pico da atividade solar será 2012; e os astrônomos do Observatório Nacional de Kitt Peak preveem (ou temem) que o astro compensará essa inatividade e se desequilibrará.[102] Isso provocaria explosões solares massivas e emissões coronais. As partículas e a energia que chegam à Terra perturbariam e enfraqueceriam nosso campo magnético consideravelmente, deixando a vida em nosso planeta sujeita a intensa radiação solar. O enfraquecimento dos campos magnéticos pode ser o que os djinn esperam para entrar com segurança em nossa dimensão, atravessando os vórtices ou buracos nos escudos naturais de nosso planeta. As lendas acerca dos djinn que voltarem para reconquistar o que eles julgam ser deles por direito podem ser mais que balelas e contos da antiga mitologia árabe – talvez contenham grande dose de verdade. Se nossas suspeitas estiverem corretas, nos anos após 2012, veremos um aumento ainda maior de atividade paranormal e uma grande mudança de percepção daquilo que consideramos realidade.

Retorno dos djinn

À medida que o século XXI avança, a raça dos djinn mais uma vez se manifesta em nosso mundo, após longa ausência. No passado, eles apareciam como gênios, anjos, demônios, gárgulas e outras criaturas mitológicas. Hoje, no entanto, é possível que estejam assumindo a forma de óvnis, alienígenas, fadas, fantasmas, espíritos, povo das sombras e criaturas que parecem vir de fora do tempo e do espaço. Podem ser os responsáveis por grande parte das canalizações, visões e outras formas de contatos paranormais. É evidente, a partir de nossa pesquisa, que os djinn têm intenso interesse pela atual condição humana e querem aprender mais a respeito das tecnologias que desenvolvemos desde o século passado. Também parecem precisar dos seres humanos e de outras formas de vida nesta realidade para fazerem a transição ao nosso mundo. Talvez as várias histórias de extraterrestres criando espécies híbridas para viver em nosso planeta não sejam apenas relatos de pessoas de

---

102. O Observatório Nacional de Kitt Peak mantém um grande número de observatórios astronômicos na Terra para astronomia óptica noturna e infravermelha, bem como estudos diurnos do Sol. Kitt Peak fica a 90,12 quilômetros a sudoeste de Tucson, Arizona.

imaginação fértil demais ou meros delírios. Os "alienígenas" de outros sistemas estelares podem ser, na verdade, seres dimensionais tentando criar uma nova raça – uma raça sensível, com vontade própria, que consiga existir não apenas em nossa realidade, mas também no mundo dos djinn. Assim como Bilqis, a rainha de Sabá, essa raça seria formidável, combinando o poder dos djinn com a mente agressiva e criativa dos humanos.

Consideramos, atualmente, a possibilidade dos djinn em nossas investigações da paranormalidade e incentivamos outros pesquisadores a se aventurar para além de suas explicações convencionais de fantasmas, *poltergeits*, ETs, demônios e criaturas sobrenaturais. Os djinn estão em toda parte, às vezes se escondem em plena vista. Os casos seguintes são alguns que, cremos, envolvem djinn.

O rancho "Skinwalker"

Há um rancho em Utah que se tornou famoso nas comunidades de estudos paranormais – o Rancho Skinwalker, que recebeu esse nome por causa dos fenômenos predominantes na área.* Tanta atividade negativa ocorria no local que os donos o venderam ao *National Institute of Discovery Science* (NIDS).[103] O relato das investigações do NIDS no rancho está documentado em *Hunt for the Skinwalker* (2004), de Colm A. Kelleher, ex-administrador assistente do Instituto, e George Knapp, jornalista. Enfatizamos aqui que a interpretação do fenômeno como sendo djinn é nossa e não aparece no livro.

De acordo com o folclore dos nativos norte-americanos, *skinwalkers* são feiticeiros maus, mutantes, que se locomovem com muita rapidez, principalmente à noite. Causam doenças, incitam as pessoas à violência, roubam túmulos e até matam pessoas. O rancho está situado na bacia de Uinta, uma área notória por histórias sobrenaturais. Diziam que sua construção violou os caminhos dos *skinwalkers* e o lugar se tornou um foco de má sorte. Os moradores locais evitam falar dos *skinwalker* ou falam muito baixo para não atrair atenções indesejadas. Acreditamos que os *skinwalkers* são, na verdade, djinn disfarçados:

---

* N.T.: *skinwalker* é o nome dado por algumas tribos indígenas a uma pessoa que tem o dom de se transformar em animal, tendo de, para isso, usar a pele do animal escolhido para a transformação, daí o nome *skin* (pele) *walker* (andarilho).
103. O NIDS foi criado pelo investidor imobiliário Robert Bigelow de Las Vegas em 1995, como uma organização de fundos privados para investigar cientificamente fenômenos ufológicos e paranormais, bem como subvencionar a ainda considerada paraciência. Foi fechado em 2004. O NIDS empregava equipes de cientistas e pesquisadores.

suas atividades e seus poderes encaixam com as descrições; e os humanos os temem na mesma proporção.

Algumas das ocorrências observadas no rancho são intensa manifestação de *poltergeist*; estranhos orbes de luz que parecem possuir inteligência própria; lobos sobrenaturais que resistem às balas; entidades escuras; mutilação e desaparecimento de animais; grandes objetos triangulares e negros no céu; outras atividades ligadas ao fenômeno óvni; naves ou objetos que flutuam ao redor ou pousam na propriedade; e avistamentos de Homens de Preto.

Um dos avistamentos mais peculiares foi de uma massa alaranjada que aparecia repetidas vezes no céu, a oeste, aparentando ser uma janela para outra realidade. Certa noite, quando a massa apareceu, Tom (pseudônimo do dono do rancho que vendeu a propriedade ao NIDS) olhou-a por um telescópio:

> No meio da massa alaranjada, Tom viu o que lhe pareceu "outro céu". Pela lente, ele viu distintamente um céu azul... como se fosse uma janela para outro lugar, onde ainda era dia. Tom sentiu que aquilo podia ser um rasgo no céu a cerca de 1,6 quilômetro de distância; e, por esse rasgo, via-se um mundo ou talvez um tempo diferente. No rancho era noite, mas "do outro lado" era dia. Ele começou a achar que os estranhos eventos no rancho podiam ser explicados em termos de diferentes dimensões, realidades alternativas e coisas assim.[104]

Objetos voadores, de rápido deslocamento, incluindo um descrito como sendo preto, eram observados saindo por essa abertura no céu. Tom tinha certeza de que "seu rancho era a base de algum portal dimensional pelo qual um objeto voador entrava e talvez até saísse desta realidade".[105]

Em outra ocasião, à noite, um dos investigadores do NIDS observou uma luz amarela se manifestar na propriedade que se converteu em um túnel. Uma grande criatura humanoide, pouco mais de 1,80 metro de altura, sem traços faciais rastejou para fora do túnel e se afastou. O túnel encolheu e desapareceu, deixando para trás um cheiro pungente de enxofre. A criatura lembra as descrições do povo das sombras e o enxofre pode indicar sua origem subterrânea, um dos locais prediletos dos djinn. Parece que o investigador, assim como Tom, observou uma

---

104. Colm A. Kelleher e George Knapp, *Hunt for the Skinwalker* (New York: Paraview/Pocket Books, 2005), p. 6.
105. Ib., p. 64.

autêntica abertura interdimensional, como se uma inteligência desconhecida escancarasse uma porta para entrar em nosso mundo.

Os investigadores do NIDS testemunharam outros fenômenos, mas nunca conseguiram captar nada em câmera por causa de misteriosos maus funcionamentos e até destruição dos equipamentos. Era como se aquilo que estava causando os fenômenos brincasse de gato e rato com eles – outra marca dos djinn. Alguns dos pesquisadores tiveram problemas de saúde enquanto estavam no rancho, como enxaquecas, outra característica dos djinn.

Após anos de investigação, o NIDS tinha "poucas evidências físicas de fenômenos anômalos, pelo menos que fossem consideradas provas de alguma coisa. E isso apesar de centenas de dias de monitoramento humano e vários anos de vigília por câmera".[106] A investigação foi oficialmente encerrada, mas não temos dúvida de que os fenômenos naquela área continuam.

O rancho e suas cercanias se encontram sobre uma anomalia magnética negativa, segundo os mapas do US Geological Survey (serviço de levantamento geológico norte-americano). Como já mencionamos, anomalias magnéticas negativas costumam ser encontradas em locais de alta incidência paranormal.

O Vale San Luis

Atividades semelhantes ocorrem no Vale San Luis, outro ponto quente, o maior vale alpino do mundo, que se estende desde as cercanias de Villa Grove no sul do Colorado até Taos, norte do Novo México. Desde 1989, o pesquisador Christopher O'Brien investiga milhares de relatos de ocorrências incomuns, tais como óvnis e luzes misteriosas, mutilação de gado e outros animais, fantasmas e assombrações, criaturas misteriosas e misteriosos caroneiros, mutantes e skinwalkers, evidências de bases subterrâneas e encontros com entidades demoníacas ou com aspecto de djinn.

O'Brien recebeu um relato de um encontro com um ser do tipo djinn, enviado pelo chefe de polícia em Questa, Novo México. Em 1993, o tio do policial dirigia para casa certa noite pelo norte de Questa pela Rodovia 522, rumando para o sul. Viu uma mulher usando um vestido luxuoso, de festa, caminhando pela estrada, e parou para lhe oferecer carona. Ela entrou na picape e não disse nada, apenas olhando para a frente. O motorista se virou para lhe perguntar por que ela caminhava

---

106. Ib., p.209.

pela estrada sozinha à noite, e levou um grande susto – ela tinha pernas de bode e cascos! Antes que ele pudesse reagir, a criatura desapareceu diante de seus olhos.[107]

A história do chefe de polícia lembra o conto de Bilqis, a rainha de Sabá, híbrido de djinn e humano, que era descrita como tendo pernas de burro e muitos pelos nas pernas e pés. A "caroneira fantasma" é um fenômeno comum encontrado em todas as partes do mundo. Costuma ter alguma relação com a lenda de um fantasma após uma morte trágica. Uma mulher é avistada andando por uma rua deserta tarde da noite. Ela aceita uma carona e às vezes diz onde mora. Sempre desaparece do veículo. Essas caroneiras misteriosas não parecem perigosas; o choque que causam, porém, compensa!

Mothman ou djinn?

Em um capítulo anterior, discutimos a possibilidade da presença dos djinn na onda de aparições do Mothman nos anos 1960. West Virginia é um Estado ativo em termos de paranormalidade; e a cordilheira dos Apalaches é uma região rica em um folclore misterioso e histórias sobrenaturais. Algumas das montanhas e vales mais remotos podem ser os lugares ideais para os djinn existirem, com pouca interferência humana. Vimos como eles são ferozmente territoriais e, se perturbados, reagem com grande hostilidade. São capazes de viver em paz em uma interseção interdimensional por longos períodos – mas, se forem molestados, exibem todo o seu poder.

Todos os anos, Rosemary frequenta o Festival do Mothman em Point Pleasant, West Virginia, no qual ela dá palestras, conduz investigações e se enturma com os outros frequentadores do festival. Em 2009, ela conheceu um morador de West Virginia que lhe contou uma experiência paranormal assustadora que ele teve no campo de sua própria fazenda, com uma entidade invisível, porém palpável.

Robert (pseudônimo) achava possível que a entidade fosse o Mothman, mas, com o devido respeito que temos por ele, pensamos que se trata de um djinni. Como já comentamos, o Mothman podia ser um djinni metamorfoseado. A interpretação de experiências paranormais é altamente subjetiva, assim como a interpretação dos sonhos. As pessoas escolhem uma explicação que lhes faça sentido.

---

107. Christopher O'Brien, *Stalking the Tricksters, Shapeshifters, Skinwalkers, Dark Angels, and 2012* (Kempton, IL: Adventures Unlimited Press, 2009), p. 158-159.

O encontro aterrador de Robert começou com uma série de fenômenos incomuns discretos no início dos anos 1990. Ele e sua mulher entravam em estados de meditação profunda e cura por distanciamento dentro da casa na fazenda, quando ouviam o som de algo pesado andando no telhado, estalando o teto. Robert teve uma sensação intuitiva de que estava sendo "alertado" para não sair e verificar.

Certa noite, ele e a mulher receberam amigos. Em determinado momento, Robert saiu para desfrutar o ar puro e gostoso. Estava muito escuro. De repente, percebeu que havia uma presença invisível de pé, a mais ou menos três a 4,5 metros de onde ele estava.

> A coisa tinha olhos levemente brilhantes e vermelhos, cujo tamanho devia ser o triplo dos meus, com o triplo do espaço também entre si. Eram alongados, o que indica que devia ter o dobro de largura. Emitiam um brilho discreto, quase infravermelho, um tanto assustador. O ser devia ter uns 2,30 metros de altura. Não pude determinar sua forma nem tamanho, mas parecia grande.

Robert correu para dentro de casa, mas não disse nada para não assustar seus amigos e sua mulher. Embora a presença fosse perturbadora, ele não detectou nada "maligno" vindo dela.

Dois anos depois, ele passou por uma experiência que seria "a mais aterradora e estressante" de sua vida. Robert tinha o hábito de se deitar em um saco de dormir no campo atrás da casa em noites de verão, dormindo sob as estrelas. Levava consigo sua cadela Tanya e um revólver 38, caso encontrasse algum "cão feroz". As noites geralmente eram tranquilas e às vezes ele via óvnis. Naquela noite, porém, a situação foi diferente.

Robert estava quase dormindo quando foi acordado pelo som de cascos batendo no solo. Reconheceu o som como de alerta de cervos. Quando os cervos se assustam, batem no chão com os cascos, criando uma espécie de alarme para todos ouvirem. Robert ouviu os sons dos animais se afastando das proximidades. Imediatamente, ficou alerta.

De repente, uma energia estranha e muito forte atingiu o corpo de Robert de uma maneira que nunca sentira antes. Era doloroso e penetrante; e ele se assustou muito:

> Parecia um ataque psíquico em massa, mas centenas de vezes mais poderoso. Tentei reduzir os efeitos, mas meus esforços de nada adiantavam contra a energia ou contra seus efeitos danosos físicos, psíquicos e emocionais. Tentei, em vão, rechaçar o ataque... Aquela foi a sensação mais estranha em minha vida e me deixou com um medo tão irracional como nunca sentira antes. Acho que uma pessoa comum ficaria paralisada.

Tanya ficou inconsciente e as baterias da lanterna se acabaram. Robert sentia que a fonte do ataque vinha de um ponto entre 50 a cem metros de distância e mais ou menos a 20 graus acima da linha do horizonte. Não pôde ver nenhuma forma definida.

Durante quatro ou cinco horas, Robert permaneceu sentado, tenso, tentando evitar o ataque, segurando o revólver, mas sabendo que não serviria contra aquela coisa que o espreitava na escuridão. Forçou-se a fazer exercícios mentais que amenizassem o medo e o estresse. A energia malévola mantinha um nível constante, quase intolerável; e ele sentiu que um ataque físico poderia acontecer a qualquer momento. De repente, quando os primeiros raios do dia iluminaram o céu, a energia desapareceu de forma tão abrupta como chegou; e, para seu alívio, Tanya acordou. Aquela foi a última noite que Robert dormiu ao relento. Ele relatou que sofreu de distúrbios pós-traumáticos durante anos.

O que o atacou? Talvez a propriedade de Robert fosse habitada por um djinni que vive nas margens do local, onde raramente é perturbado. As excursões de Robert para dormir no campo podem ter irritado o djinn, que o considerou um invasor de domicílio e lhe mostrou sua força para assustá-lo.

"A Fazenda"

Estamos trabalhando em um caso desde o começo de 2009 que envolve uma grande variedade de fenômenos, assim como o rancho Skinwalker, o Vale San Luis e o Vale do Rio Hudson. Não podemos revelar o nome do local porque é propriedade privada, mas trata-se de uma fazenda típica em uma área rural. A região ao redor é conhecida por suas ocorrências ufológicas, avistamentos de criaturas misteriosas e assombrações. Há uma pequena casa na propriedade. A terra foi cultivada e convertida em fazenda no século XIX. No fim do século XX, ficou ociosa por quase 20 anos; e vários anos atrás foi comprada e se tornou propriedade ativa novamente. Não sabemos se os donos anteriores tiveram experiências incomuns na propriedade. Desde que a agricultura voltou a ser praticada lá, as ocorrências paranormais são quase diárias.

Alguns dos fenômenos são aparições de pessoas que teriam sido os primeiros ocupantes da fazenda, no passado; criaturas misteriosas como o "imp", com rosto felino e aparência de couro; as "coisinhas cinzentas que correm", que descrevemos em outro capítulo; homens sombra ameaçadores; efeitos *poltergeists*; mau funcionamento de equipamentos domésticos e agrícolas, bem como da linha telefônica; passos em partes da casa onde não há ninguém; e uma bolha preta que muda de forma e corre pelo campo. Os funcionários da propriedade sentem uma presença invisível, porém hostil, dentro da casa e na terra, que lhes dá a impressão de que eles não são bem-vindos e deveriam ir embora.

Rosemary montou uma equipe de pesquisadores para realizar várias investigações dentro e fora da casa, incluindo vigílias noturnas. Os membros do grupo experienciaram coletivamente todos os fenômenos citados. Alguns dos funcionários e todos os membros da equipe, exceto Rosemary, tiveram problemas de saúde; Rosemary teve uma quantidade absurda de problemas com o carro. Os fenômenos seguiram algumas das pessoas até suas casas. Rosemary vê o fenômeno de aporte de moedas em casa – moedas de vários valores – desde que as investigações começaram. Os aportes são fenômenos próprios do *trickster*, ou do tipo de entidade que gosta de mudar de ocorrências sérias para brincadeiras. As pessoas que trabalham com o caso, incluindo Rosemary, têm pesadelos com visitas de entidades nas quais uma presença desagradável, predatória, entra no quarto.

A entidade – acreditamos que se trata de uma única, e não várias – vive períodos de intensa atividade, seguidos por períodos de baixa ocorrência ou dormência. Começa a atuar mais abertamente logo antes de uma investigação planejada, como se soubesse e tentasse assustar os investigadores.

Acreditamos que a área da propriedade é habitada por um djinni que deve viver na região há muito tempo, antes da chegada das pessoas. Desfrutava sua solitude até a fazenda ser reativada vários anos atrás. Obviamente ele não gosta de ser investigado ou examinado; todas as investigações são acompanhadas por um acentuado aumento (e gravidade) de ocorrências. Gosta de lembrar as pessoas de que é ele quem manda. Uma tática dos nativos norte-americanos para aplacar espíritos foi posta em prática: uma oferenda de tabaco cerimonial, salpicada em volta da casa e da propriedade, e queimada em um pequeno caldeirão. Após a oferenda, as atividades paranormais diminuíram, mas não cessaram. É difícil avaliar o perigo potencial para as pessoas em longo prazo, em casos assim. Quando atividades paranormais desagradáveis são contínuas, as pessoas se acostumam com elas ou se cansam e vão embora.

"Eu cheguei primeiro!"

Uma médium conhecida nossa que trabalha em investigação paranormal foi chamada para tratar de um caso estranho na região leste do país.

O local era uma casa na qual a família estava sofrendo ocorrências cada vez mais desagradáveis. Outros investigadores estavam convencidos de que o responsável era um demônio; e se preparavam para providenciar um exorcismo religioso.

Ann (pseudônimo) ofereceu-se para tentar se comunicar com a entidade e avaliar a situação. Quando se sintonizou mentalmente, ficou surpresa – e energia não dava a sensação de demônio ou fantasma, ou qualquer coisa que ela conhecesse. A entidade parecia antiga, quase primeva. Explicou a Ann que a casa estava localizada sobre seu território. A entidade já existia lá antes da chegada dos humanos. Os nativos americanos compreendiam seus direitos territoriais, respeitavam-na e a deixavam em paz. Mas os colonizadores brancos chegaram e construíram sobre suas terras, causando-lhe perturbações irritantes. A entidade disse que "era dona" de uma milha quadrada. Por motivos não claros, estava agindo agora. Talvez já o tivesse feito com os primeiros moradores. Ou talvez houvesse algo específico com os moradores atuais que desagradasse à entidade. Ele comunicou a Ann que estava alertando as pessoas na casa. Queria que elas saíssem.

A entidade também disse que as pessoas nada poderiam fazer para destruí-la ou matá-la. Exorcismo não daria certo. Entretanto, disse, a própria Ann seria capaz de expulsá-la, mas apenas para certos lugares na terra. Vieram-lhe imagens à mente. Uma delas era de um local na África. Esses lugares pareciam possuir uma espécie de elevador, no qual havia acesso para cima e para baixo, da superfície da terra para baixo dela.

Em virtude de uma série de circunstâncias, Ann acabou se afastando do trabalho. Não sabemos o que houve com a entidade ou com os moradores da casa. Esse caso também tem características dos djinn: uma entidade antiga que precede a presença humana no planeta; é territorial e suficientemente poderosa a ponto de resistir à maioria das tentativas de mandá-la embora. As imagens de certos locais na terra parecem ser portais interdimensionais com acesso subterrâneo – um dos lugares favoritos dos djinn.

Casas gravemente assombradas

Quase todos os grupos de investigação paranormal têm um ou mais casos que se encaixam no seguinte perfil: uma família se muda para uma casa, que custou muito menos que o preço do mercado; e logo começa a experimentar fenômenos desagradáveis que vão, aos poucos, aumentando de intensidade. Alguns dos fenômenos são sons e passos, sombras e figuras sombrias, cães e gatos pretos, formas hediondas, atividade de *poltergeist*, problemas elétricos, pesadelos, aparições de pessoas e figuras encapuzadas, problemas elétricos, doenças inexplicáveis, acidentes inexplicáveis que ferem os moradores da casa, tensão e brigas, má sorte, e outras coisas. Às vezes, a pesquisa revela que a casa tem uma história documentada de atividade paranormal, má sorte, acidentes e um número incomum de mortes, e assim por diante.

A abordagem padrão dos grupos de estudo é trazer um médium ou um padre que declara que a casa é assombrada por um demônio ou um elemental, um tipo de espírito de baixo nível existente na natureza. São realizados, então, rituais de exorcismo, bênçãos e preces. No fim, o espírito retorna. Podem se passar semanas, meses ou até anos antes da volta. Até então, se a casa mudar de dono, a sensibilidade aos fenômenos varia. Algumas pessoas são mais vulneráveis que outras.

Alguns desses casos podem realmente ser provocados por demônios; mas, em casos persistentes, a entidade ocupante pode ser um djinni. Talvez a casa se situe em uma área de portal, que dificilmente fechará, nem sob comandos religiosos. Lidar com djinn nada tem a ver com espíritos "bons" versus espíritos "maus". Na verdade, o conflito é racial: humanos *versus* djinn.

Conclusão

Acreditamos que existem muitos lugares no planeta nos quais os djinn têm uma forte presença. Estamos reavaliando casos em nossos arquivos e encontramos vários que mostram o perfil dos djinn. Em alguns casos, os djinn são capazes de criar leves fenômenos de assombrações; em outros, podem dificultar muito a vida para os humanos. Exorcismos convencionais contra demônios, "elementais" e fantasmas não funcionam com eles, pois os djinn são muito mais poderosos que os humanos. Quando se afastam, é porque querem. Por exemplo, um djinni pode se disfarçar de demônio ou de qualquer outro tipo de entidade e fingir que foi exorcizado – só para se esconder e reaparecer mais tarde. Talvez isso explique alguns dos casos de possessão.

Alguns djinn não querem uma coexistência pacífica. Em uma analogia, se sua casa for invadida por formigas ou roedores, você não se importa se esses invasores são "bonzinhos" nem pensa que querem dividir o espaço com você – você só quer que eles *saiam*. Essa é a atitude de muitos djinn em relação aos humanos: para eles, nós somos pestes. Uma palavra frequente em casos de assombrações é o alerta da entidade: "Saia!". Quando os djinn dizem isso, não estão brincando!

12

Contato entre Humanos e Djinn – É Possível?

A conjuração é uma faca de dois gumes. Independentemente do tipo e natureza do espírito – bons, maus ou indiferentes –, todos são difíceis de invocar e mais ainda de controlar. Se um ritual não for bem executado, ou se o invocador não tiver o poder necessário, o espírito é capaz de criar um pandemônio e prejudicar ou sugar a saúde física e mental do indivíduo.

Os djinn não são diferentes de outros espíritos e entidades quando são chamados.

Têm vontade própria e, se um djinni for invocado, ele pode ser muito perigoso. Não há como prever suas reações. Assim como os humanos, os djinn têm regras próprias que determinam seu comportamento. Na maioria dos casos, um djinni ignora o chamado de uma pessoa, a menos que tenha algo a ganhar com isso. Os djinn também são invocados às vezes para manipular, possuir e fazer mal a outras pessoas. Isso também é perigoso, pois, assim como nós, nem todos os djinn são bons – alguns são maus; e alguns poucos são simplesmente psicóticos.

O profeta Maomé era capaz de invocar os djinn; e, quando o fazia, eles questionavam sua afirmação de que era o profeta escolhido de Alá. Em todas as versões da história, Maomé consegue controlar os djinn e os convence de que é mesmo o Profeta, resultando na conversão de muitos djinn ao Islã. De tantas as histórias contadas, a mais popular e nossa favorita é a seguinte.

O contato do profeta Maomé com os djinn

Em *Dala'il-al-Nubuwaat*, Imam Baihai afirma que o profeta Maomé certa vez disse a seus companheiros em Meca: "Aqueles que dentre vós desejarem ver os djinn, devem me procurar hoje à noite".[108] Um de seus seguidores, Hadhrat Abdullah Ibn Masood, foi o único que apareceu, pois todos os outros tinham medo dos djinn. O Profeta o levou a uma colina alta em Meca, em uma noite clara, porém sem luar. Maomé desenhou um círculo e disse a Ibn Masood que ele deveria ficar sentado e imóvel dentro do círculo, independentemente do que ocorresse. Hadhrat Abdullah Ibn Masood se sentou dentro da borda do círculo e começou a recitar o Alcorão. De repente, uma grande quantidade de djinn apareceu de uma fumaça e cercou Maomé, que estava fora do círculo. Os djinn pareciam estar criando uma barreira em volta do Profeta, prendendo-o.

Ibn Masood ouviu os djinn dizer a Maomé: "Que evidência você nos dá de que é o Profeta?".

Maomé apontou para uma árvore próxima e disse: "Vocês aceitarão minhas palavras se essa árvore der a evidência?".

O líder do grupo de djinn respondeu: "Sim, aceitaremos".

Então, o Profeta chamou a árvore e ela caminhou em direção aos djinn. Era uma evidência de que Maomé de fato era o profeta escolhido por Alá. Os djinn ficaram tão impressionados que louvaram Alá e seu profeta, e se converteram ao Islã.

Como Maomé sabia que seus seguidores deveriam ficar dentro de um círculo, para proteção? Talvez ele conhecesse o conceito de um círculo mágico. Círculos possuem um significado mágico, protetor, desde tempos remotos, quando eram desenhados em volta das camas de pessoas enfermas e mães que acabaram de dar à luz para protegê-las contra demônios. Se uma pessoa invoca espíritos, um círculo mágico a protege contra quaisquer influências negativas e cria uma barreira simbólica contra sua própria natureza inferior.

Essa história de Maomé não nos diz se ele usou símbolos mágicos ou rituais enquanto desenhava o círculo, como os que existem na magia atribuída ao rei Salomão.

O controle que Salomão tinha dos djinn

Desde os tempos em que o rei Salomão forçou os djinn ao trabalho escravo, várias pessoas têm tentado canalizar os poderes sobrenaturais deles, geralmente para adquirir conhecimento secreto, poder, a habilidade para ver o futuro, a busca por amor, riqueza e tesouros.

Salomão usou um poder que lhe foi conferido por Deus, um domínio que nunca mais foi dado a indivíduo algum, depois. Seu poder

---

108. Um livro de histórias muçulmanas.

era canalizado por um anel mágico que anulava a habilidade dos djinn para resistir a ele. Esse anel lendário desapareceu nas brumas do tempo, mas em seu lugar existem numerosos manuais de magia, alguns cuja autoria é atribuída ao próprio Salomão. Na tradição de magia ocidental, esses manuais ficaram conhecidos como "grimórios", supostamente só acessíveis aos iniciados. Como qualquer coisa "proibida" ou "secreta", porém, os grimórios chegaram ao alcance das massas. Muitos teriam raízes na Antiguidade e linhagens oriundas do próprio Salomão; a maioria dos principais, entretanto, foi escrita na Europa (principalmente na França) nos séculos XVII e XVIII durante um período de renovado interesse pela magia. Derivam, em grande parte, da cultura mágica hebraica, bem como de textos egípcios, helenísticos e gregos.[109]

O texto mais famoso e antigo atribuído a Salomão é a *Chave de Salomão*, também chamado de *A chave maior de Salomão*. O manual contém encantamentos e instruções para invocar os djinn (chamados de demônios nas tradições ocidentais). De acordo com as lendas, Salomão escreveu todos os seus segredos mágicos nesse livro e ordenou, pouco antes de morrer, que fosse lacrado em uma caixa de marfim e colocado em sua tumba. Algum tempo depois, a tumba foi aberta e a caixa e seu livro foram descobertos.[110]

O historiador Flavius Josephus citou tal livro no primeiro século da Era Cristã; mas não se sabe com certeza se a referência era a esse grimório ou ao Testamento de Salomão, que narra as histórias da subjugação dos djinn por Salomão:

> Deus possibilitou a Salomão aprender a técnica de expulsar demônios, que é uma ciência útil e purificadora para os homens. Ele compôs encantamentos também para aliviar maus temperamentos; e deixou um legado dos modos de usar o exorcismo, pelo qual os demônios são afastados e nunca mais retornam.[111]

A *Chave* provavelmente foi escrita por um ou mais autores anônimos; circulou como texto de magia na Europa a partir de cerca de 1100, a data mais antiga de um manuscrito conhecido.

Outro texto salomônico de magia é *A chave menor de Salomão*, também chamado de *Lemegeton*, termo de significado desconhecido. Embora também a essa obra seja atribuída uma linhagem direta de Salomão, ela provavelmente foi escrita em estágios por diferentes autores

---

109. Rosemary Ellen Guiley, *The Encyclopedia of Demons & Demonology* (New York: Facts On File, 2009), p. 100-104.
110. John D. Seymour, *Tales of King Salomon* (London: Oxford University Press, 1924), p. 58.
111. Ib., p. 57.

anônimos a partir do século XVI. Deriva do Testamento de Salomão e do *Livro de Enoch*, bem como de *A chave*. O *Lemegeton* tem quatro partes; a *Ars Goetia* descreve os 72 "anjos caídos" que Salomão evocava e como eles eram conjurados. Se as entidades são mesmo anjos caídos, djinn ou outra coisa não se sabe ao certo.

Na crença islâmica, os livros de magia atribuídos a Salomão são mentiras inventadas pelos djinn, na tentativa de fazer com que Salomão parecesse um feiticeiro – um infiel. Após sua morte, os djinn escreveram livros de magia e infidelidade e os colocaram sob o trono do rei, afirmando que eram textos usados para subjugá-los. Os djinn, então, espalharam as mentiras para toda a humanidade, enganando as pessoas, levando-as a pensar que aprenderiam verdadeiros segredos mágicos.

Invocando os djinn

Outro texto ocidental interessante a respeito da invocação dos djinn é *The Black Pullet*, escrito provavelmente na França ou em algum outro lugar na Europa no fim do século XVIII. É um dos poucos grimórios que não afirma ser antigo – mas apresenta os djinn, embora eles não sejam citados por esse nome. Evoca a lenda salomônica, centrando-a no uso de anéis talismânicos e círculos inscritos como canais de poder mágico.

De acordo com a lenda narrada em *The Black Pullet*, os segredos mágicos foram descobertos por um soldado anônimo no exército de Napoleão enviado ao Egito. Perto das pirâmides no Cairo, ele e vários companheiros foram atacados por soldados árabes. Todos, menos ele, morreram; mas ele foi deixado para trás, tido como morto. Perto do pôr do sol, pensou que logo pereceria também – mas, de repente, uma pedra rolou revelando uma abertura na Grande Pirâmide, e de dentro saiu um turco com turbante. O turco levou o soldado para dentro, onde havia vastos salões, enormes galerias, câmaras subterrâneas e pilhas de tesouros, tudo ministrado por espíritos (podemos presumir que eram djinn). O assistente do turco era um djinni (também chamado de espírito, no texto) chamado Odous.

Quando o soldado recuperou a saúde, o turco se confidenciou com ele. Todas as riquezas na pirâmide eram o produto de 80 anos de prática do oculto e de magia, que o turco gostaria de passar ao soldado, pois logo ele – o turco – morreria. Para demonstrar seu poder, o turco lhe mostrou um anel mágico. Soprou três vezes sobre o anel e recitou um encantamento. Espíritos atendentes (djinn) e outras coisas que o turco queria apareceram. Ele conjurou também um banquete delicioso, com boa comida e vinho.

O turco mostrou ao soldado *The Black Pullet*, descrito como uma versão do conto popular árabe Aladim e a lâmpada maravilhosa, mas com um significado espiritual extra. O texto explicava como adquirir poder mágico com 22 talismãs bordados em seda e gravados em anéis feitos de aço bronzeado. O turco afirmou ser o único que possuía tal conhecimento. Orientou o soldado na aprendizagem dos 22 talismãs. No fim, invocou Odous para obedecer ao soldado. Odous, relatou o soldado, apareceu como "um jovem da mais bela estatura; ademais, sua pessoa reluzia com todos os encantamentos; no alto de sua cabeça brilhava uma chama cujo fulgor meus olhos não aguentavam vislumbrar".[112] (A partir dessa descrição, é fácil entender como essa entidade seria interpretada como um anjo ou espírito guardião.)

O turco tinha outro presente para o soldado, além do manual de magia: uma galinha preta ("pullet" é um termo que deriva da palavra francesa *poulet* – galinha) treinada para encontrar ouro. Na verdade, o ritual para criar uma "galinha caçadora de ouro" era uma das partes mais importantes de *The Black Pullet*.

Após aprender os segredos, o soldado perdeu a consciência. O turco morreu e foi cremado; e Odou se tornou o servo dedicado do soldado. Foram para a Europa, levando consigo o livro, as cinzas do turco, a galinha preta e as pilhas de tesouro. Na França, o soldado publicou o livro. Ele usou a galinha preta para encontrar grandes riquezas.

A relação entre esses rituais mágicos e os djinn são muito claras: um legado salomônico, os servos que parecem djinn, referência ao folclore árabe de djinn que concedem desejos e a tentação de grandes tesouros – um das especialidades dos djinn. As entidades nos grimórios ocidentais podem ser chamadas de espíritos, demônios, anjos caídos ou anjos, mas os djinn se escondem por trás deles. O material de vários grimórios foi parar em muitos livros e textos de magia, misturando-se, em alguns casos, com material cristianizado. Rituais mágicos continuam sendo reinterpretados nos tempos modernos, com acréscimos do paganismo moderno e até de tradições xamânicas. O resultado é que as origens se tornam cada vez mais obscuras – algo que os djinn apreciariam e até incentivariam para mascarar sua presença.

Alguns rituais ocidentais foram adaptados especificamente de fontes do Oriente Médio para conjurar djinn, não "demônios" ou "espíritos". Muitas pessoas no mundo islâmico não aprovam que cidadãos do

---

112. The Black Pullet, http://www.scribd.com/doc/11062300/The-Black-Pullet-Science-of-Magical-Talismans, p. 13. Acessado em novembro de 2010.

Ocidente mexam com os djinn, pois acreditam que os infiéis (descrentes) não têm o direito – nem o devido conhecimento – para isso.

Textos e rituais do Oriente Médio para invocação dos djinn existem há séculos e ainda podem ser usados hoje em dia. Os muçulmanos acham que outras pessoas não têm o direito de tratar com os djinn; mas os djinn existem antes do Islã e, de certa forma, existem em todos os lugares.

Alguns rituais para conjurar djinn são ensinados oralmente e outros são escritos em manuais de magia. Assim como os grimórios ocidentais, os manuais djinn de magia são vendidos em toda parte, no mercado e pela internet. Você pode até comprar anéis, pingentes e garrafas que supostamente contêm djinn esperando ser libertados para conceder desejos; é bem provável que tais objetos não tenham o menor valor.

Alguns rituais djinn chegaram ao Ocidente a partir da tradição sufi. Os djinn podem ser conjurados de várias maneiras: por meio de mediunidade infantil; por clarividência e sonhos; e em manifestações em espelhos, água e outros objetos.[113] Olhar o reflexo em uma superfície é um método chamado de "*scrying*" na tradição ocidental, um modo milenar de visão remota, previsão do futuro e invocação de espíritos. O livro *As Mil e Uma Noites* também explica como invocar os djinn.

Assim como os demônios, os djinn são difíceis de invocar e controlar. Segundo as lendas, a forma natural deles é hedionda e poucas pessoas a suportariam; por isso, Deus determinou que, quando aparecessem às pessoas, se transmudassem em uma forma humana ou animal mais agradável. Já comentamos que duas das formas animais favoritas dos djinn são um cachorro preto e uma cobra. Uma vez invocados, os djinn devem obedecer ao praticante; para conseguir isso deles é preciso usar objetos de amarração, como uma garrafa. Por exemplo, *As Mil e Uma Noites* recomenda inscrever o nome de Deus em hebraico em uma faca, além de desenhar símbolos mágicos com encantamentos escritos em volta. Há uma tradição semelhante na magia ocidental de capturar pequenos demônios chamados "imps" em anéis, vasilhames e outros objetos. Os imps são invocados para cumprir as ordens do praticante, um mago ou uma bruxa.[114]

---

113. Crianças até os 12-14 anos de idade são consideradas imunes às influências e perigos dos djinn.
114. Rosemary Ellen Guiley, *The Encyclopedia of Witches, Witchcraft & Wicca*, 3ª edição (New York: Fact On File, 2008), p. 172.

Justificativa para invocar os djinn

O Islã considera aceitável invocar os djinn para educá-los no Islamismo e convencê-los a se converterem e adorarem Alá. Entretanto, é proibido pedir a eles que ataquem as pessoas ou as ajudem a cometer pecados. De modo geral, acredita-se que uma relação com os djinn causa problemas e deve, portanto, ser evitada. O estudioso islâmico medieval Ibn Taymeeyah (1263-1328) considerava os djinn "ignorantes, falsos, opressores e traiçoeiros".[115] Os djinn, dizia ele, mentem para seus invocadores e não fazem necessariamente o que lhes mandam fazer. Se receberem uma ordem de prejudicar uma pessoa ou um djinni por quem eles têm apreço, ignoram a ordem: "Nem o encantador nem seus encantamentos têm o poder de forçar os diabos a ajudá-los".[116] Ademais, os djinn gostam de criar ilusões, aparecendo em visões e falando em vozes que confirmam a expectativas do conjurador. São mestres do engodo, disfarçando-se de outros espíritos, tais como anjos e até figuras religiosas. Sob tal perspectiva, as visões cristãs dos santos e da Virgem Maria podem ser ilusões dos djinn – uma possibilidade que os cristãos fiéis rejeitariam terminantemente.

Os *sheik*s (autoridades religiosas) têm o conhecimento e a habilidade para invocar e controlar os djinn – mas um *sheik* não é capaz de controlar todos. Alguns aprendem as técnicas de uma maneira xamânica, curando a si mesmos em uma doença iniciatória, na qual identificam o djinni responsável e o expulsam de seus corpos.

Dizem que os feiticeiros islâmicos (homens e mulheres) interagem com os djinn malignos, filhos de Iblis. Usam "magia vermelha" para invocá-los para tarefas como prever o futuro, fazer alguém se apaixonar e ganhar dinheiro; e usam "magia negra" para invocá-los por motivos malévolos e até mesmo assassinato. As bruxas usam os djinn para feitiços de "amarração" e também os consultam para desfazer feitiços de outras bruxas.

Alguns dos rituais para conjurar djinn são simples; outros, como os rituais mágicos do Ocidente, são muito complexos, envolvendo jejum, meditação, suplicações e encantamentos por longos períodos como, por exemplo, 40 dias. Qualquer interrupção do ritual põe tudo a perder.

Um método de invocação dos djinn envolve uma mistura do Alcorão e de um texto de magia. O texto tem encantamentos para invocá-los de uma maneira progressiva, dos mais fracos aos mais fortes. O Alcorão

---
115. Abu Ameenah Bilal Philips, "Visions of the Jinn: Ib Taymmeyah's Essay on the Jinn," http://islaam.com//Article.aspx?id=75. Acessado em novembro de 2010.
116. Ib.

é lido em conjunto com a invocação. O praticante começa com o djinni mais fraco. Se este puder ser subjugado e amarrado, o praticante passa para o próximo djinni, mais alto. Vai fazendo isso até chegar a um djinni poderoso demais para ser amarrado; nesse caso, ele volta ao último djinni que conseguiu amarrar. É com esse que ele trabalhará.[117]

Um jogo perigoso

Os riscos das conjurações dos djinn são grandes, mesmo que o praticante queira apenas trabalhar com um djinni "bom" para fins de cura. Os mesmos riscos se aplicam a qualquer prática de magia que envolva qualquer tipo ou panteão de entidades. Um espírito convidado para entrar no espaço de energia de um ser humano tem o potencial de dominação, podendo gerar insanidade ou possessão. Praticantes inexperientes acabam se encrencando e às vezes têm dificuldade para encontrar alguém suficientemente habilidoso para expulsar um djinni que atacou uma pessoa.[118]

Conjurar e lidar com o *qarin*, o companheiro djinni de uma pessoa desde seu nascimento, é perigoso e arriscado, como com quase todos os outros djinn. A tentativa de comandar ou escravizar o qarin pode comprometer a saúde de uma pessoa ou até sua vida, segundo as lendas. Se o qarin se tornar problemático, exercendo muita influência negativa sobre uma pessoa, isso pode ser remediado por um profissional que realize rituais de banimento; mas isso também é considerado uma tarefa arriscada. Se o ritual não der certo, o qarin pode se vingar, causando mais problemas ainda.

É possível invocar os djinn sem muito esforço, mas a pessoa pode se encrencar. A mera conversa a respeito deles pode invocá-los; por isso, deve-se falar deles em sussurros ou usar eufemismos como "eles" ou "aqueles outros". Segundo crenças turcas, os djinn verdes são fáceis de invocar porque eles são muito curiosos a nosso respeito e aproveitam qualquer oportunidade de se aproximar. As diferentes formas que um djinni verde pode assumir dependem de sua idade e experiência. Se a intenção for um contato inofensivo ou mera curiosidade por parte do djinni, ele pode assumir uma forma agradável ao ser humano e esconder sua verdadeira natureza. Entretanto, se um djinni estiver zangado ou

---
117. Entrevista com o autor.
118. Os autores sabem de um caso envolvendo um jovem que tentou esse método e foi mentalmente desestabilizado pelo djinni. Não podemos divulgar os detalhes por questão de privacidade, mas o rapaz foi internado e muito dinheiro foi gasto para um adepto em outro país que fosse capaz de comandar um djinni poderoso o suficiente a ponto de expulsar aquele que afetava o jovem.

irritado com uma pessoa, é capaz de assumir uma aparência horrenda que assustaria até os indivíduos mais corajosos.

Se estiver aberto para conversa, um djinni verde pode assumir a forma de um cachorro manso, um elfo, uma fada ou até um lindo ser angelical. Por outro lado, se você invocar um djinni que não quer ser perturbado, pode correr sérios riscos.

Os djinn podem ser invocados para fins benéficos? O Alcorão afirma que Deus deu aos humanos autoridade sobre todas as coisas da criação, o que inclui os djinn:

> Porventura, não reparais em que Deus vos submeteu tudo quanto há nos céus e na terra, e vos cumulou com Suas mercês, cognoscíveis e incognoscíveis?[119]

Os *sheik*s são capazes de conjurar djinn para mediunidade e entender a doença de uma pessoa. Por exemplo, um *sheik* pede ao seu djinni pessoa que converse com o djinni de um doente para descobrir informações valiosas acerca do problema.

Cogita-se que os dons de invisibilidade, movimento rápido, voo e penetração do corpo humano por parte dos djinn podem ser canalizados para observação, levantamento de dados, investigação criminal, previsão do tempo, transporte de objetos, diagnóstico e tratamento médico.[120] Levando em conta a inclinação e o temperamento dos djinn, porém, uma relação colaborativa é questionável e até pouco desejável.

Feitiçaria djinn

De acordo com a visão islâmica, os djinn se apegam aos infiéis e lhes possibilitam realizar feitos miraculosos espantosos, como predizer o futuro. Isso é considerado feitiçaria; e as mentiras dos djinn influenciam os descrentes a mentir também. O Alcorão afirma que as mentiras dos djinn provêm de seu hábito de bisbilhotar os anjos:

> Devo falar-vos da vinda de shaitan? Eles se achegam a todos os pecadores. Transmitem-lhes o que ouviram ("furtivamente" da assembleia celestial), consistindo quase somente de mentiras.[121]

Os infiéis se deslumbram diante de tanto glamour e acabam se tornando servos e aliados de Iblis.

---

119. Mahmood Jawaid, *Secrets of Angels, Demons, Satan and Jinns: Decoding Their Nature through Quran and Science* (edição independente, 2006), p. 57-59.
120. Ib., 221-223.
121. Anton Szandor LaVey, *The Satanic Rituals* (New York: Avon Books, 1972), p. x.

Não podemos encerrar o tema da invocação dos djinn sem considerar sua possível influência sobre a cultura ocidental. Como observamos, as distinções entre djinn e outras entidades são tênues. A magia ocidental é sincrética, ou seja, mistura fontes diversas, tais como as influências egípcias, greco-romanas, judaico-cristãs e do Oriente Médio pré-Islã, absorvidas na cultura dos antigos hebreus. Devemos, portanto, considerar o papel oculto dos Ocultos, que fazem parte dessa mescla. Talvez as entidades que atendem ao chamado da magia e atiçam a imaginação de artistas e escritores sejam, na verdade, djinn. Não temos espaço para examinar todas as influências detalhadamente aqui, mas os exemplos a seguir mostram o cenário complexo que emerge quando começamos a traçar todas as ligações que remontam aos furtivos djinn.

H. P. Lovecraft conheceu os djinn?

Entidades estranhas, inefáveis, que podem ser os djinn povoam as obras de ficção do famoso autor americano de livros de terror, H. P. Lovecraft (1890-1937). Ateu, racionalista e materialista científico, Lovecraft afirmava não acreditar no sobrenatural. Entretanto, fascinava-se pelo sobrenatural, criando um mito original próprio, Cthulhu, baseado em seu conhecimento de mitologias e ocultismo egípcios e árabes. Seu vasto conhecimento do folclore árabe lhe permitia saber a respeito dos djinn. Será que os inseriu em suas histórias de terror? Sem dúvida, ele era excelente em evocar uma atmosfera de medo do desconhecido e dos inefáveis horrores provindos das profundezas escuras, evocativos dos djinn.

Particularmente importante é sua obra *Necronomicon*, um grimório fictício de poderosos rituais mágicos. O *Necronomicon* nasceu em seu ensaio de 1936, "Um histórico do *Necronomicon*". Lovecraft afirmava que o grimório tinha o título original de *Al Azif* e foi escrito pelo "árabe louco Abdul Alhazred", um nome fictício derivado do livro *As Mil e Uma Noites*, e um epíteto que usava para si mesmo. De acordo com Lovecraft, o árabe louco foi um poeta que viveu no Iêmen e escreveu o livro ritual em 950 a.C.

Lovecraft dizia que havia uma cópia do livro na cidade fictícia de Arkham. Referiu-se a ele em algumas de suas outras histórias, mas nunca mostrou realmente o livro. O interesse por suas obras cresceu, bem como o status de "cult" em torno do misterioso *Necronomicum*. Se havia ou não um manuscrito, foram "encontradas" e publicadas versões dele. Alguns entusiastas de Lovecraft creem que ele conhecia segredos rituais genuínos para conjurar as temíveis entidades que chamava de os

"Antigos" ou "Os Grandes Antigos" ("*Old Ones*", "*Great Old Ones*"), uma raça antiga, mais velha que a humana, de tamanho enorme e imenso poder. Os Antigos têm uma forma física composta de uma matéria diferente da que existe no universo humano. Vivem aprisionados sob o mar, no interior da terra e em planetas distantes. Ou se autoexilaram ou foram banidos pelos deuses por usar magia negra. Estão esperando pela oportunidade de se levantar novamente e dominar o mundo. Os Antigos já foram comparados com extraterrestres, demônios, arquétipos, "elementais aristotélicos" e "espectros de uma mentalidade futura".[122] Mas podem muito bem ser baseados nos djinn, banidos por suas transgressões, exilados em locais remotos e isolados nesta e em outras dimensões até poderem retornar e reocupar a terra.

Um dos Antigos principais é Cthulhu, que Lovecraft apresentou em 1926 em "The Call of Cthulhu", descrevendo-o como "um monstro de figura vagamente antropoide, mas com cabeça como de polvo, cujo rosto era uma massa de tentáculos; um corpo escamoso, com aspecto de borracha, prodigiosas garras nas quatro patas e asas longas nas costas. Cthulhu vivia em R'lyeh, uma cidade antiga que afundou no mar. Essa é uma correlação interessante com os djinn, pois, segundo Muhammad, o trono de Iblis se encontra sob o nível do mar, cercado por serpentes marinhas:

> Jabir informou: Ouvi o Mensageiro de Alá (que a paz esteja com ele) dizendo: O trono de Iblis fica no oceano e de lá ele envia destacamentos (a diferentes partes) para submeter as pessoas a julgamento; e a figura mais importante a seus olhos é aquele mais notório na semeadura da dissensão.[123]

Como observado antes, alguns dos djinn conjurados pelo rei Salomão saíram do mar, principalmente Abezithou, um djinni de uma asa que vive no Mar Vermelho. A forma de polvo perturbadora de Cthulhu não é impossível para os djinn, que podem assumir qualquer forma, ainda mais se for assustadora.

Segundo Lovecraft, os Antigos são venerados por um culto depravado cujas origens remontam aos primeiros seres humanos. O culto, escreveu Lovecraft em sua história:

---

122. Segundo certas interpretações modernas, o trono de Iblis está localizado no Triângulo das Bermudas; todos os navios desaparecidos são sacrifícios a ele.
123. H. P. Lovecraft, *The Call of Cthulhu*, 1926. Publicado online em http://dagonbytes.com/thelibrary/lovecraft/thecallofchthulhu.htm. Acesso em novembro de 2010.

...sempre existira e sempre existiria, oculto em locais desérticos distantes e lugares escuros em todas as partes do mundo, até o dia em que o grande sacerdote Cthulhu, de sua casa das trevas na grande cidade de R'lyeh sob as águas, se levantasse e dominasse a terra de novo. Ele faria o chamado um dia, quando as estrelas estivessem prontas, e o culto secreto estaria sempre à espera, pronto para libertá-lo.[124]

Os djinn também moram em locais desérticos e áreas isoladas, vivendo sem pressa.

O tema da libertação dos Antigos e seu retorno ao mundo reaparece na história "The Dunwich Horror" (1929). O protagonista, Wilbur Whateley, filho da mulher albina e deformada e de Yog-Sothoth, um tipo de deus, procura uma edição latina do *Necronomicon* para abrir os portões e deixar os Antigos voltarem. Infelizmente, Whateley é morto tentando roubar o livro, e seu irmão gêmeo aterroriza a cidade de Dunwich como um monstro invisível.

O *Necronomicon* aparece em outras obras de Lovecraft. "The Book" (1934) não o menciona pelo nome, mas gira em torno de um "livro de rituais devorado por vermes" obtido pelo narrador, que o usa para acessar o que lhe parece uma dimensão paralela. Após entoar uma "litania monstruosa" de dentro de cinco círculos concêntricos, ele adquire uma entidade sombra permanente e é varrido por um vento negro até um abismo desconhecido. Quando consegue voltar, sua percepção do mundo é permanentemente alterada e a sombra o acompanha sempre. A sombra é interessante – seria semelhante ao fenômeno do povo das sombras, descrito neste livro?

Lovecraft possuía conhecimento do oculto a respeito dos djinn, ou sua imaginação fértil entrou no mundo deles sem que ele percebesse? Muitos autores de ficção científica, fantasia e horror são visionários de realidades genuínas e transmitem conhecimento de tais realidades à nossa dimensão por meio de suas obras. Talvez Lovecraft tivesse experiências sem reconhecê-las como tal, mas que semearam sua imaginação. Carl L. Johnson, estudioso de Lovecraft e fundador do Comitê de Atividades Comemorativas de Lovecraft, comenta:

> Podemos especular que ele recebia tal conhecimento de um repositório etéreo, externo a si mesmo... em suas palavras: "a Mente que não se prenda em uma cabeça". O tempo poderá revelar se

---

124. Carl L. Johnson, "Providence's Master Spirit", revisado em novembro de 2009, em correspondência com os autores.

Lovecraft era apenas um idealizador de contos convincentes ou uma espécie de profeta. Os cultistas ainda elaboram e realizam rituais para abrir passagens para a Dimensão do Medo e libertar os habitantes dos mundos inferiores, com ritos baseados, em grande parte, na fantasia de Lovecraft.[125]

Anton Szandor LaVey (1930-1997), fundador da Igreja de Satanás em 1966, se inspirou em Lovecraft para criar rituais em sua igreja. LaVey, cujo nome verdadeiro era Howard Stanton Levey, acreditava que Lovecraft fora influenciado por fontes reais do oculto. Ele escreveu:

> Se suas fontes de inspiração eram reconhecidas e admitidas conscientemente, ou se eram uma notável absorção psíquica, só podemos especular. Sem dúvida, Lovecraft tinha conhecimento de rituais nada "inefáveis", pois as alusões em suas histórias costumam ser idênticas a procedimentos e nomenclaturas cerimoniais reais, principalmente para aqueles que praticavam e disseminavam por volta da virada dos séculos XIX-XX![126]

Djinn e a Golden Dawn

Os comentários de LaVey nos remetem à Ordem Hermética da Golden Dawn, a maior ordem esotérica no Ocidente, fundada na Inglaterra em 1888 por indivíduos versados em ocultismo, incluindo cabala, Franco-Maçonaria, teosofia, rosa-cruz e magia esotérica.

A Golden Dawn começou como uma ordem esotérica e evoluiu em magia, usando como fontes primárias a *Chave de Salomão*, *O Livro da Magia Sagrada de Abra-Melin, o Mago,* e magia enoquiana – todos com raízes djinn.

O Livro da Magia Sagrada de Abra-Melin, o Mago, deriva em grande parte da *Chave*. É atribuído a Abra-Melin (ou Abramelin), um mago cabalista judeu de Wurzburg, Alemanha, que teria escrito o grimório para seu filho, em 1458. Embora o manuscrito afirme ser uma tradução do manuscrito original hebraico de Abra-Melin, foi escrito em francês no século XVIII, provavelmente por uma fonte anônima. De acordo com a história apresentada no manuscrito, Abra-Melin adquiriu seu conhecimento baseado na cabala dos anjos, que lhe explicaram como conjurar demônios e domá-los para se tornarem servos pessoas e trabalhadores – assim como fez o rei Salomão – e como formar tempestades.

---
125. LaVey, *op. cit.*
126. Guiley, *The Encyclopedia of Demons & Demonology, op. cit.*, p. 46.

Ele disse que todas as coisas no mundo são criadas por demônios, que trabalham sob a direção dos anjos. Cada pessoa tem um anjo e um demônio como espíritos familiares, semelhantes aos daimones e o qarin. A magia Abramelin baseia-se em nomes sagrados e quadrados mágicos de números, para os propósitos de conjuração de espíritos, invisibilidade, levitação e voo, comandos dados a espíritos, necromancia, metamorfose e outros feitos, todos dentro das habilidades dos djinn.

A magia enochiana evoluiu a partir do trabalho com o oculto realizado por John Dee, século XVI, astrônomo da rainha Elizabeth I, e seu assistente, Edward Kelly, que afirmava possuir habilidades sensitivas. Dee e Kelly usavam o método de "scrying" e a mediunidade de Kelly para se comunicarem com seres identificados como anjos. Eles desenvolveram um alfabeto e uma verdadeira linguagem – enochiana – para construir "chamados" e contatar anjos e espíritos, bem como para projetar a consciência a níveis de percepção chamados "aethyrs" (éteres). A língua enochiana tem um som melodioso parecido com sânscrito, grego ou árabe. Kelly – que tinha reputação de fraudulento – pode ter inventado a língua, dizendo a Dee que era falada por anjos no Jardim do Éden. Dee e Kelly criaram 19 chamados de magnitude ascendente. O 19º incluía 30 éteres precisamente definidos, mas que a Golden Dawn acreditava representarem novos níveis de consciência. O único membro da Golden Dawn em sua curta vida original que trabalhou de maneira ativa com os éteres foi Aleister Crowley.

Aleister Crowley, "A Besta do Apocalipse"

Aleister Crowley (1875-1947) foi, sem dúvida, a figura de maior destaque na história da magia no Ocidente. Precoce e de temperamento forte desde muito jovem, ele parecia possuir um bom relacionamento com o mundo dos espíritos, além de uma habilidade natural para acessar o poder de tal mundo. Apesar de sua mãe chamá-lo de "A Besta" e ele, mais tarde, se autointitular "A Besta do Apocalipse", não era satanista. Ele vislumbrava a chegada de uma nova era espiritual, o Éon de Hórus, baseada em seu sistema de magia telêmica inspirada por suas experiências com entidades. Em 1898, ele entrou para a Golden Dawn, mas entrou em um conflito de personalidade e questões de poder com Liddell MacGregor Mathers, um dos fundadores originais. Dali a alguns anos, Crowley foi expulso e resolveu seguir seu caminho.

Crowley teve numerosos contatos com entidades e era hábil para conjurá-las ou evocá-las em rituais de magia. Além de suas inspirações próprias, usava magia Abramelin ou enochiana. Três entidades nos interessam, por suas possíveis ligações com os djinn.

Em 1903, Crowley se casou com Rose Kelly, a primeira de duas esposas, e que possuía habilidades mediúnicas. O casal passou a lua de mel no Cairo em 1904, onde Rose teve um contato espontâneo com uma entidade chamada Aiwass (originalmente escrito Aiwaz). Aiwass disse que era um mensageiro da trindade egípcia dos deuses Ísis, Osíris e Hórus. Crowley teve uma visão desse ser, enxergando Aiwass como um homem vestindo antigos trajes assírios ou persas e tendo o que descreveu como:

> ... o corpo de "matéria fina" ou matéria astral, transparente como um véu de gaze ou uma nuvem de fumaça de incenso. Parecia um homem alto, escuro, de 30 e poucos anos, bem apresentado, ativo e forte, com o rosto de um rei selvagem e olhos velados para que seu olhar não destruísse aquilo que os olhos contemplavam.[127]

Aiwass ordenou a Crowley que anotasse o que ele ia dizer. Durante três horas entre 8 e 10 de abril de 1904, a entidade falou com uma voz que emanava diretamente do ar, enquanto Crowley escrevia tudo. O resultado foi o *Livro da Lei*, a obra seminal de magia telêmica, que contém o axioma "Faze o que tu queres será o todo da Lei". Em outras palavras, faça o que tiver de fazer para se render ao alinhamento total com a lei cósmica.

Por anos a fio, Crowley se espantou com Aiwass, admitindo que nunca compreendeu exatamente quem ou o que era a entidade. Descrevia-o ora como um deus, ora como demônio, diabo, uma inteligência sobre-humana, ministro ou mensageiro de outros deuses, ou seu anjo da guarda. Por algum tempo, ele considerou Aiwass parte de seu subconsciente, mas acabou rejeitando a ideia, optando pela última explicação – a de que a entidade era seu sagrado anjo da guarda, ou um aspecto de seu eu superior. Crowley também dizia que às vezes tinha a permissão de ver Aiwass em uma aparência física, habitando um corpo humano como um ser humano normal.

Com o passar dos anos, as opiniões acerca de Aiwass variaram muito, desde benigno para malévolo. Claro que não podemos determinar se ele era ou não um djinni, mas sua aparência escura, com aspecto de fumaça, vestimentas do Oriente Médio e a habilidade para assumir forma humana associam-no aos djinn. Esteve Crowley em contato com

---

127. Ib., p. 40.

um representante dos djinn que queria canalizar certas ideias para este mundo mortal?

Em 1909, Crowley fez contato com Choronzon, uma entidade conhecida por Dee (que escrevia "Coronzon" e se referia a ele como 333). Dee nunca considerou Choronzon um demônio, mas Crowley o chamava de "o Demônio da Dispersão" e "o Demônio do Abismo". Também disse que Choronzon era o "primeiro e mais letal de todos os poderes do mal", e um ser composto de "completa negação". Seria Choronzon Iblis, ou um de seus djinn de alta patente hierárquica?

Em dezembro de 1909, Crowley e seu assistente, Victor Neuberg, foram para o deserto de Argel para realizar rituais com o propósito de acessar os éteres de alto nível no 19º chamado de magia enochiana. Crowley teve vários saltos de consciência, como resultado da experiência, incluindo uma instrução de que deveria confrontar Choronzon e atravessar o Abismo.

Em uma evocação, o mago permanece dentro do círculo protetor e evoca uma entidade, chamando-a para um triângulo mágico separado. Crowley pretendia quebrar essa regra e se sentar dentro do triângulo, entrar em transe e oferecer o próprio corpo para proteção – um ato mágico perigoso.

Segundo o relato de Crowley, Neuberg, de pé dentro do círculo mágico protetor, sentiu a força da entidade. Primeiro, Choronzon se manifestou na forma de uma sedutora prostituta, e depois de um velho; e, por fim, de uma cobra. Disse a Neuberg que cuspia no nome do Altíssimo. Ele era Mestre do Triângulo e não tinha medo do pentagrama. Afirmou que daria a Neuberg palavras que pareciam grandes segredos de magia, mas que eram na verdade inúteis, uma piada.

Choronzon rompeu a proteção do círculo mágico em volta de Neuberg; e os dois tiveram uma luta física. Embora alguns observadores opinassem que Neuberg lutava com Crowley, em transe demoníaco, Neuberg insistia que era contra a própria entidade. Tinha presas cobertas de espuma e tentava rasgar-lhe a garganta. Após uma considerável contenda, Neuberg forçou Choronzon de volta ao triângulo e arrumou seu círculo mágico. Os dois trocaram insultos e ameaças, e Choronzon sumiu.

Crowley e Neuberg sentiram que venceram o demônio; e Crowley achava que adquiriu grande *status* mágico, como resultado da contenda. Alguns críticos da obra de Crowley acreditam que Choronzon deixou uma cicatriz mental e psíquica permanente nele.

Não podemos comprovar a verdadeira identidade de Choronzon, mas, assim como Aiwass, a presença djinn é sugerida. A cobra é uma das formas preferidas dos djinn; e a provação ao estilo *trickster* também dá essa ideia. Um djinni hostil invocado das profundezas de seu reino em outra dimensão poderia facilmente atacar de maneira tão agressiva, gabando-se de que as "regras" mágicas dos mortais não tinham efeito sobre ele.

Em 1918, Crowley fez contato com uma entidade poderosa chamada Lam, que o ajudaria a completar a obra iniciada por Aiwass. O contato foi feito por meio de um ritual de magia do sexo em que ele abriu um portal "nos espaços entre as estrelas" (uma dimensão paralela), permitindo a Lam entrar no universo físico. Crowley achava que Lam era a alma de um lama tibetano já falecido, de Leng, entre a China e o Tibete. *Lam* é o termo tibetano para "Caminho" ou "Trilha", que segundo Crowley tinha o valor numérico de 71, ou "Não Coisa", um portal para o Vazio e um elo entre os sistemas estelares de Sírius e Andrômeda.

Desde aquela época, alguns seguidores da obra de Crowley creem que o portal aberto por ele continua se alargando, possibilitando a outras entidades entrarem em nosso mundo; entidades estas responsáveis por nossas experiências com óvnis e ETs. Como já observamos, achamos uma significativa relação entre djinn e óvnis/ETs. Crowley desenhou uma imagem de Lam; e alguns acreditam que a meditação ou a contemplação dessa imagem permite o contato com Lam e acesso ao portal. A entrada de entidades por um portal para um reino paralelo é outra correlação interessante com o histórico das atividades dos djinn.

A ideia de que os djinn podem estar por trás das principais forças ocultas no Ocidente é polêmica para muitas pessoas, além de ser rejeitada por outras. Acreditamos que a evidência está aí, escondendo-se em plena vista há séculos, assim como os próprios djinn. Se facções dos djinn pretendem recuperar seu domínio do mundo físico, elas se infiltrariam em tantas correntes de pensamento e ações humanas quanto for possível. Certamente devemos expandir nosso conhecimento para além das entidades que conhecemos no Ocidente, um ato que nos ajudaria a desenvolver um valioso discernimento da natureza de todas as nossas experiências extraordinárias.

EVP em tempo real dos djinn

Há outra maneira de entrar em contato com os djinn, bastante popular entre os pesquisadores e investigadores da paranormalidade: os fenômenos de voz eletrônica (cuja sigla em inglês é EVP, para *electronic voice phenomena*). Desde o desenvolvimento do telégrafo, gravador, telefone, rádio e comunicação high-tech, pessoas ouvem e gravam misteriosas vozes de origem desconhecida. Nos anos 1970, essas vozes passaram a ser chamadas de fenômenos de voz eletrônica. A maioria é atribuída aos mortos e algumas a mundos extraterrestres ou ultraterrestres.

Nos EVP tradicionais (desenvolvidos no começo do século XX), liga-se um gravador, fazem-se perguntas e se espera um tempo para uma resposta; depois a fita é tocada. As respostas – EVP – podem aparecer na gravação. Em técnicas mais novas, as respostas são em tempo real, ou seja, as vozes são ouvidas ao vivo e não após ser gravadas. EVP em tempo real é uma das mais modernas tecnologias da pesquisa paranormal.

Temos experimentado uma variedade de equipamentos para EVP em tempo real, levando-os a lugares de alta incidência de atividade paranormal para vermos se podemos contatar os mortos ou seres de outra dimensão. Os aparelhos utilizam varredura por rádio e são popularmente conhecidos como "caixas fantasma" (*ghost boxes*) e "caixas de Frank", em referência ao nome de um dos desenvolvedores na área, Frank Sumption. As caixas escaneiam rapidamente a faixa AM de rádio (algumas também a faixa FM) para criar uma matriz mesclada de ruído, composta de fragmentos de radiodifusão. Essa matriz de som parece facilitar a manifestação de vozes misteriosas. Suas respostas não vêm dos fragmentos de radiodifusão, mas são sobrepostas por cima do som mesclado. Admitimos que o uso de caixas para EVP em tempo real é controverso e imprevisível – você nunca sabe o que vai captar – e geralmente é impossível validar a identidade dos comunicadores, porque as comunicações são breves. Assim como os EVP passivos, gravados, as respostas às perguntas costumam ser uma ou algumas palavras. Contatar um comunicador que "fique na linha", por assim dizer, é difícil, provavelmente por causa de nossa tecnologia limitada.

Como funcionam os EVP em tempo real por varredura de rádio

Graças à sua formação científica, Phil sabe contestar certas histórias extraordinárias; era muito cético quando ouvir falar pela primeira vez da "caixa fantasma". Entretanto, após trabalhar com ela várias vezes com Rosemary, convenceu-se de que o aparelho estava captando vozes cuja procedência era além desta realidade. Phil sentiu que não havia outra explicação – de acordo com nossa compreensão da física moderna, as vozes não poderiam estar lá. O mais notável a respeito da "caixa fantasma" é que quem ou o que está ali responde às perguntas do operador.

A "caixa fantasma" opera por varredura (escaneamento) através de uma faixa inteira, sendo os EVP recebidos em numerosas frequências adjacentes nas faixas laterais de AM, FM e outras, mais altas ou mais baixas. Isso significa que um EVP não está em um canal específico, mas é um sinal com uma largura de faixa ampla, que segundo nossa pesquisa, se espalha por 100 kHz ou mais. Em nossa opinião, por isso mesmo o fenômeno é tão incomum. Para que o aparelho trabalhe e capte uma "voz de espírito", precisamos de um sinal padrão forte; assim, quanto mais lotada a faixa estiver de estações de rádio, melhores as chances de captarmos EVP. Parece que a parte EVP do sinal é tão fraca que precisa de um sinal de AM de padrão mais forte para "subir nas costas" e ser ouvida. Esse efeito de subir nas costas é simples de entender: um sinal de rádio mais fraco na mesma frequência monta sobre outro mais forte para alcançar o recebedor. Isso é o que parece acontecer com as vozes misteriosas na caixa fantasma – estão montando (subindo nas costas) da transmissão da estação AM até o recebedor. Por causa do efeito de varredura, a transmissão AM comercial é distorcida, mas o EVP passa claramente, com um som diverso e palavras perfeitamente formadas.

Sinais de luz e de rádio seguem a curvatura do espaço. Portanto, em teoria, essas mensagens não poderiam chegar à nossa realidade a partir de outra dimensão a menos que sejam criados no contínuo espaço-tempo orifícios minúsculos, talvez do tamanho de átomos. Tais orifícios poderiam criar uma ponte ou túnel que ligue nosso mundo com a dimensão dos djinn. O mais enigmático nisso é que o operador não usa nenhum equipamento de transmissão! Parece que a voz do operador e as perguntas feitas são ouvidas pela entidade diretamente do "outro lado". Ou talvez a voz do operador seja transmitida por meio de circuitos no rádio. É interessante notar que, às vezes, apesar de condições ideais, a caixa fantasma não funciona. A pessoa que opera o aparelho parece ter certa importância em seu sucesso – algumas pessoas nunca conseguem, enquanto outras o fazem frequentemente. Cremos que a estrutura psíquica e a atitude do indivíduo operando a caixa fantasma sejam componentes importantes em seu sucesso, embora levemos em conta também a possibilidade de que a inteligência do "outro lado" queira se comunicar apenas com determinadas pessoas. Muita pesquisa e análise ainda precisam ser feitas nessa área, mas uma conclusão a que chegamos é que a caixa fantasma, embora com desempenho limitado, funciona.

Comunicações djinn usando a MiniBox

Um de nossos aparelhos favoritos de EVP em tempo real é a MiniBox, criada por Ron Ricketts de Carrolton, Texas.[128] A MiniBox vem com múltiplos métodos de varredura, memória programável, placas de circuito impresso, bateria de gel de longa duração e uma taxa de varredura controlável. Levamos a MiniBox a algumas das câmaras de pedra em Nova York pesquisadas por Phil e relacionadas às suas investigações ufológicas. As câmaras já foram associadas a aparições, *poltergeist*, luzes misteriosas, visões, presença do povo das sombras e seres encapuzados e outros fenômenos. Acreditamos que as câmaras estejam sobre sítios energizados que servem como portais interdimensionais. Em uma delas, tivemos uma grande surpresa quando os comunicadores se identificaram como djinn!

Em um dia quente de verão em 2009, levamos a MiniBox a uma das mais famosas câmaras de pedra (preferimos não revelar o local exato para proteger a integridade do sítio) e a montamos na entrada.

Em uma sessão típica, são necessários entre cinco a dez minutos para sincronizar com quem está se comunicando. Há um período inicial de aquecimento, após o qual geralmente começa uma comunicação intensa. Depois de uns 30-45 minutos de intensidade máxima, os elos começam a se romper e a comunicação diminui. Só podemos especular que a energia aguenta uma quantidade limitada de tempo. Durante o pico, vários comunicadores vêm e vão. Cremos que só é possível obter uma fração do que é transmitido a partir do outro lado – e talvez eles ouçam também apenas uma fração do que dizemos.

A sessão nessa câmara específica foi excepcionalmente longa, cerca de 70 minutos. Os comunicadores nos disseram nossos primeiros nomes corretamente, mostrando que nos reconheciam. Perguntamos "quem construiu esta câmara?"; e ouvimos em resposta: "*Deus... arma... Satanás*". Seria a câmara um portal ou alguma espécie de ferramenta na perpétua luta entre o bem e o mal? Aquela não era a resposta que esperávamos.

"Quem é você?", perguntamos aos interlocutores invisíveis. "*Djinn*", foi a resposta imediata. Eles nos disseram que gostavam de nosso aparelho tipo caixa para comunicação e que a câmara era um portal. "Vocês passam através da câmara?", perguntamos. "*Através*", disseram. "Onde estão?", perguntamos. "*No parque*" e "*na câmara*", eles disseram (a câmara fica em um parque estadual, no meio do bosque).

---

128. A história da criação da MiniBox é apresentada em *Talking with the Dead* (Tor, 2011), autoria de Rosemary e George Noory, o *host* de *Coast to Coast AM*.

Parecia que os comunicadores haviam passado por um portal interdimensional e se manifestaram no espaço à nossa volta.

Costumamos repetir as perguntas para ver se as respostas serão coerentes.

"Vocês são humanos?", perguntamos.
"Negativo... demônio."
"Vocês são djinn?"
"Ahã... surpresas."
"Quem está aqui além dos demônios?"
"Satanás... demônios... monstro." (Após essa resposta, ouvimos o som de um riso estranho.)
"Diga-nos quem vocês são", repetimos.
"Djinn."
"Há alguém aqui além dos djinn?"
"Não."
"Dê-nos mais informações."
"Não."

Não pudemos ir além dessa conversa ao estilo *trickster* até o fim da sessão.

No momento de pico da intensidade, ambos nos sentimos envoltos por uma estranha energia ou atmosfera, como se o ar à nossa volta estivesse carregado eletromagneticamente. Nenhum dos dois esperava que os djinn se manifestassem e se identificassem – na verdade, em todos os anos de experiências com EVP da variados tipos, nenhum de nós dois jamais tivera um contato direto com os djinn como aquele. Já ouvimos comunicadores se identificando como espíritos dos mortos, entidades de outros planos e extraterrestres. Talvez os djinn tenham decidido se revelar porque sabiam da pesquisa que fazíamos para este livro!

Nossos resultados nos levaram a pensar em quantas outras comunicações EVP são uma conjuração dos djinn que se disfarçam de espíritos, alienígenas, anjos e outras entidades. Diante dos atuais limites da tecnologia, não podemos saber com certeza quem está no outro lado da linha. Na melhor das hipóteses, podemos ser as vítimas de um *trickster*. Na pior, talvez sejamos desviados da realidade, segundo os desígnios dos djinn.

Futuras experiências com EVP

O sucesso na obtenção de EVP completos na faixa AM padrão é limitado, mas já nos provou que podemos estabelecer comunicação com outra realidade por meio de radiação eletromagnética padrão. Um dos problemas com a faixa AM comercial é o fato de ser barulhenta demais! Se os djinn existem em outra dimensão próxima, parece que o único modo de obterem uma recepção clara de possíveis sinais EVP é fazer "furos" na magnetosfera e uma rachadura dimensional. Como afirmamos antes, a ocorrência desses "furos" pode ser natural e depender da quantidade de radiação solar que chega à Terra.

Em teoria, pode-se obter EVP mais claro bisbilhotando em uma frequência capaz de captar sinais provenientes de além da ionosfera (uma parte da camada superior da atmosfera). A seção da faixa de rádio mais apropriada para isso é a área de Frequência Muito Baixa (VLF – *very low frequency*) do espectro eletromagnético. Os receptores VLF são simples, mas um tanto incomuns. Consistem de uma antena e um amplificador de rádio e são sensíveis a ondas de rádio entre algumas centenas de hertz e várias centenas de kHz. Em comparação, os rádios AM – assim como os rádios nas caixas fantasma e na maioria dos automóveis – alcançam a frequência bem mais alta de 540 kHz a 1.6 MHz.

Um sinal nessa frequência possui um comprimento de onda muito longo e seria capaz de nos alcançar a partir do campo magnético que envolve nosso planeta. Essa faixa é muito silenciosa, com poucas transmissões artificiais. Há muito anos, cientistas, pesquisadores e entusiastas de rádio captam sinais estranhos dessa região, ainda não devidamente compreendidos.

Se o corpo humano tivesse antenas de rádio em vez de ouvidos, as pessoas ouviriam ums sinfonia notável de ruídos estranhos vindo do espaço em volta de nosso planeta. Os cientistas chamam esses sons de "assobiadores", "silvos", "trepidações" e "estalidos". Às vezes, os sons captados na faixa VLF são tão estranhos que serviriam como sons de fundo em filmes de ficção científica. Essas incríveis emissões de rádio são reais; e, embora os cientistas não saibam exatamente como são produzidas, elas estão sempre à nossa volta.

A fonte da maioria das emissões VLF na terra é o relâmpago. Os relâmpagos emitem um pulso em banda larga de ondas de rádio, ao mesmo tempo em que liberam um flash visível de luz. Os sinais em VLF de relâmpagos próximos, ouvidos pelo alto-falante de um rádio, soam como bacon sento fritado ou como uma fogueira crepitante. Mesmo que não haja relâmpago em sua área, dependendo do tamanho e da eficiência de sua antena e da sensibilidade do receptor, você ainda poderá ouvir os estalidos em VLF de tempestades a milhares de quilômetros. Às vezes, a ionosfera deixa vazar pulsos de relâmpagos para o espaço.

Esses pulsos saem da atmosfera e seguem as linhas do campo magnético da Terra que os guiam por mais de 13 mil quilômetros acima da superfície e de volta à magnetosfera do planeta. Esse é o fenômeno que os cientistas consideram os responsáveis pelos "assobiadores" porque soam como tons que decrescem em volume lentamente. Os assobiadores se dispersam porque percorrem grandes distâncias através de plasmas magnetizados, que por coincidência são fortes meios dispersivos para sinais em VLF.

Os cientistas no Centro Espacial Marshall da NASA teorizam que alguns desses flashes de relâmpagos que retornam produzem plasma capaz de criar buracos no campo magnético de nosso planeta. Essa teoria nos interessa, pois isso é o que seria necessário para conectar o mundo dos djinn ao nosso.

Em 2009, Rosemary comprou um receptor de rádio Panasonic RF-4900, um modelo que a empresa não fabrica mais. Foi um dos grandes rádios de uma era anterior aos tempos da comunicação via satélite. Foi surpreendente ela encontrar um, pois os poucos que existem pertencem a velhos operadores de rádio amador e SWLs, que os consideram itens de colecionador.[129] Embora o receptor tenha o potencial para se tornar uma supercaixa para EVP, falta-lhe uma propriedade – não recebe na área VLF. Rosemary conseguiu encontrar um conversor; e com o conhecimento de Phil (que também já foi operador de rádio amador), conseguimos conectar o receptor e fazer o conversor funcionar. Entretanto, nessa frequência baixa, o comprimento de onda é muito longo e é preciso uma antena com vários pés de comprimento para ter ao menos a esperança de captar sinais da camada mais alta da atmosfera e além.

Como um arranjo temporário, conectamos 6,10 metros de fio de cobre isolado de 20 calibres para funcionar como antena. Nessa primeira tentativa, na frequência de 100 kHz, pegamos uma série estranha de tons discretos que pareciam sinais de navegação. Os sons duraram cerca de cinco minutos, para depois baixarem até sumir. Os tons pareciam artificiais e, com certeza, não deveriam estar onde estavam. Pareceu-nos estranho ligar o receptor bem no momento e na frequência certa para captar aquele sinal transiente. Talvez alguma outra inteligência quisesse que ouvíssemos algo em nossa primeira tentativa. O sinal teria vindo de outra dimensão ou de uma realidade paralela? Talvez nunca saibamos com certeza, mas duas coisas são certas: os sinais não podiam estar lá e nunca mais os captamos.

---

129. *Short Wave Listeners* (rádios de ondas curtas).

No decorrer de várias semanas de plantão na madrugada, Phil conseguiu captar sons que parecem estalidos e crepitações, os quais identificou como explosões elétricas na alta atmosfera. No entanto, em mais de uma ocasião, ele detectou sinais estranhos, de uma natureza quase musical. Após muita pesquisa, descobrimos que a NASA, além de vários pesquisadores independentes em diversas partes do globo, também recebeu esses sons por vários anos – ninguém tem uma explicação satisfatória para eles. Os sons já foram atribuídos a descargas naturais de energia plasmática na magnetosfera. Mais uma vez a palavra *plasma* nos chamou a atenção, pois se relaciona à fisiologia dos djinn. Talvez eles descarreguem energia da mesma maneira que os corpos celestes, parte da qual se espalharia pelo espectro VLF. Claro que isso é pura especulação; mas a especulação muitas vezes leva à descoberta!

Um experimento audacioso

Pretendemos fazer mais pesquisas com a MiniBox e o Panasonic, além de usar a faixa VLF e documentar muito bem esses sinais. Planejamos encontrar uma área grande onde possamos montar uma série de antenas dipolar muito longas, o que expandirá bastante nossa capacidade de receber os misteriosos sinais na faixa de rádio de baixa frequência. Como os EVP são muito fracos, estamos elaborando um transmissor de baixa energia que produz um sinal com um "carregador morto", que permita aos EVP pegarem carona.

Além das diversas dificuldades técnicas que nos aguardam, o maior problema ainda está por vir: comunicação é um rua de mão dupla e, se o outro lado não estiver a fim de conversar, não obteremos resultado algum. Talvez os djinn estejam usando as faixas de rádio lotadas para se comunicar conosco, uma vez que a maioria das mensagens é parcial e de natureza quase crítica. Talvez a comunicação seja um jogo dos djinn verdes com os humanos. Não sabemos quais são as chances de sucesso, mas de uma coisa temos certeza: se não tentarmos, os resultados definitivamente serão *zero*. Nos meses seguintes à publicação deste livro, divulgaremos quaisquer resultados positivos. Nossos leitores são convidados a ficar em contato conosco pelos e-mails e sites na internet listados na seção "Contato com os autores".

13

Lidando com os Djinn

Como a humanidade pode enfrentar as influências de seres poderosos como os djinn? Eles parecem ter muitas vantagens sobre nós – mesmo assim, porém, temos recursos. Desde tempos remotos, as pessoas criam modos de evitar e repelir toda espécie de entidade negativa e seus efeitos. Alguns remédios contra os demônios podem ser aplicados aos djinn encrenqueiros; outros, no entanto, não funcionam. Discutiremos aqui algumas formas bem-sucedidas de lidar com os djinn.

Exorcizando os djinn

A crença islâmica prega que as pessoas são possuídas pelos djinn por diversos motivos. Eles atacam aqueles de pouca ou nenhuma fé, sem inclinação religiosa. Choques emocionais e físicos súbitos, surtos de depressão, medo e ansiedade tornam uma pessoa vulnerável à possessão, criando rupturas em sua barreira de proteção espiritual (a aura). Os djinn, sem forma definida, passam por essas rupturas facilmente. Dizem que uma pessoa nunca deve ir para a cama chorando ou com sentimentos de medo e preocupação, pois isso abre o caminho para um ataque dos djinn durante o sono. Uma queda no banheiro – considerado um lugar poluído – é particularmente perigosa, podendo resultar em possessão por parte dos djinn. Uma pessoa que fere os djinn, de propósito ou não, pode adoecer ou ser possuída por eles. Como explicamos antes, as pessoas pelas quais os djinn se apaixonam podem ser possuídas. Seja qual for a causa da possessão por djinn, geralmente o exorcismo é necessário.[130]

---

130. Como observamos antes, a bajulação, a reconciliação e os subornos às vezes são usados para aplacar djinn possuidores que causam problemas domésticos.

O exorcismo não só é o direito de uma pessoa, mas também o dever de quem pode ajudar os oprimidos, combater o mal e promover a justiça. Maomé disse que aqueles que ajudam os outros serão recompensados no Dia da Ressurreição. O dever de aliviar o sofrimento se estende tanto aos humanos quanto aos djinn. Alguns estudiosos modernos contestam a realidade da possessão por parte de djinn, mas os tradicionalistas apontam para o Alcorão, a literatura hadith e registros seculares como evidências de casos de possessão em toda a história da humanidade e que continuam assolando as pessoas em nossos dias. Uma pessoa com habilidade e tempo não tem permissão para abandonar ou recusar o tratamento de um indivíduo possuído. O exorcismo, segundo o estudioso do Alcorão Ibn Tameeyah, "é o mais nobre dos atos. É uma das ações executadas pelos profetas e os justos, que continuamente expulsam os diabos da humanidade usando os comandos de Alá e Seu Mensageiro".[131] O auxílio só pode ser prestado da mesma maneira que Maomé e seus seguidores agiam. As ações permitidas acerca dos humanos também o são acerca dos djinn.

Os djinn receberam a ordem de venerar Alá, segundo a lei islâmica.[132] Possessão sem o consentimento do humano é uma ofensa grave contra Deus, além de ser proibida – mas os djinn a praticam, mesmo assim. Eles devem ser informados de que não têm o direito de ocupar um corpo humano – ou uma casa de humanos – sem consentimento. Se um djinni possuir uma pessoa por luxúria, ele deve ser informado de que cometeu um ato proibido. Caso ele possua um indivíduo que acidentalmente feriu um djinni, deve ser alertado que a pessoa agiu por ignorância e sem intenção de ferir.

Se os djinn não cessarem a possessão após ser alertados, é permissível puni-los. Uma pessoa pode invocar um djinni para banir ou matar outro que esteja causando a possessão – mas se os djinn obedecem a tal comando é questionável.

Refugiando-se no Alcorão

Os modos mais confiáveis e permissíveis de exorcizar ou repelir os djinn envolvem a recitação do Alcorão. Todos os versículos do Alcorão são considerados a vontade de Alá, e criam uma estrutura e ordem para a vida diária. As palavras são poderosas e, se recitadas com profunda fé,

---

131. Abu Ameenah Philips, *Ibn Taymeeyah's Essay on the Jinn (Demons)* (New Delhi: Islamic Books Service, 2002), p. 81.
132. Umar Sulaiman al-Ashqar, *The World of the Jinn and Devils* (Boulder, CO: Al Basheer Co., 1998), p. 205.

têm um grande efeito positivo. Em relação aos djinn, certos versículos os afastam e purificam qualquer ambiente. Os anjos também ouvem as palavras e podem ser chamados para ajudar.

Os versículos alcorânicos considerados particularmente eficazes contra os djinn e seus sussurros no ouvido são os Al-Mu'awwidhatayn e Al-Kursi. Os primeiros consistem nos últimos dois capítulos do Alcorão, Al-Falaq (A alvorada) e An-Nas (Os humanos), 113 e 114 respectivamente:

> Al-Falaq
> Dize: Amparo-me no Senhor da Alvorada;
> Do mal de quem por Ele foi criado.
> Do mal da tenebrosa noite, quando se estende.
> Do mal dos que praticam ciências ocultas.
> Do mal do invejoso, quando inveja!
> An-Nass
> Dize: Amparo-me no Senhor dos humanos,
> O Rei dos humanos,
> O Deus dos humanos,
> Contra o mal do sussurro do malfeitor,
> Que sussurra aos corações dos humanos,
> Entre djinn e humanos!

O Al-Kursi (O apoio para pés ou O trono) é o versículo 255 da segunda surata do Alcorão, Al-Baqarah (A vaca). É considerado o mais eficaz para afastar djinn e anular feitiços do mal, bem como para exorcizá-los dos possuídos. Também dispersa as ilusões causadas pelos djinn, feitos sobrenaturais auxiliados pelo Diabo e os pensamentos e atos errôneos dos músicos, tiranos e luxuriosos:

> Deus! Não há mais divindade além d'Ele, Vivente, Subsistente, a Quem jamais alcança a inatividade ou o sono; d'Ele é tudo quanto existe nos céus e na terra. Quem poderá interceder junto a Ele, sem Sua anuência? Ele conhece tanto o passado como o futuro, e eles (humanos) nada conhecem da Sua ciência, senão o que Ele permite. Seu Trono abrange os céus e a terra, cuja preservação não O abate, porque é o Ingente, o Altíssimo.

De acordo com a literatura hadith, a recomendação de Al-Kursi veio de um djinni. O Sahih al-Bukhari conta uma história de um homem encarregado por Maomé da comida coletada para caridade, no fim do Ramadã. Uma noite, o homem pegou um estranho apanhando a comida. O estranho disse que passava grande necessidade porque era pobre e tinha família para sustentar. O homem deixou o estranho ir embora. Ao ser informado, Maomé disse que o estranho era um mentiroso e que voltaria. E, de fato, voltou para mais uma vez implorar por comida, alegando pobreza, prometendo que não voltaria mais. O homem o deixou partir. Maomé repetiu que o estranho era mentiroso e retornaria. Na noite seguinte, o estranho voltou e o homem o agarrou. Dessa vez, o estranho disse que, em troca de sua liberdade, ele daria ao homem algumas palavras que impediriam Satanás de se aproximar durante o sono à noite. As palavras eram o Al-Kursi. Maomé explicou ao homem que o estranho dissera a verdade, acrescentando, porém, que ele era um "djinni do mal".[133]

Ler o capítulo inteiro de Al-Baqarah à noite é bom para manter os djinn malignos afastados e banir um qarin problemático. Maomé disse: "Tudo tem um impedimento; e o impedimento do Alcorão é a surata Al-Baquarah. Satanás não entra na casa de quem a ler à noite durante três dias".[134]

Outra prática aceita é ler apenas os dois últimos versículos (285 e 286) de Al-Baqarah em três noites consecutivas:

> O Mensageiro crê no que foi revelado por seu Senhor e todos os fiéis creem em Deus, em Seus anjos, em Seus Livros e em Seus mensageiros. Nós não fazemos distinção entre Seus mensageiros. Disseram: Escutamos e obedecemos. Só anelamos Tua indulgência, ó Senhor nosso! A Ti será o retorno!
>
> Deus não impõe a nenhuma alma uma carga superior às suas forças. Beneficiar-se-á com o bem quem o tiver feito e sofrerá mal quem o tiver cometido. Ó Senhor nosso, não nos condenes, se nos esquecermos ou nos equivocarmos! Ó Senhor nosso, não nos imponhas carga, como a que impuseste a nossos antepassados! Ó Senhor nosso, não nos sobrecarregues com o que não podemos suportar! Tolera-nos! Perdoa-nos! Tem misericórdia de nós! Tu és nosso Protetor! Concede-nos a vitória sobre os incrédulos!

Invocar o nome de Alá e amaldiçoar é outra tática. Maomé repeliu Iblis certa vez, quando o djinni tentou interferir em suas preces. Iblis jogou uma tocha acesa em seu rosto e Maomé disse três vezes: "Busco refúgio contra ti em Alá"; e depois, também três vezes: "Amaldiçoo-te pela maldição perfeita de Alá".[135] Mas Iblis não retrocedeu; por isso,

---
133. *Sahih al-Bukhari*, vol. 6, p. 491, nº 530.
134. *Ibn Taymeeyah's Essan on the Jinn (Demons)*, op. cit., p. 76.
135. *Sahih Muslim*, vol. 1, p. 273-274, nº 1106.

Maomé o agarrou e o sufocou, sentindo a saliva fria do djinni em suas mãos. Não fosse pela prece de Salomão, Maomé explicou, ele teria amarrado Iblis a um mastro como espetáculo público.[136] Alá forçou o djinni a ir embora. Esse incidente estabeleceu um precedente para evocar a maldição de Alá contra os djinn agressores.

"Busco refúgio em Alá contra o amaldiçoado Satanás" é recitada antes da leitura do Alcorão e serve como proteção geral contra as influências do mal. Há 99 "nomes belos" de Alá que podem ser invocados. Cada nome tem um servo anjo. Alguns acreditam que tanto um anjo quanto um djinni acompanham cada nome. Repetir o nome com fé suficiente pode fazer com que o anjo apareça. Se uma pessoa é pura, o anjo vem; se não é, vem o djinni.[137]

Os djinn possessores devem ser persuadidos a se converter para o Islã. Como afirmamos antes, djinn que afirmam ser convertidos ou que se converterão costumam mentir; e possuem as pessoas repetidas vezes. Em 1987, um caso de possessão de uma mulher muçulmana em Riad foi notícia internacional. O djinni agressor dizia estar convertido ao Islã, mas mesmo assim possuiu a mulher. O exorcista lembrou o djinni de que ele estava cometendo um pecado, ao que ele respondeu (por meio da vítima, mas com voz masculina) que era um djinni budista da Índia. O exorcista o bajulou e o fez se sentir envergonhado até ele se converter ao Islã e concordar em pregar a conversão ao seu povo. O djinni saiu da mulher, que ficou livre pelo menos por dois meses, até o último relato. Não se sabe se o djinni possuiu outra pessoa ou se começou a pregar para outros djinn.[138]

Surras para expulsar os djinn do corpo

Se as recitações do Alcorão, a bajulação, as ordens e as maldições não exercerem efeito sobre os djinn, a tradição prega que é permissível ameaçá-los de surra, batendo de fato na vítima. Acredita-se que só o djinni – não a vítima – sente dor pelos golpes. Se a vítima gritar, é na verdade o djinni gritando de agonia. Centenas de golpes podem ser necessárias para expulsar um djinni do corpo de uma pessoa – que supostamente não mostrará sinais da surra.[139]

---

136. De acordo com *Saad 38:35*, a prece de Salomão era: "Que meu Senhor me perdoe e me conceda soberania não permitida a ninguém depois de mim".
137. Barbara Drieskens, *Living with Djinns: Understanding and Dealing with the Invisible in Cairo* (London: SAQI, 2008), p. 90
138. *Ibn Tameeyah's Essay on the Jinn (Demons) op. cit.*, p. 107-108.
139. http://www.inter-islam.org/faith/jinn2.html#Exorcism. Acesso em outubro de 2010.

Maomé apelava às surras para exorcizar djinn. Bateu em um menino possuído com muita força; depois lhe limpou o rosto com água e fez uma oração para ele. O exorcismo deu certo.

O poder da respiração

Na cultura esotérica, a respiração tem poder sobrenatural ou místico, para o bem ou para o mal. A respiração transmite poder – e também pode drenar a força vital.

Certa vez, Maomé usou o poder sagrado de sua respiração para expulsar djinn. Soprou três vezes na boca de um garoto possuído e disse: "Em nome de Alá, sou escravo de Alá, sai deste corpo, ó inimigo de Alá". O garoto ficou curado.[140]

Exorcismos populares

Além dos modos religiosos oficiais de lidar com os djinn, há múltiplos remédios populares. Nos mercados é comum a venda de livros que ajudam a combater a opressão e possessão por parte dos djinn, ou bruxaria e olho gordo. Os rituais dos livros geralmente são complicados e os leitores os misturam com folclore que aprenderam com suas famílias, principalmente as mães. Recomenda-se manter tais livros escondidos.

Parte do conteúdo desses livros deriva, sem dúvida, da tradição salomônica. Flavius Josephus dizia que Salomão deixou técnicas de exorcismo que foram usadas com sucesso por outras pessoas. Ele próprio testemunhou um exorcista chamado Eleazar, que expulsou um demônio em demonstração ao imperador Vespasiano, seus filhos, capitães militares e tropas:

> Ele pôs um anel que continha um pé daquelas espécies citadas por Salomão rente às narinas do endemoninhado e, com isso, tirou o demônio através de suas narinas; quando o homem caiu, Eleazar abjurou o demônio para que nunca mais retornasse a ele, fazendo menção a Salomão e recitando os encantamentos que compôs. E, quando persuadiu e demonstrou aos espectadores que possuía tal poder, Eleazar preparou uma vasilha ou caneca com água e ordenou ao demônio, assim que saiu do homem, que a entornasse, o que convenceu os espectadores de que ele de fato saíra da vítima. Isso feito, a habilidade e sabedoria de Salomão foram mostradas

---

140. Ahmad Ibn Hanbal, *Hadith Musnad*, vol. 4, p. 170.

de maneira muito aberta; assim, todos os homens devem saber da vastidão das habilidades de Salomão e como ele foi o bem-amado de Deus; e que as extraordinárias virtudes das quais esse rei era dotado não passem desconhecidas por pessoa alguma sob o sol.[141]

Um exemplo de um remédio popular para possessão vem de contos folclóricos como os que encontramos em *As Mil e Uma Noites*:

> Pegue sete pelos do rabo de um gato totalmente preto, com uma única mancha branca na ponta do rabo. Queime os pelos em um cômodo pequeno e fechado com a vítima possuída, enchendo-lhe o nariz com o aroma. Isso a liberta do encantamento dos djinn.[142]

O repelente de djinn mais simples, também aceitável sob o ponto de vista religioso, é dizer a palavra *bismillah* (às vezes escrita *basmala*, "em nome de Alá" ou "em nome de Deus o Compassivo e Misericordioso"). Não se deve dizer, por exemplo, que Satanás seja degradado, pois isso tem o efeito contrário de permitir que ele fique grande como uma casa. Em vez disso, que se diga *bismillah*, o que o reduzirá ao tamanho de uma mosca.[143]

Na década de 1950, um agrimensor a serviço de uma empresa de petróleo na Arábia Saudita estava em uma parte remota do deserto. Enfiou uma estaca de medição na areia e acidentalmente feriu um djinni que vivia debaixo do solo. À noite, quando ele foi dormir em sua barraca, djinn invisíveis o atacaram. Amarraram-lhe as mãos com cordas invisíveis. Ele sentiu uma queimação intensa nos punhos e não conseguia mexer os braços. Não conseguia falar. Outros no acampamento ouviram uma voz estranha gritar: "Você nos atacou e deve ser punido!", mas não viram ninguém.

O agrimensor foi levado de avião para um hospital. Os médicos conseguiram acabar com a queimação, mas não puderam fazer com que ele voltasse a falar. Mandaram-no para casa. Sua mulher cuidou dele, mas sua condição não melhorou. Por fim, ele o levou a um *mutawwa* (homem religioso) que era famoso por seus exorcismos de djinn. O *mutawwa* descobriu que o agrimensor estava possuído por vários djinn, que lhe informaram que um dos de sua espécie fora ferido pela estaca do agrimensor. O *mutawwa* leu o Alcorão para o homem e os djinn

---

141. Flavius Josephus, *The Antiguity of the Jews, op. cit.*, p. 77.
142. No folclore judaico do livro de Tobias, o arcanjo Rafael ensina o jovem Tobias a exorcizar demônios – principalmente o temível Asmodeus – com a fumaça de bílis de peixe sendo queimada.
143. *Ibn Taymeeah's Essay on the Jinn (Demons), op. cit.*, p. 77.

concordaram em sair. Quando saíram, a dor passou imediatamente e o agrimensor pôde falar de novo. Pela sabedoria popular, aquela possessão teria sido evitada se ele dissesse *bismillah* antes de fincar a estaca na areia.[144]

Outro caso no qual a palavra *bismillah* teria impedido a maldade dos djinn envolveu um falcoeiro que recebeu a visita de um conhecido. O convidado pegou uma lagartixa e a deu de comer ao falcão, que a matou perfurando-lhe o olho direito. O falcão, então, comeu a lagartixa. Logo em seguida, o convidado sentiu uma dor lancinante no olho direito, que subitamente pulou para fora da órbita. O homem caiu morto. Matara um djinni na forma da lagartixa e os outros djinn não tardaram em se vingar. Se o homem dissesse *bismillah* antes de dar a lagartixa ao falcão, o djinni desapareceria em vez de se tornar comida de pássaro.[145]

Muitas pessoas com problemas com djinn e magia negra procuram a ajuda de um *sheik* para exorcizar, expulsar ou quebrar feitiços. Os *sheik*s variam em seus exorcismos e habilidades mágicas, mas devem estar confiantes e saber o que fazem o tempo todo, pois os djinn tentarão paralisar sua língua e impedi-los de dizer as palavras certas, fazendo com que tudo dê errado. Por exemplo, uma mulher no Cairo estava convencida de que um espírito se apaixonara por ela e a procurava à noite para fazer amor. Ele procurou um *sheik* para expulsá-lo. O espírito foi embora, mas voltou como um cachorro e depois, na forma do marido dela.[146]

Alguns *sheik*s realizam exorcismos com amuletos especiais, talismãs e encantamentos de textos de magia, mas tais práticas são consideradas *shirk*, negligência do dever, ou em alguns casos um pecado imperdoável. Fazer sacrifício de animais aos djinn é estritamente proibido.

Assim como os médiuns em todos os lugares, alguns *sheik*s também são farsantes. Ibn Taymeeyah contou a história de um *sheikh* que forçava possessões e depois fazia exorcismos para cobrar. Enviava os djinn a seu serviço para possuir uma pessoa e depois era contratado para exorcizar os djinn. Além disso, seus servos djinn roubavam comida e objetos de valor dos possuídos e os entregavam ao *sheik*.[147]

Um dos favoritos e mais respeitáveis remédios é a água de Zamzam, milagrosa, que o *sheik* pode dar a uma pessoa possuída. Zamzam é um poço famoso em al-Masjid al-Haraam (a Mesquita Sagrada em Meca),

---

144. Robert Lebling, Jinn Discussion Group, www.yahoogroups.com, 6 de novembro de 2009.
145. Ib.
146. *Ibn Taymmeyah's Essay on the Jinn (Demons), op. cit.*, p. 59.
147. Ib., p. 52.

perto de Ka'bah. O poço tem apenas 1,52 metro de profundidade e se autorreabastece. Sua água é de vital importância na fé islâmica. Alá saciou a sede do bebê Isma'el, filho de Ibrahim. Sua mãe, Haajra, procurava água em vão. Subiu até o cume dos montes al-Safaa e al-Marwah, rezando a Alá por auxílio. Alá enviou o arcanjo Jibril, que golpeou a terra; dali surgiu água.[148] Quando Maomé era criança, dois anjos lhe apareceram e lavaram seu coração em água de Zamzam para fortalecê-lo e purificá-lo, possibilitando que ele visse os reinos da terra e do céu. Maomé também bebeu do poço. Segundo a literatura hadith, a água de Zamzam serve a qualquer propósito para o qual for bebida: "É uma bênção e um alimento que satisfaz".[149] A água de Zamzam é usada para bênçãos, exorcismo e cura.

Aplicar as palavras do Alcorão diretamente ao corpo possuído é considerado um meio eficaz e popular de afastar ou expulsar djinn possessores. Versículos do Alcorão são escritos em certos tipos de tinta aprovada em papel, por sua vez mergulhado em água. A água tratada é usada pela vítima e pelo doente para se banhar e beber. Versículos são escavados em pão, que é assado e comido; ou colocados em sopa de letrinhas e comidos. Quando o Alcorão é recitado antes de uma pessoa dormir, esta deve antes soprar nas mãos e esfregá-las pelo corpo.

Pessoas adultas que sentirem choques e distúrbios súbitos devem imediatamente cuspir no próprio peito. Essa prática tem raízes pré-islâmicas em um folclore antigo e universal segundo o qual a saliva é um agente protetor contra entidades e forças malignas, principalmente o olho gordo. A saliva representa a alma; cuspi-la – no corpo ou no chão – é uma oferenda aos deuses para obtenção de sorte e proteção. De acordo com um costume bastante comum, deve-se cuspir tão logo se sinta a presença de um poder sobrenatural. Práticas na antiga Roma incluem cuspir no sapato direito todas as manhãs, cuspir no toalete após urinar, cuspir no peito ou no chão três vezes e cuspir quando se passa por qualquer lugar que ofereça perigo.

Proteção usando ciência

Não afirmamos que os métodos citados dão certo quando se lida com os djinn. Muitos rituais de exorcismo são tão antigos que vêm de uma

---

148. De modo semelhante, na cultura cristã os poços e fontes de água benta foram criados por santos que golpeavam o solo com seus cajados.
149. Rosemary Ellen Guiley, *The Encyclopedia of Magic & Alchemy* (New York: Facts On File, 2007), p. 229.

época em que o medo do sobrenatural dominava a mente de todos. Esses rituais antigos podem funcionar se você deparar com um djinni que acredita nos métodos antigos ou que tem medo de ter de prestar contas a Deus, no fim dos tempos. Alguns djinn mais antigos creem na existência de anjos e temem a intervenção deles. Tendo vontade própria, os djinn pensam como as pessoas: alguns são religiosos e podem ser controlados quando se diz o nome de Deus; outros são ateus e isso não adianta com eles. Se um djinn não acredita em Deus ou em anjos, a recitação de passagens da Bíblia e do Alcorão não tem efeito. Em alguns casos que investigamos ou pesquisamos, a entidade parecia ficar cada vez mais irritada e agressiva quando a Bíblia ou outro livro religioso era usado como arma na tentativa de expulsá-la. Em alguns incidentes, a entidade entrava na brincadeira e se divertia com as tentativas do exorcista.

Os ocidentais podem não ter acesso a especialistas muçulmanos, *sheik*s, água de Zamzam ou recitação do Alcorão em árabe. Há outras maneiras de enfrentar os djinn?

Intromissões eletromagnéticas

Devemos considerar os djinn como outra forma de seres inteligentes no Universo e não como criaturas sobrenaturais. Embora em comparação com humanos eles sejam capazes de feitos incríveis e tenham uma expectativa de vida muito longa, ainda são seres com habilidades limitadas. Cremos que os djinn são compostos de plasma; essa é ao mesmo tempo sua força e sua fraqueza. O plasma pode ser afetado por pulsos eletromagnéticos e outros tipos de campos magnéticos. Também pode ser rompido por uma onda de eletricidade com alta voltagem. Temos muitos casos em nossos arquivos de pessoas atormentadas por alguma força invisível em sua casa. Nesses casos, as vítimas descobriram que quando acendiam as luzes, ligavam rádio, televisão e computador, os distúrbios diminuíam de intensidade ou cessavam totalmente. No entanto, quando tudo era desligado, as perturbações voltavam dali a pouco tempo. A corrente alternada e os objetos citados criam campos magnéticos. Os djinn não são permanentemente afetados por isso, mas sofrem dor e outros desconfortos. É importante observar que esse método elétrico pode funcionar só em djinn verdes, menos poderosos; é possível que não exerça efeito algum sobre um djinni de maior poder, pertencente a uma ordem superior.

A mola de Tesla

Uma mola de Tesla é um transformador ressonante que produz alta voltagem e corrente. Foi inventada por Nikola Tesla em 1891.[150] A mola de Tesla gera um campo elétrico no ar. Dependendo do tamanho da mola, pode acender luzes fluorescentes, tubos de néon, tubos de raios catódicos e outros gases sem conexão física. A mola de Tesla produz uma onda eletromagnética que pode interferir com a recepção de rádio e televisão e causar mau funcionamento em relógios digitais. Molas pequenas podem ser compradas de vários distribuidores; e, embora sejam um pouco caras, são interessantes para usar em experimentos. Possuímos duas molas pequenas, mas não as usamos ainda em trabalho de campo, pois estamos esperando pelo caso certo para experimentá-las. A mola pequena talvez não afugente os djinn, mas em teoria ela pode ser usada para diminuir as perturbações a uma dose mínima. O alcance dessas pequenas molas de Tesla é limitado a um cômodo pequeno. A operação dela pode não expulsar um djinni, mas apenas empurrá-lo para outra parte da casa, frustrado e zangado, e causar distúrbios ainda maiores lá.

O nível de energia deles é esporádico

Os djinn consomem energia como principal forma de sustento. Assim como os humanos, eles se cansam quando são muito ativos, e precisam de descanso. Em muitas casas assoladas por fenômenos paranormais, a atividade é esporádica e às vezes de natureza cíclica. Se um djinni for o responsável, os momentos de inatividade podem ser períodos de descanso. Os djinn vivem mais tempo que os humanos. Quando nós descansamos, às vezes precisamos de oito horas de sono. Quando um djinni dorme, pode ser por décadas. O tempo de "sono" de um djinni depende de sua idade, seu nível de poder, sua saúde e quanta energia ele usou. Em repouso, um djinni se encontra em seu estado mais vulnerável, talvez a melhor oportunidade para removê-lo.

Considerações finais

Os djinn são compostos de plasma; e, como todo plasma, são muito afetados por campos magnéticos. Se você sofre distúrbios paranormais em sua casa, como presença do povo das sombras, *poltergeist*, luzes

---

150. Nikola Tesla (1856-1943) era inventor e engenheiro elétrico. Foi uma das pessoas que mais contribuiu para o nascimento da eletricidade comercial, e é famoso por seus experimentos revolucionários com o eletromagnetismo.

estranhas e outros sinais de "assombração", tente deixar as luzes acesas e aparelhos elétricos ligados. A menos que você seja engenheiro, não recomendamos comprar aparelhos que geram campos eletromagnéticos, como a mola de Tesla, pois consomem muita energia e podem ser perigosos se usados de maneira errada. Estamos constantemente à procura de informações a respeito dos djinn e seu propósito neste mundo. Se você tem experiências semelhantes às apresentadas aqui, por favor, entre em contato conosco. Respondemos a todas as cartas e, em alguns casos, podemos visitar a pessoa e fazer uma investigação *in loco*.

Uma palavra final a todos os investigadores da paranormalidade: por favor, considerem os djinn como parte do mundo paranormal. Acreditamos que, quando vocês se familiarizarem com a raça dos djinn, muitos dos casos mais complexos investigados farão mais sentido. Levem em conta também o fato de que estão lidando com entidades muito antigas; mesmo os mais jovens dentre esses seres são muito mais velhos que a maior parte da história humana. Esperamos que a publicação deste livro ajude a informar as pessoas nos países ocidentais a respeito dessa antiga raça de vizinhos que vivem ao lado, mas que raramente vemos.

Apêndice I

Estrutura Social dos Djinn

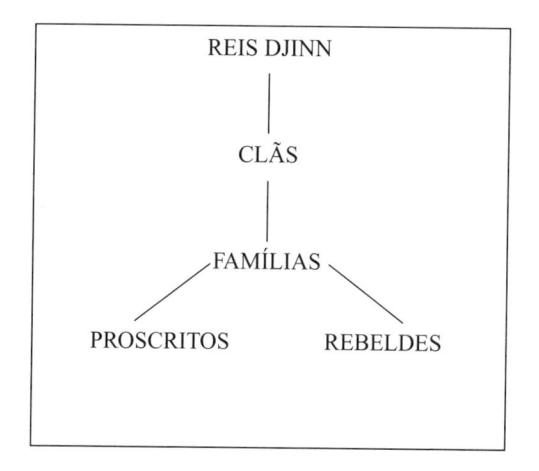

```
         REIS DJINN
             |
           CLÃS
             |
          FAMÍLIAS
         /        \
   PROSCRITOS   REBELDES
```

Reis

Poderosos reis pretos. Não se sabe se todos os djinn são governados por um rei ou por muitos.

Clãs

Ninguém sabe ao certo quantos clãs existem. São governados por djinn azuis ou amarelos e obedecem a um rei djinn.

Famílias

Um djinni amarelo ou um djinni verde mais velho pode liderar uma família de djinn. Uma família geralmente consiste em djinn que possuem algum parentesco, mas nem sempre.

Proscritos

Djinn que não têm familiares vivos ou que foram exilados de uma família ou clã. Na maioria dos casos, não são necessariamente malignos, mas podem ser perigosos para outros djinn e humanos.

Rebeldes

Djinn que se afastaram da ordem de um rei, clã ou família. São chamados de djinn vermelhos e considerados malignos e muito perigosos para os humanos. Os djinn vermelhos podem ser os "demônios" dos escritos religiosos. Seguem Iblis em vez de Deus.

Apêndice II

Ordem de Poder dos Djinn

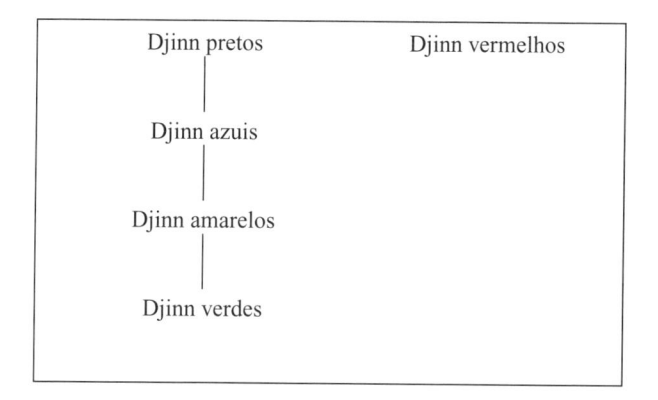

```
Djinn pretos          Djinn vermelhos
    |
Djinn azuis
    |
Djinn amarelos
    |
Djinn verdes
```

Djinn pretos

Os mais poderosos de todos os djinn, pouco se sabe deles. A única referência que temos vem da antiga Pérsia, onde eles eram chamados de *shamir*.

Djinn azuis

Os anciãos e líderes de clãs da ordem dos djinn. Interagem pouco com os humanos, mas sabe-se que eles participaram em momentos importantes da história. São conhecidos como Marid, Nekratael e Afreet.

Djinn amarelos

Djinn de meia-idade com poder considerável. Na maioria, são líderes de famílias. Têm pouco interesse (ou nenhum) pela raça humana e pelo mundo físico. São conhecidos como Juzam e os mais nefastos são chamados de Efreeti.

Djinn verdes

Os mais jovens e menos poderosos dos djinn. São curiosos e gostam de interagir com a raça humana no mundo físico. Muitos dos mais jovens gostam de fazer brincadeiras de mau gosto com os humanos. São conhecidos como Erhnam, Kookus, Aamar, Arwaah, Jann e Amir.

Djinn vermelhos

Djinn muito velhos e poderosos. A maioria já foi um djinni azul. Veneram Iblis e seu objetivo é destruir todos os humanos. São servidos por outros djinn e, em casos raros, humanos. Alguns servem de livre e espontânea vontade, outros são obrigados. São conhecidos como ghouls, shaitan ou shauteen e ifrit.

Bibliografia

AHMAN, Salim. *An Invisible World: Revealing the Mystery Behind the World of Jinn*. Publicação independente, www. booksurge.com, 2008.
AL-ASHQAR, Umar Sulaiman. *The World of the Jinn and Devils*. Boulder, CO: Al Basheer Co., 1998.
BODDY, Janice. *Wombs and Alien Spirits: Women, Men and the Zar Cult in Northern Sudan*. Madison, WI: University of Wisconsin Press, 1989.
BRIGGS, Katharine. *The Vanishing People*. New York: Pantheon Books, 1978.
CARMICHAEL, Alexander. *Carmina Gadelica*. Edinburgh: T & A.
DRIESKENS, Barbara. *Living with the Djinns: Understanding and Dealing with the Invisible in Cairo*. London: SAQI, 2008.
E. J. Brill's First Encyclopedia of Islam 1913-1936. Leiden, the Netherlands: Brill Academic Publishers, 1993.
EL-ZEIN, Amira. *Islam, Arabs, and the Intelligent World of the Jinn*. Syracuse, NY: Syracuse University Press, 2009.
EVAN-WENTZ, W. Y. *The Fairy Faith in Celtic Countries*. New York: Carroll Publishing Group, 1990. Publicado pela primeira vez em 1911.
GUILEY, Rosemary Ellen. *The Encyclopedia of Angels*, 2ª edição. New York: Facts On File, 2004.
_____. *The Encyclopedia of Demons & Demonology*. New York: Facts On File, 2009.
_____. *The Encyclopedia of Ghosts & Spirits*. 3ª edição. New York: Fact On File, 2007.
_____. *The Encyclopedia of Magic & Alchemy*. New York: Facts On File, 2006.
_____. *The Encyclopedia of Witches, Witchcraft & Wicca*. 3ª edição. New York: Facts On File, 2008.
HYNEK, J. Allen; IMBROGNO, Philip J.; e PRATT, Bob. *Night Siege: The Hudson Valley UFO Sightings*. New York: Ballantine Books, 1988.

IBN IBRAAHEEM AMEEN, Abu'l-Mundir Khaleel. *The Jinn & Human Sickness: Remedies in the Light of the Qur'aan & Sunnah*. London: Darussalam, 2005.

Ibn Taymeeyah's Essay on the Jinn (Demons). Simplicado, comentado e traduzido pelo dr. Abu Ammenah Bilal Philips. New Delhi: Islamic Books Service, 2002.

IMBROGNO, Philip J. *Files from the Edge: A Paranormal Investigator's Explorations into High Strangeness*. Woodbury, MN: Llewellyn Worldwide, 2010.

_____. *Interdimensional Universe: The New Science of UFOs, Paranormal Phenomena and Otherdimensional Beings*. Woodbury, MN: Llewellyn Worldwide, 2008.

IMBROGNO, Philip J e HORRIGAN, Marianne. *Celtic Mysteries in New England: Windows to Another Dimension in America's Northeast*. New York: Cosimo Publishing, 2005.

JAWAID, Mahmood. *Secrets of Angels, Demons, Satan and Jinns: Decoding Their Nature through Quran and Science*. Publicação independente, 2006.

KELLEHER, Colm A. e KNAPP, George. *Hunt for the Skinwalker*. New York: Paraview/Pocket Books, 2005.

KRULL, Kathleen. *A Pot O'Gold: A Treasury of Irish Stories, Poetry, Folklore, and (of Course) Blarney*. New York: Hyperion Books for Children, 2004.

LADY WILDE. *Ancient Legends, Mystic Charms, and Superstitions of Ireland*. Boston: Ticknor & Co., 1887.

LANE, Edward William. *The Manners and Customs of the Modern Egyptians*. London: J. M. Dent & Sons, 1908.

LAVEY, Anton Szandor. *The Satanic Rituals*. New York: Avon Books, 1972.

MCMANUS, D. A. *The Middle Kingdom: The Faerie World of Ireland*. London: Max Parrish, 1959.

O'BRIEN, Christopher. *Stalking the Tricksters: Shapeshifters, Skinwalkers, Dark Adepts and 2012*. Kempton, IL: Adverntures Unlimited Press, 2009.

_____. *Secrets of the Mysterious Valley*. Kempton, IL: Adventures Unlimited Press, 2007.

RADIN, Paul. *The Trickster: A Study in American Indian Mythology*. New York: Shocken Books, 1972.

SEYMOUR, John D. *Tales of King Solomon*. London: Oxford University Press, 1924.

VALLEE, Jacques. *Passport to Magonia*. Chicago: Henry Regney Co., 1969.

YEATS, William Butler. *The Celtic Twilight: Men and Women, Ghouls and Faeries*, London: Lawrence & Bullen, 1893.

Índice Remissivo

A

Aamar 214, 219
Abbadon 40, 219
Abraão 34, 36, 63, 116, 121, 219
Adão 33, 34, 40, 49, 63, 64, 68, 71, 82, 88, 108, 109, 120, 121, 122, 123, 219
A Fazenda 9, 170, 222
Aladim 13, 90, 179, 219
Al-Djinn 58, 59, 219
Al-Hadhad 134, 219
Amir 214, 219
Anjos 8, 103, 109, 113, 114, 115, 219
Arábia Saudita 43, 46, 47, 51, 52, 55, 76, 205, 222
Armagedom 50, 219
As Mil e Uma Noites 13, 73, 180, 184, 205, 222
Asmodeus 39, 40, 205, 219
Aswan 90, 219
Azazel 33, 34, 219

B

Belzebu 38, 219
Bilqis 134, 165, 168, 219
Botrous, Zakara 106, 219

C

Cairo 90, 111, 135, 178, 189, 203, 206, 215, 219
Chave de Salomão 177, 187, 220
Choronzon 190, 219

Colombo 28, 219
Contato com os autores 198, 222
Crowley, Aleister 10, 188, 220

D

Dez Mandamentos 58, 222
Dia do Juízo Final 34, 48, 77, 87, 124, 220
Djinn amarelos 8, 10, 83, 213, 222
Djinn ascensionados 8, 83, 219
Djinn azuis 8, 10, 81, 213, 219
Djinn pretos 8, 10, 83, 213, 219
Djinn verdes 8, 10, 77, 213, 214, 220
Djinn vermelhos 8, 10, 82, 213, 214, 221
Duendes 8, 9, 117, 136, 220

E

Escócia 127, 131, 222
EVP 10, 191, 192, 193, 194, 195, 196, 197, 198, 220

F

Fadas 8, 9, 117, 118, 119, 124, 220
Fahnestock State Park, Nova York
   14, 15, 19, 23, 28, 29, 47, 79, 140, 141, 144, 145, 146, 147, 149, 150, 194, 220
Fantasmas 17, 220
Fishskill, Nova York 14, 15, 19, 23, 28, 29, 47, 79, 140, 141, 144, 145, 146, 147, 149, 150, 194, 220

G

Gabriel 50, 67, 220
Geiger, Hans 22, 220
Gizé 51, 220
Golfo de Omã 52, 220

H

Hitler, Adolf 94, 220
Hynek, J. Allen 139, 215, 220

I

Ilha de Man 130, 220
Iraque 50, 55, 75, 220
Irlanda 118, 119, 120, 123, 125, 127, 128, 129, 136, 220

J

Jack 43, 44, 45, 46, 47, 51, 52, 99, 220
Jerusalém 35, 36, 220, 222
Jesus Cristo 57, 149, 220
Jibril 50, 67, 68, 103, 104, 105, 106, 207, 220
Josephus 37, 177, 204, 205, 220

K

Khadija 105, 220
Knapp, George 165, 166, 194, 216, 220

L

LaVey, Anton 183, 187, 216, 220
Lilith 122, 132, 220
Lovecraft, H. P. 10, 184, 185, 220
Lúcifer 32, 33, 34, 63, 109, 120, 220

M

Majlis al Djinn 7, 50, 51, 55, 221
Maomé 9, 11, 36, 57, 87, 91, 94, 103, 104, 105, 106, 111, 175, 176, 200, 201, 202, 203, 204, 207, 221
Marlis 134, 221
Marsden, Ernest 22, 221
Mar Vermelho 38, 40, 185, 221
Masnavi, Os 1, 3, 7, 8, 11, 13, 15, 17, 18, 22, 24, 26, 27, 28, 31, 32, 33, 35, 36, 37, 38, 41, 46, 48, 49, 50, 52, 57, 58, 59, 60, 62, 65, 66, 67, 71, 72, 73, 74, 75, 76, 77, 78, 79, 81, 82, 83, 84, 85, 86, 87, 88, 89, 90, 91, 92, 93, 94, 97, 98, 99, 100, 101, 105, 106, 107, 108, 109, 111, 112, 113, 114, 116, 117, 118, 119, 120, 121, 122, 124, 126, 127, 130, 131, 132, 133, 134, 135, 136, 137, 139, 141, 143, 144, 148, 149, 151, 152, 157, 161, 163, 165, 167, 171, 172, 175, 176, 178, 180, 181, 182, 183, 185, 186, 187, 190, 192, 194, 196, 197, 198, 199, 200, 201, 203, 204, 205, 206, 208, 209, 212, 213, 214, 221
MiniBox 10, 194, 198, 221

Moisés 34, 58, 103, 221
Moloch 41, 221
Montanhas Hajar 52, 220
Mothman 9, 96, 97, 168, 221
Muscat 52, 221

N

NASA 163, 197, 198, 221
Nefilim 109, 221
NIDS 165, 166, 167, 221
Noite de Poder 105, 106, 221

O

Observadores 39, 109, 112, 222
O'Donnell, Patrick 137, 221
O ladrão de Bagdá 73, 93, 222
Omã 50, 51, 52, 53, 55, 220, 221
Onoskelis 39, 221
Ornias 37, 38, 221

P

Partícula alfa 219
Pine Bush, New York 98, 105, 125, 130, 131, 166, 177, 180, 183, 207, 215, 216, 221
Poltergeist 96, 221

R

Ramadã 104, 106, 201, 221
Rancho Skinwalker 165, 222
Ricketts, Ron 194, 221
Rimador, Thomas, o 125, 127, 221
Rumi 37, 41, 221
Rutherford, Ernest 22, 221

S

Sabá 35, 65, 77, 133, 134, 165, 168, 221, 222
Sabu 73, 221

Índice Remissivo

Salomão 7, 9, 35, 36, 37, 38, 39, 40, 41, 65, 72, 73, 77, 83, 88, 90, 112, 132, 133, 134, 176, 177, 178, 185, 187, 203, 204, 205, 220, 222
Satanás 63, 65, 66, 87, 95, 109, 114, 115, 116, 120, 122, 126, 187, 194, 195, 202, 203, 205, 222
Sedona, Arizona 29, 164, 222
Síria 28, 50, 55, 222
Sluagh 131, 222

T

Tartarus 38, 222
Templo de Jerusalém 35, 36, 222
Tesla, Nikola 209, 222
Testamento de Salomão 177, 178, 222
Triângulo das Bermudas 29, 185, 219
Trickster 216, 222

V

Vale Hudson, Nova York 14, 15, 19, 23, 28, 29, 47, 79, 140, 141, 144, 145, 146, 147, 149, 150, 194, 220
Vale San Luis 9, 167, 170, 222
Valle, Jacques 118, 123, 217, 222
Virgem Maria 116, 161, 181, 222
VLF 196, 197, 198, 222

Y

Yarr 52, 53, 54, 55, 222

Z

Zamzam 206, 207, 208, 222

Este livro foi composto em Times New Roman, corpo 11,5/13.
Papel Offset 75g
Impressão e Acabamento
Neo Graf Ind Gráfica e Editora
Rua João Ranieri, 742 – Bonsucesso – Guarulhos
CEP 07177-120 – Tel/Fax: 3333 2474